信木 伸一
NOBUKI Shinichi

明治初期和文教科書の生成

―『本朝文範』における「普通文」への歩み―

溪水社

献　辞

　本研究を進めるにあたっては、広島大学大学院教育学研究科教授の竹村信治先生より、研究テーマの動脈や考究の要所について貴重な御指導を賜わった。先生には、二〇〇〇年に、博士課程前期でご指導を仰ぎ始めて以来、常に、「国語」観や古典教育観といった枠組みそのものを揺さぶられるような知的刺激を与えて頂いている。研究を進める方向を常に羅針盤のようにさし示し、発想を引き出して頂いた学恩に、心より感謝を捧げる。

はじめに

本書は、平成二十八年に広島大学に提出した学位申請論文『明治初期和文教科書の生成――『本朝文範』を中心に――』をもとに編集構成したものである。

本書の内容は、教育学研究において言語文化教育史という領域を拓くことを企図したもので、日本の近代教育が、近世の文学空間を継承しながら、普く通用させる書記言語をいかに生成しようとしたのかを論じたものである。

目次

明治初期和文教科書の生成

——『本朝文範』における「普通文」への歩み——

序　「普通文」と『本朝文範』をめぐる問題設定

（1）本研究の主題——「普通文」と『本朝文範』

教育の営為は、既存の文化を子どもたちに継承受容させることであると同時に、向後いかに文化が創造されていくべきなのかという規範形成への働きかけでもある。本研究の関心は、大きな枠組みで言えば、教育が言語文化[1]の形成にどのように関わろうとしてきたのかという展開の動的な把握にある。このような史的展開を、ここでは「言語文化教育史」と呼ぶこととする。

本研究は、教育において言語文化がどのように創造されようとしてきたのかという問題のうち、明治期の「普通文」形成をめぐる動きを取り上げて検証するものである。明治の時代になって、それまでの地域・社会階層の枠を越えて普く通ずる書記言語、いわゆる「普通文」が希求されるようになった。一般に明治期に通用した文語文を指す包括的な概念として「普通文」と呼ぶが、後述するように、「普通文」は、明治時代の文語文という単一の規範のものが在ったわけではなかった。実態としては、時期によって和文・漢文・欧文和訳などの様々な文体を資源とした多様な使用があり、教科書編集においても、その時々の制度に準拠しながら、その時点で可能な様々な「普通文」規範の追求がなされたと言える。明治の教科書史は、「普通文」をめぐる「明治前半にさまざまなかたちで展開した言語的格闘[2]」の歴史であったとも言えよう。特に初期の教科書編集においては、明治に行われる文を作るにも近世までの文章しか資源が無かったのであり、近代化の中で「普く通用する文[3]」を書かせるための試みが、近世の言語文化を基盤としてなされたのである。

このような実態を記述するにあたって、制度や人物そして教科書等の個々のテクストを単独の話題（a topic）

として取り上げ、後世の歴史の結果から構築した線形（linear）の説明を行ったのでは、試行錯誤された営為をとらえきれず、動的で多様な実際が見えにくい。言語文化に関わる教育の歴史は、競合的な動きが共時的に存在した、複合的な状況のものとして見るべきであろう。言語文化教育史のこうした有り様をとらえるにあたって、コセリウのラングをめぐる論が整理の枠組みを与えてくれる。(4)

> 大切なことは、ラングを組み立てる諸構造の中に、単に規範的あるいは共有的なもの（規範《ノルマ》）と、対立的あるいは機能的なもの（体系）とを区別しておくことである…（中略）…一般的に機能的言語（それを使って話すことのできる言語）は「機能的対立と規範的現実との体系」あるいはずばり、体系と規範であると言ってよかろう。体系とは、ある共同体の中で「理解される」話す行為《パロール》のいろいろな可能性の体系、すなわち「広狭さまざまな幅を示す座標の体系である」。それにひきかえ、規範とは、特定社会、特定文化によって定められた「義務的実現の体系」である（1・3・3であきらかにした意味において）。つまり規範とは「言い得る」ことではなく、「すでに言われた」ことや、ある共同体の中で伝統的に「言われている」ものを指す。体系は、一言語の実現の理念上の諸形式、すなわち、この言語が必要とする創造の技術と基準とを擁しているのに対し、規範の方は、その技術を用い、基準に従って、すでに歴史的に実現された見本（モデル）を擁している。このようにして、体系は言語のダイナミズム、その生成発展のしかたを、したがって、すでに実現されたものを超えて進む可能性を示している。それにひきかえ、規範は伝統的鋳型の中に言語を固定することに応ずるものである。まさにこの意味において、いかなる瞬間においても、規範は体系の共時的調和（「外的」にも「内的」にも）を表している。（『言語変化という問題』第2章）

明治日本の「普通文」とはこのような「可能性の体系」としてあったのであり、「普通文」をめぐる教科書編集の諸実践は「共時的調和」としての「規範」追求の営みであったととらえることができる。「普通文」とは、

普く通用させる文として様々にイメージされた仮構上の書記言語の言いである。(5)

こうした言語文化教育の様態を記述するためには、現在を到達点とする視点から教材史や教科書史の展開を説明してしまってはならないだろう。本研究では、個々の事象間の関連性（継承と変容）や共時的な競合の動きを取り立てることに留意した。分析対象は、特に最初期の「普通文」への歩みに注目して、近代中学校国語教科書最初期のものである稲垣千穎《ちかい》・松岡太愿《たいげん》編『本朝文範』を取り上げる。『本朝文範』は、書名の通り、学習者に書くことを教えるために模範となる文章を読ませるというもので、その編集の方向性や文章理解と同時に表現を教える諸工夫を取り上げて、近代初期にどのような文をどのように学習させようとしていたかを析出することが可能なものである。学習者に書かせる文がどのように想定されていたのかという問題は、明治の世にあって向後どのような文を通用させるのかという、「普通文」創出の問題に関わっている。以上の点から、明治教育制度の草創期に新たに必要となった「普通文」をめぐって、本教科書が前近代のどのような言語文化をどのように加工をすることでいかなる規範を想定して編集されたのかを明らかにし、またこれを窓として他の中学校教科書における「普通文」への取り組みとの位相関係をとらえることで、前近代から近代への言語文化教育史を解明する端緒を開くことを企図した。

本書各章の展開は、次の通り。

「第一章　「普通文」をめぐる言語文化状況と国語教科書」では、先ず、「普通文」が中学校国語教科書においてどのように展開されたのかという諸相を概観する。また、明治期の「普通文」論を中心に「普通文」をめぐる言語文化状況を確認しておく。

「第二章　『本朝文範』所収教材概観」、「第三章　『本朝文範』教材本文の検討」、「第四章　『本朝文範』教材化の創意1――「読むこと」を教える教科書として」、「第五章　『本朝文範』教材化の創意2――「書くこと」

を教える教科書として」の各章では、『本朝文範』における、近世言語文化からの継承と近代教育の教科書としての創出を明らかにする。

「第六章　『本朝文範』の位相」の章では、先ず、稲垣編集教科書、『本朝文範』から『和文読本』、『読本』へどのような変遷があったのかを明らかにする。続いて、以後の中学校読本教科書や作文教科書における、『本朝文範』における教材化の創意の継承及びその継承事象の変容を分析することで、近代言語文化教育の史的展開の相を明らかにする。

（2）国語教育研究における『本朝文範』

『本朝文範』は、上中巻を明治一四年一一月に出版、下巻を同一五年一月に出版、明治一五年一〇月に改正している。明治一九年に制定された「教科用図書検定条例」に明治二〇年一〇月二〇日に検定合格したものである。[6] 奥付には、次のように刷られている。

明治一四年八月廿三日　版権免許　稲垣千穎　埼玉縣士族
住所東京下谷區仲徒町二丁目廿一番地
同一五年一月出板　編輯出板人
同年　十月廿日　改正御届　松岡太愿　栃木縣士族
住所東京神田區西小川町一丁目七番地

松岡太愿[7]については、「編輯出板人」とあることから、編集の一端を担ったものと考えられるが、ここでは、編集の中心は稲垣千穎であったと見ておく。

稲垣千穎という人物については、菊野雅之（二〇一一）[8]によって具体像が明らかにされている。次の表1は、これをもとに『本朝文範』成立と関連する中学校国語教育の事象を加えたもの。

【表1　『本朝文範』成立に関する事象】

稲垣千穎及び『本朝文範』関連事象	『本朝文範』成立と関連する中学校国語教育事象
弘化四年（一八四五）　陸奥国棚倉藩士の子として生誕。	
慶応三年（一八六七）　藩校「長善館」開校に伴い教員となる。	
明治二年三月　平田篤胤の開いた国学塾「気吹屋《いぶきのや》」入塾。	
	明治五年　「学制」頒布。師範学校創設。
明治七年一〇月　東京師範学校教員の雇となる。	
明治七年五月　那珂通高・稲垣千穎撰『小學讀本』巻四・巻五出版（山中市兵衛、明治一五年九月巻五・一〇月巻四を学校用翻刻）。	
	明治一二年二月　伊沢修二・高嶺秀夫が米国留学から帰り、東京師範学校校長および校長

明治一四年　東京師範学校助教諭に昇進。
明治一四年一一月　『本朝文範』上中巻出版。
明治一五年一月　『本朝文範』下巻出版。
　一〇月　『本朝文範 改正』上中下巻出版。
　一二月　『和文讀本』（以下、本書では『和文読本』と表記）出版（普及舎・奎文堂）。
明治一六年　東京師範学校教諭（判任官）に昇進。
明治一七年四月　東京師範学校教諭を辞す。
　一一月　『讀本』（以下、本書では『読本』と表記）出版（普及舎）。

補となり、同校の教育課程を改正。和漢文を置き神皇正統記を教科書に指定。
明治一三年一一月　「文部省日誌」に島根県伺への文部省の指令掲載。「和漢文ハ文章学ヲ指シ汎ク和漢学ヲ指スモノニアラザル儀ト可心得事」
明治一四年七月　「中学校教則大綱」和漢文科が成立。
明治一五年七月　「文部省日誌」に各中学校の模範として大阪中学校「教授要旨伺案」掲載。和漢文の「授業ノ要旨」（後掲）が示される。
明治一九年四月　「中学校令」公布。
　五月　「教科用図書検定条例」制定。

六月　「尋常中学校ノ学科及其程度」国語及漢文科が成立。教科内容の規定は「漢字混リ文及漢文ノ講読書取作文」のみ。

明治二〇年一〇月　『本朝文範』「教科用図書検定条例」検定合格。

大正二年二月　死去。

この表から見て取れるとおり、稲垣の学問的出自は国学で、後に東京師範学校教員となり、『本朝文範』はその在任中の明治一四年に上中巻が出版されている。明治一二年に明治天皇の学制改革の方針として元田永孚《ながざね》が起草した「教学聖旨」が出され、文明開化の弊害を批判し、「仁義忠孝」の教学思想を示した。これを受けて、同一三年一二月に教育令が改正され、同一四年に小学校、中学校の教則要綱が交付された。明治一三年の教育令の改正によって、小学校は初等科三年、中等科三年、高等科二年の編成で、義務就学は三年間、毎週一六週以上となった。中学校は、入学資格を小学校六年修了とし、初等科四年、高等科二年の編成であった。小学校高等科二年と中学校初等科四年の最初の二年とが同じ学齢となり、複線型のコースになっている。『本朝文範』は、この教育令の改正を受けた明治一四年七月に「中学校教則大綱」によって成立した和漢文科用の教科書として出版されたものと考えられる。

稲垣の中学校用教科書の採択状況については、四方一瀰（二〇〇四）[9]の調査によって判明している。

『本朝文範』…群馬・福井・栃木・茨城・鳥取・岡山

『和文読本』…愛知［作文］・青森［読書］・東京［読書］・富山・福島・佐賀［読書・作文］・長野［読書］・

山形［抜粋教授］・大分［読書］

これは、当時稲垣の教科書が高く評価されたことの証左と見てよいだろう。

『本朝文範』は、国語教育史研究において、教科書としてあまり高い価値を認められてこなかった。山根安太郎（一九六六）は、『本朝文範』や『和文読本』などを「古典抄出編集本」として、次のように評価している。[10]

　これらの教材編成は、江戸期以来の『国津文世々の跡』や榊原芳野『文芸類纂』巻三文志上文章諸体、文部省『古事類苑』文学部の類に模した古典抄出の編集で、せいぜい、それら典籍の文章見本集といったような編集や、あるいは、文体的彙類によった程度のものであって、甲乙のつけがたいほどのものであった。

山根は、近世の古典抄出の典籍に倣ったというだけの位置づけで、そこに教科書としての創意は見出していない。確かに、編集方法の類縁性から和文の叢書の類が参考にされたということは言えそうである（ただし、『古事類苑』の刊行年度は『本朝文範』や『和文読本』よりも遅いものであり、編集方法を「模した」と言えるかどうかは、成立過程を検討する余地がある）。しかし、単に叢書類を「模した」というよりも、新しい国の言葉の教育を創造してゆくにあたって叢書類の文化が基になったととらえる方が、現象を文化史的にとらえるにあたって精確であろうし、また文体的彙類ということもそのような編集方針にどのような積極的な意義が見出されたのかを問う必要があるだろう。

『本朝文範』は、「文範」[11]であるから、文章作成のための教科書として作られている。中古の文章を教材として使用しているものの、ここが現代の古典教科書と役割を大きく異にする点である。「文範」という性格から、作文教育史研究の中でも触れられてきた。滑川道夫（一九七七）は、「師範学校の文章修練の一端をうかがうために『本朝文範』『和文読本』を例に」挙げるとして、「漢作文に対する和文の作文書」として『和文読本』の緒言を引用した上で次のように述べている。作文教科書史におけるこの時代の状況が示されているので、少し長く

なるが引用する。⑿

1　和文とはなにか

「和文」とは、漢文の如き外国語系の文語に対して、ヤマトコトバ系の日本語による文語文章をいう。「雅文《がぶん》」とも言い、明治後期以降「擬古文《ぎこぶん》」とも称した。平安期のかな文系統の文章で、ひらかな文を主として、ところどころに漢字をまじえて書くのが普通で、漢語や外来語はできるだけ避けて、日本語文の純粋さを守ろうとする。江戸時代の国学がさかんになるにつれて、歌文においても、古い歌文を模範にする風が生じた。消息文や戯文の類までも、古代の語彙と平安時代の語法によって国学者によって作文されるようになった。賀茂真淵・本居宣長・橘千蔭・村田春海・清水濱臣・藤井高尚・石川雅望・黒沢翁満などの文章が著名であった。これらの文章を範文とする文章は明治にはいってからも行われた。

明治十年代後半から、国文学研究がしだいにさかんになるにつれて、漢文に対する和文が注目され、二十年代にはいって、和文の教科書が各中学校で採用されるようになった。「漢作文」に対する「和作文」として、昭和戦前期に至る高等普通教育の中に位置を占めていた。作文が学校教育課程に位置づけられ、庶民化するにつれて、漢文系、和文系が、いずれも純粋さを失って、いわゆる「明治普通文」にとけこんでいく傾斜をたどることになる。歌語としてはなお今日にいたるまで、命脈を保っているものもあるが、純粋な和文の形での作文は、しだいに衰え、言文一致体の文章に発展していく。明治三十年代に至る投稿作文を通覧すると、主として女子の作文にこの雅文体を散見することができる。

2　構成と内容

…（中略）…

文種、題材がかならずしも整えられていない。文例を初学者に読解され易いように、大段落、小段落に区

分し、仮字を書き加えたり配慮している。内容は、

　神皇正統記、増鏡、太平記、公事根源、宇治拾遺物語、古今著聞集、源平盛衰記、今昔物語、徒然草、
　平家物語、十訓抄、吉野拾遺、保元物語、大鏡

などより抄出している。つまりのちの「国文教科書」である。同じ編者による「本朝文範」も、これと同巧異曲のものである。

　以上二編とも、内容的には、国文教科書であるが、当時主勢力を占める漢作文系の文章規範（文範）に対する和作文系の文章規範たらしめようとする内意がうかがえるものである。編者は、明治初期の教科書編輯に主動《ママ》的な役割を果たした一人であるが、国学系譜にあっただけに、和文読本の内容は、古典主義、皇国主義的であった。

　漢文と和文との対立的様相をよそに、明治新時代の文章は、さらに翻訳調の文体を交えて、和・漢・洋の混交の今体普通文の成立に向かって流動することになる。

　滑川の時代区分に拠れば、『本朝文範』の教科書制作の方針は、「一　形式主義作文期（明治5～31年）」の「1（前期）（明治5～22年）」における「読み・書き一体期　文範模倣期　書牘・日用文期」にあたる。滑川は、『本朝文範』『和文読本』を「和文の作文書」と位置づけているが、『和文読本』について「大段落、小段落に区分し、仮字を書き加えたり配慮」したという以外にどのような所が作文教科書として工夫されたところなのかについて言及されていない。結果、二編を「同巧異曲」として違いを論じていない。滑川は、編者が国学系譜であることから「古典主義、皇国主義的」と評するに留まっているが、どのような言語文化を基盤として明治教科書として何を創出したのかという観点からの位置付けが必要であろう。

　海後宗臣《かいごときおみ》（一九八〇）[13]は、思想的状況から当時の教科書編集を説明している。

斯くの如き思想《※「東洋の人倫思想即ち仁義忠孝の教を立て、国民道徳の精粋になっているものを、国語教材によって、味得させようとする思想」：筆者注記》に対しては、文明開化主義を高く掲げ、進歩的実践に入っていた人々が好意を持たなかったことは当然である。明治社会の文化を指導した福沢諭吉は、この当時の有様を次の如くに述べている。「明治十四五年の頃なり政府が教育に儒教主義とて不思議なることを唱へ出し文部省にては學校讀本の検定と稱して世上一般の著譯書等を集め省の役人が集會してその書の可否を議定し又時候後れの老儒者を呼び集めて讀本の編纂を囑託するなど恰も文明社会に古流回復の狂言を演ずる其最中に福澤の著譯書は學校の讀本として有害無益なりと認められ唯の一部も検定に及第せざりしこそ可笑しけれ……（中略）」と書いているが、これは文明主義より見た国民主義の批評であって、漢文を読本として採用することとし、福沢などの諸書が、読本として不採用になった有様がよく出て居る。これは読本の内容を決定する思想が国民教化の立場より変化し、今迄に見得なかった形のものになって来ていることを物語るものであろう。国語教育は文明開化に入る爲の基礎教科とのみは考えられなくなり、国民思想を教化する爲の任務をも担って、その装いを改めて来ている。

これ等の気運は、新しい小学校の読本を編纂せしめることとなって居る。明治十五年頃から後に出版せられた教科書のうち、これ等国民教化の考えを反映させたものとしては、初等科のための金港堂出版「小學讀本」（明治十五年）、中等科のための平井義直編「小學中等新撰讀本」（明治十七年）や内田嘉一編「小學讀本中等科」（明治十五年）の如き、高等科のための稲垣千穎輯「和文讀本」（明治十五年）、阿部弘蔵輯「小學漢文讀本」（明治十六年）の如きものがある。

ここでは、『和文読本』は、当時の教育における国学派と開明派の思想的対立の文脈で、「国民教化の考えを反映」した教科書と位置づけられている。

和漢文科について、野地潤家（一九八五[14]）は、「中学校教則大綱」に示された「和漢文」の内容の程度から「「読書」・「作文」の二分野を有し、上学年になるに従って、読書・作文ともに漢文が重視されているのに気付く」とし、併せて「大阪府中学校規則」（明治一六年）や福井県立福井中学校（明治一五年開校）の「教則」からも漢文重視の傾向を指摘している。野地の調査によれば、この福井県立福井中学校では、初等科第一学年の「読書」の教科書として『日本外史』と共に『本朝文範』を使用している。

近年の研究では、和漢文科のねらいや当時の文範教科書の編集意図に、明治の時代に通用させる「普通文」に役立てるためという観点が見出されている。甲斐雄一郎（二〇〇八[15]）は、和漢文科のねらいと性格について、島根県伺への文部省の指令「和漢文ハ文章學ヲ指シ汎ク和漢学ヲ指スモノニアラサル儀ト可心得事[16]」を挙げて「それは各中学校の教育課程から知られるとおり、文典・文範に基づいて和文・漢文の表現形式の習熟をねらいとする教科だったのである。」とし、また文部省が各中学校の模範として「文部省日誌」に掲載した大阪中学校「教授要旨伺案」明治一五年七月一一日付教則を挙げて「和文学習の意義を「用」の広がり、すなわち同時代におけるはたらきにおいている。」とし、「題材が担う知識や徳性、また国文学史は中心的な内容とはみなされていない」としている。

甲斐が取り上げた明治一五年「文部省日誌」に掲載された大阪中学校「教授要旨伺案」の「第二款　和漢文」は、次の通り[17]。（傍線筆者）

和文ハ本邦固有ノ文章ニシテ其用極メテ廣ク漢文ハ普通ノ文材ニ資スル者ニシテ亦須用ノ科ナレハ各級ニ通シテ之ヲ課ス今其學習ノ爲メニ分チテ讀書、作文トス

讀書ノ要ハ讀法ヲ正クシ意義ヲ詳ニシ兼テ作文ニ資スルニ在リ故ニ初等中學科ノ和漢文ハ誦讀、講義等ノ法ヲ用ヒテ文字ノ音訓、音聲ノ抑揚、句讀ノ斷續ヲ明ニシ字義、句意、章意ヲ解セシムルヲ旨トシ殊ニ和文ハ

先ツ文字、言語、文章、音韻ノ諸論ヲ教ヘ次ニ雅馴ノ文章ヲ授ケテ其例格ヲ考究セシムヘシ高等中學科ノ漢文ハ更ニ教方ヲ高尚ニシ委ク文章ノ賓主照應抑揚頓挫等ノ諸法ヲ説キ詳ニ文理ニ通暁セシメンコトヲ要ス

作文ノ要ハ思想ヲ表彰シ事實ヲ記述スルニ在リ乃チ初等中學科ノ假名交リ文、書牘文ハ近世ノ雅馴ノ文體ニ倣ヒテ之ヲ作ラシメ漢文ハ古雅ノ文體ニ倣ヒテ單簡ノ記事文ヲ作ラシムヘシ高等中學科ノ和文ハ中世ノ雅馴ノ文體ニ倣ヒテ之ヲ作ラシメ漢文ハ記事文ヨリ論説文ニ及ホシ詩及歌ハ先ツ古人ノ詩歌ヲ記誦セシメ稍句調ニ熟シ格律ヲ暁ルノ後歌ヲ詠シ詩ヲ賦セシムヘシ凡ソ和漢文ヲ作ラシムルニハ文章簡明、句調暢和且著實ニシテ例格ニ合スルヲ旨トシ其文題ハ務メテ實用ニ適スル者ヲ撰フヘシ但詩歌ハ韻調正雅ニシテ趣味優美ナランコトヲ要ス

ここで確認しておきたいのは、「読書」と「作文」とに分けるのは「學習ノ爲メ」つまり学習上の方法だとし「読書」は「讀書ノ要ハ讀法ヲ正クシ意義ヲ詳ニシ兼テ作文ニ資スルニ在リ」という目的で学習するとしていることである。『本朝文範』については後に詳述するが、その編集目的も同様に「作文」のための「読書」という所にあると考えられる。「文範」という書名も然ることながら、「文章《フミ》のすがた．おほよそに別ちいはんに．まづ三の沿革《ウツリカハリ》あり．」で始まる歴史的な文章批評が主な内容となるその緒言からは、大阪中学校「教授要旨伺案」中の「雅馴ノ文章ヲ授ケテ其例格ヲ考究セシムヘシ」というねらいや、「初等中等科ノ假名交リ文、書牘文ハ近世ノ雅馴ノ文體ニ倣ヒテ之ヲ作ラシメ」、「高等中學科ノ和文ハ中世ノ雅馴ノ文體ニ倣ヒテ之ヲ作ラシメ」という学習内容に通底するものが読み取れる。明治一四年の和漢文科成立以降一一校で採用されていること[18]や明治二〇年には「教科用図書検定条例」に合格していることから、『本朝文範』の編集方針及び作りは、和漢文科の教科書としての要請に合致するものであったと考えられる。

甲斐は、伊沢修二と高嶺秀夫がそれぞれ校長および校長補として明治一二年二月に改革した東京師範学校の教

科課程において和漢文を置き神皇正統記を教科書に指定したことを取り上げ、言語関連教科の名称を文学もしくは文章学ではなく「和漢文」とした意図を次のように述べている。[19]

明治一二年前後における中等教育の教科課程は文章学型の並列型教科課程であっても、文章学の内容は、そのほとんどが文章規範や唐宋八大家本など、漢文を模範とした作文であった。そのような当時の教科課程に、漢文と対等の教科内容を持つ教科として和文の意義を強調するためだったのである。

稲垣は、伊沢たちの下で、和文の地位を確かにする教科書を編んだものと考えられる。和文の教科書を作成するにあたって、稲垣は、『本朝文範』緒言の歴史的な文章批評で漢文脈の混入を難じ、『和文読本』の緒言でも漢文を排撃している。[20]しかし、稲垣は『本朝文範』及び『和文読本』を出版から二年後、東京師範学校を辞しており、甲斐は、漢文脈を排除する和文主義は伊沢たちの普通文創出の方針に適うものではなかったと考察している。

和漢文科は、明治一九年「尋常中学校ノ学科及其程度」によって国語及漢文科に変更されるが、このことに関わって、甲斐は、和漢文科用として許可された教科書がそのまま国語及漢文科用教科書として検定を通過したことを取り上げて、次のように指摘している。[21]（傍線筆者）

それらの教科書に掲載された文章の「例格」《※「文体や文法」：筆者注記》を講読、作文における考究をとおして同時代および将来の普通文を定着させることを目標とするという点において一貫していたのである。名称変更は主として教科内容としての和文偏重・漢文脈排除の傾向を回避したためであり、中古以降の和文のみならず、漢文訓読文、儒学者による近世文などの文体も含めて普通文の資源とし、これらを理解し、表現できるようになることが求められた結果によるものであった。

右の教科書教材を「普通文の資源」であったとする指摘は、「普通文」の創出を検討する際に重要である。

菊野雅之（二〇一一）は、『和文読本』について、特に中世文の採録という特質に焦点を当てた上で、「文範」としての編集思想を次のように述べている。[22]

ここ《※『和文読本』緒言：筆者注記》では和文（御国文）が広く使用されることで話し言葉と書き言葉の間の落差が減少し、言葉の理解に関する煩いが減少することを予想期待している。あくまで現代の文章に寄与することを期待された文範集であることに注意したい。

菊野は、『和文読本』を「現代の文章」つまり「普通文」に「寄与することを期待された文範集」と見ることを喚起しており、先の甲斐の指摘と同様である。

甲斐や菊野の論は、『本朝文範』もまた「普通文」教育の一環としてあったことを示唆している。本書は、『本朝文範』が教科書として生成される際に行われた教材の選定と加工及び各種の工夫の中に、「普通文」創出への過程の具体を見出そうとするものである。本論で詳述するが、最初期の国語教科書『本朝文範』で行われた教科書作成の営みは、この教科書のみに終始したものではなく、後の作文教科書での継承・活用例を見出すことができるものであり、この教科書を窓として「普通文」教育史をとらえることができるものと考えている。

（3）文体史研究における「普通文」

山本正秀（一九六五）は、日本近代文体の要件として「平明性」「細密性」「俗語の尊重」「句読法の確立」「客観的描写性」「近代的写実のため」「個性的」の七つを挙げ、これらを他のどの文体よりも満たしたのが言文一致体であったとし、「普通文」に関してはこれら要件のうち「平明性」にのみ言及している。[23]

在来の各種の文語文体を取り合わせ平易化した「普通文」が、普通の規範的な新文体として、明治三〇年過ぎ頃に定まり、教科書や新聞雑誌に採用されたのを見ても、旧文語文体の通俗平易化による近代文体の模索に当たって、明治の人々が、どんなに熱心で執拗であったかがわかる。「句読法の確立」については、欧文の文章符号を移入したもので、明治二〇年頃から洋学を学んで小説を書いた青年作家たちに使われたとある。『本朝文範』には、七要件のうち「平明性」の他に「句読法」についての工夫が見られる。

日下部重太郎（一九三二）は、「普通文」の定義について次のように述べている。[24]

我等現代の國民が一般に用ひる標準となる文體を現代の標準文體といふ。これに文語體と口語體との別がある。その文語體とは、古代語であるとはいへ、耳遠い語句文法を淘汰して、その時代に行はれ易く書く所の文體をいふ。これを普通文體または普通文ともいふ。

これは、「古代語」を資源として「耳遠い語句文法を淘汰して、その時代に行はれ易く書く」という所に「普通文」創出の営為があるというふうに解することができよう。

以上の「普通文」概念は包括的な説明で、その実態には、時期によって和文・漢文・欧文和訳などの様々な文体を資源とした多様な使用があった。岡本勲（一九八三A）は、新聞記事を対象に、多様な文体が用向きに応じて使い分けられていたことを報告している。[25]

普通文は、歴史的に見て近世以来継承した種々雑多な文体の系列の融合の上になり立つたもので、元来よせあつめ的な性格がある。そして、その雑多な要素は、文章の内容とかジヤンルとか書き手の教養とか読者層の知的水準とかによつて、その場その場に応じ使ひ分けられて来た。そして次第にそのやうな使ひ分けをしなくてよい、どのやうな場面でもこれで書けばよいと云ふ一つのスタイルをめざして、文体的な統一の方向へとむかって行ったのである。

岡本勲（一九八三B）は、新聞の文章における漢文訓読語の占める位置を次のようにまとめている。[26]

> 明治初期、ひと桁の頃は、訓読語を極めて多用する文章と、余り使用しない文章との差が対蹠的な迄開いてゐるが、明治二、三十年代となると、その差は縮小し、どの範囲の訓読語をどの程度使用するかの習慣が自ら成立して来る。そして全般的に見ると、漢文訓読語の文章表現に占める位置は漸次後退して行く様相を見せる。

幕末から明治五年までの新聞記事の漢文訓読語については、岡本の分析は次の二点にまとめられる。

・一定の普遍的傾向が認められないことが特色である。

・小新聞の庶民的な記事には漢文訓読語がまず見られない。小新聞で通俗和文調で書かれた『もしほ草』に訓読語が使われているが仮名で書かれることが多いことから、訓読語という意識なく用いられていたものと考えられる。『もしほ草』以外でも、漢文訓読語を「蓋《おほ》かた」「況《ま》して」のように平易な和語として読ませるものや、仮名の和語に置き換えられるものがあった。

江戸末期から明治初年度の時期については、漢文訓読語の使用自体に定まったものがないという状況にあったこと、記事の種類によって使用のあり方に差があり、特に庶民向けの文章においては和文への接近が見て取れるということに注目しておきたい。その後の展開については、岡本の分析は次の三点にまとめられる。

・明治一〇年代は、それまでと同様に、話題のジャンルによって「漢文訓読語を頗る多用する記事」と「殆ど使用しないか、たまたま使用しても極めてありふれた漢文訓読語をわづ《ママ》かに使用すると云ふ程度の記事」とに分かれるという状態が継続。

・明治二〇年代は、全般的に漢文訓読語は後退し、和文表現が進出。

・明治三〇年代終わり頃は、訓読語を多用したものは、日露戦争の戦捷気分を高揚させる効果を期待した記事に限られる。記事のジャンルによる訓読語使用の差異が見られず、そうした訓読語は国語の中に定着したものと言える。漢文訓読語を用いないで、より平易に和語で表現することもよく行われるようになった。表記の面でも、「曰」を「曰ふ」と和語の表記に用いるなど、漢文訓読語の内、淘汰に生き残ったものが和語と融合し定着していく姿もある。

岡本は、こうした明治二〇年代以降の漢文訓読語の衰退を、「新聞の文章の平易化の趨勢の一つとして位置づけられる」としている。新聞という言語使用の場に於いても、文体の変遷は平易化の流れであったということが分かる。明治一五年出版の『本朝文範』は和文を材料としてこれを分かりやすくしていく工夫をしたのであるが、明治初年度の新聞記事には庶民向けの文章に於いて和文への接近があったことは、すでに和文主義の下地が社会に流通していたということである。

飛山純子（一九六四）は、作文書を資料として「普通文」文体の変遷を通観している。その概略は、次のようにまとめられる[27]。

・文章改革の意見が多く出たのは明治一八・一九年頃で、矢野文雄（龍渓）『日本文体文字新論』（明治一八年、報知社）や末松謙澄「日本文章論」（明治一九年、文學社）は、漢文直訳体・欧文直訳体・和文体の混交や折衷の案を主張。

・二〇年以後は、坪内逍遙や徳富蘇峰など和漢混交体に欧文の趣を加えた折衷体が多くなる。

・明治二五年、萩野由之『中等教育作文法』（博文館）では形が定まっていないものの「普通文」という名称を使用[28]。

・明治三八年、内海弘蔵『中等作文捷径』では、「国文体にあらず漢文体にあらず、将にまた欧文直訳体にあらざる一個独創の文体成立するに至れり」と「普通文」概念が固まっている。

「普通文」概念が固まったという明治三八年の状況については、次のように述べられている。[29]この頃になると、普通文は実用としても役立ち、個人による文体特徴も出るようになり、今日の文章と同じように自由に使いこなされている。そのため目的によつて、文章は「普通文」と「美文」とに分けられ、普通文は日常に使用する実用文で誰にでも理解されることを基本とし、美文は読者に美感を起させることを意図する芸術的な文章と考えられた。

平易化の様子は、飛山の評論文を対象にした分析にも表れている。[30]

普通文の分析結果を見ると、特徴として漢文系の比重が大きく、そのため漢語の豊かな造語力によつて、複雑な内容表現を可能にしている。ただ文章表現に型があって、表現の自由度にはいくぶん制約はあったが、これも次第に欧文脈や話しことばなどの影響をうけ、表現の巾を広げるとともに、構文、語法なども、次第に簡易化の方向へ進んでいつた。

このように普通文が平易化することは、結局は口語文に近ずくことであり、やがて口語文が文章語として生長してきて、その存在意義はなくなつたが、口語文が文章語となるためには、どうしても普通文を踏み台にしなければならなかつたことも認めなければならない。大正期に入ると、普通文という名称が、口語文を指したことによつても、両者の関係を了解することができよう。

ここでは、「普通文」の生成過程の特徴の一つが、平易化の流れであったことが指摘されている。

「普通文」の展開には、言文一致への接近も見出される。山本正秀（一九六五）は、明治一五年六月一四日「時事新報」寄書欄掲載の文福斎『日本普通ノ文ハ仮名ニテ日常説話ノ儘ニ書下スベシ斯クスルトキハ日本人ニ広大ナル益アルヿヲ論ズ』の「談話体普通文論」に言文一致の主張を見出している。[31]『本朝文範』出版と同時期の「普通文」論には、すでに談話体を主張するものがあったということである。

「普通文」には時期及び使用実践の場によって多様な実態があったという先行研究は、「普通文」をめぐる教科書編集の諸実践もまた「共時的調和」としての「規範」追求であったことを示唆している。また、右の文体史研究によれば、「普通文」の史的展開が平易化への傾斜であったことにも、留意しておきたい。

（1）本書で言う「言語文化」は、文部科学省（二〇〇八）『中学校学習指導要領解説国語編』（東洋館出版社）21頁における「文化としての言語」「文化的な言語生活」「多様な言語芸術や芸能」を念頭に置いている。これらの教育の展開を「言語文化教育史」とする。

（2）イ・ヨンスク『「国語」という思想——近代日本の言語認識』岩波書店、二〇一二年、序章26頁。この「言語的格闘」の様相については、「第一章第一節　明治初期の「普通文」をめぐる言語文化状況」で述べる。

（3）本書では、「文」の語を「文章、文、句」という際の成分単位としてではなく、「教材文」など「文章」の意で用いたり、「文語文」など「文体」の意で用いたり等、通用に従って使用している。

（4）E・コセリウ著、田中克彦訳『言語変化という問題——共時態，通時態，歴史——』岩波書店、二〇一四年、第2章3・1・3。

（5）ここでは、「普通文」を、文体的特徴の問題のみに限定せず、どのような文がイメージされたのかという点から総合的に取り扱う。

（6）「検定済教科用図書表二　師範學校中學校高等女学校　自明治十九年五月至明治三十二年四月」（『教科書研究資料文献第二集　明治13年~明治18年』内閣文庫所蔵復刻、所収）。本書で分析に使用した『本朝文範』表紙裏にも「師範學校中學校教科書明治廿年十月廿日文部省検定濟」の印がある。甲斐雄一郎『国語科の成立』（東洋

館出版社、二〇〇八年）によれば、中巻のみが「調査済中学校師範学校教科書表　第二号」（明治一六年二月二八日）において「中学校及師範学校教科書並ニ口述ノ用書ニ採用スベカラザル分」とされたが、改正前の「をとめ塚の故事」（大和物語）及び「雨夜の品評のうち馬頭の詞」（源氏物語）が、検定を通った改正版では「亭子帝ニ．黒主歌奉りしこと」及び「春秋の夜の評」に差し替えられている（同書362頁、注第一章47）。本書では、この改正版を検討対象とする。

（7）この人物の詳細不明。

（8）菊野雅之「古典教科書のはじまり――稲垣千穎編『本朝文範』『和文読本』『読本』――」『国語科教育』第六十九集、全国大学国語教育学会、二〇一一年。なお、稲垣千穎の人物史については、中西光雄『「蛍の光」と稲垣千穎――国民的唱歌と作詞者の数奇な運命――』（ぎょうせい、二〇一二年）に詳しい。

（9）四方一㳽『「中学校教則大綱」の基礎的研究』梓出版社、二〇〇四年、「「中学校教則大綱」府県準拠校則・教則「教科用書表」にみる教科書一覧」347～348頁。

（10）山根安太郎『国語教育史研究――近代国語科教育の形成――』溝本積善館、一九六六年、329頁。

（11）「文範」教科書については、「第二章第三節　教材の文章ジャンルと配列」、山根（前掲書）の引用参照。

（12）滑川道夫『日本作文綴方教育史１〈明治編〉』国土社、一九七七年、「第二章　形式主義作文期」138～141頁。同書では、わが国における明治以来の作文教育の歴史を次のような時代区分に分類している（同書31頁）。

一　形式主義作文期（明治５～31年）

　１（前期）（明治５～22年）学制作文期　漢語作文期　読み・書き一体期　文範模倣期　書牘・日用文期　語学論理期　作文教授出現期

　２（後期）（明治23～31年）読書作文期　幼・少年文範期　美辞・修辞作文期　作文教授法探究期　課題作文期

二　自由発表作文期（明治32～45年）

自由発表提唱期　国語科綴り方制定期　国語科教授法探究期　言文一致綴方期　自由法形成期　修辞学導入期
三　写生主義綴方期（大正1～6年）
写生主義提唱期　随意選題提唱期　教授法革新期　自己表現主張期
四　文芸主義綴方期（大正7～昭和4年）
「赤い鳥」綴方期　童謡・自由詩開発期　生活指導台頭期　自由作強調期
五　生活主義綴方期（昭和5～14年）
郷土主義綴方期　生活綴方形成期　調べる綴方台頭期　形象理論反映期
六　皇国主義綴方期（昭和15～20年）
戦時綴方期　生活綴方弾圧期　国民学校綴方期　綴方教育沈滞期
七　戦後作文期（昭和21～32年）
学習指導要領（試案）作文期　生活綴方復興期　書くことの教育期　技能主義作文期　生活綴方深化期
（※これ以降は歴史的考察の対象外としている）

(13)　海後宗臣「国語教育問題史」（『海後宗臣著作集　第五巻　教育内容・方法論』東京書籍、一九八〇年、488～489頁）。
(14)　野地潤家『国語教育通史』共文社、一九八五年、39～44頁。
(15)　甲斐雄一郎『国語科の成立』東洋館出版社、二〇〇八年、64～65頁。
(16)　『文部省日誌』明治一四年二一号、九月一五日（島根縣伺）（『明治前期文部省刊行誌集成　第3巻　文部省日誌　明治14年』歴史文献、一九八一年）241頁。
(17)　『文部省日誌』明治一五年四四号、七月一一日（大阪中學校伺）（『明治前期文部省刊行誌集成　第5巻　文部省日誌　明治15年』歴史文献、一九八一年）49頁。

(18) 甲斐前掲書、89頁。
(19) 甲斐前掲書、88頁。
(20) 「第六章第一節　稲垣千穎編集教科書の変遷――『本朝文範』から『和文読本』、『読本』へ」参照。
(21) 甲斐前掲書、135頁。
(22) 菊野前論文、86頁下段。
(23) 山本正秀『近代文体発生の史的研究』岩波書店、一九六五年、5～11頁。引用箇所は6頁上段。
(24) 日下部重太郎『現代國語精説』中文館書店、一九三二年、81頁。
(25) 岡本勲「明治普通文の成熟期と新聞」『中京大学文学部紀要』17、中京大学文学部、一九八三年、104（五三）～103（五四）頁。
(26) 岡本勲「明治普通文と漢文訓読語」『中京大学文学部紀要』18、中京大学文学部、一九八三年、172（三五）頁。
(27) 飛山純子「明治普通文の研究」『日本文學』23、東京女子大学日本文学研究会、一九六四年、74～85頁。
(28) 作文教科書では、明治二四年に、今泉定助・畠山健・中川小十郎『普通文教科書』（敬業社・成美堂）が「普通文」語彙を使用している。
(29) 飛山前掲論文、73頁。
(30) 飛山前掲論文、85頁。
(31) 山本前掲書、144～145頁。

第一章　「普通文」をめぐる言語文化状況と国語教科書

第一節　明治初期の「普通文」をめぐる言語文化状況

近来日本ヨリ来着スル新聞紙抔ヲ見レハ我カ國人ハ今方ニ文字文体ニ注意スルノ時ナルカ如シ(1)

右は、矢野龍渓（文雄）が明治一七年から一九年八月までの欧米外遊中に口述し出版した『日本文体文字新論』（明治一九年）の自序（「明治十八年十一月英國倫敦ノ客舎ニ識ス」）の一節である。イ・ヨンスク（二〇一二）の言う「明治前半にさまざまなかたちで展開した言語的格闘(2)」の同時代証言。本書を収録する『新日本古典文学大系』は、これに「新聞が伝える「かなのくわい」（明治十六年七月結成）や羅馬字会（明治十七年一二月結成）の隆盛。」と注している(3)。

〝国語（国字国文）改良論〟と総称されるこの「格闘」は、維新前、慶応二年（一八六六）の前島密の建白書「漢字御廃止之議」にすでに始まっている。以後、森有礼の英語採用論(4)、『明六雑誌』（明治七年発行）誌上での洋学者による仮名文字論・ローマ字論、さらには明治一七年の圓朝落語口演速記本『怪談牡丹灯籠』刊行前後の言文一致運動をも加え(5)、明治一〇年代はまさに〝国語（国字国文）改良〟をめぐる諸言論「格闘」の時空間となる。

この「格闘」の核にあったのは「教育」問題である。前島密の徳川慶喜への建白書には「國家の大本は國民の教育にして其教育は士民を論せす國民に普からしめ之を普からしめんには成る可く簡易なる文字文章を用ひさる可らす(6)」とある。森有礼も「日本の話しことばは、帝国の人民のますます増大する必要に適合せず、音声アルファベットによったとしても、書きことばとして十分に有用なものにするには、あまりに貧弱である。」「これまでの日本のあらゆる学校は、何世紀にもわたって、中国語を用いてきた。まったく奇妙なことに、われわれは教育の目的のために、われわれ自身の言語による学校も書物ももっていない。[7]」と述べる。また、矢野龍渓も前掲著書の自序冒頭を「一國ノ文字文体ハ國人ノ知識ヲ廣ムルニ大切ノ者ナレハ」と起筆し、第一章冒頭でも、「日本ニ於テ如何ナル文字文体ヲ用ヒバ國人ノ知識ヲ進ムルニ最モ利益多カルヘキヤヲ判定セント欲セハ」と切り出している。

知識基盤社会における言語教育論、その幕末明治前期版とでも評せそうな事態だが、その背景には、「江戸時代をつうじて武士階級と知識人の世界における文化語であり行政語であった漢文あるいは漢文訓読文が、明治期にはいると、突如として民衆のうえにふりかかってきた[8]」ことによる社会的混乱、「他藩との物心両面における交流がとざされていた幕藩体制のもとで、話しことばは諸方言に分裂し、さらにその内部においても、士農工商の身分関係によってきびしく規定されていた」中で「明治期にはいり「国民」的コミュニケーションがもとめられた[9]」ことなどに加え、矢野龍渓の指摘するような次の事情もあった。

> 斯ク混雑セル有様ニ乗シテ拙劣最下ノ文章カ時トシテ世間ニ現ハレ出ルヨリ遂ニ世人ヲシテ漢文漢字ヲ非難セシムルノ感ヲ増加セシムルニ至レリ…（中略）…且ツ時トシテハ漢文ノ格ニサヘ入リ難キ不思議ノ熟語ヲ用フルカ如キニ至テハ其ノ讀者ニ解シ難キノミナラス漢文ノ罪人タルヲ免レサル者ナリ維新以後斯ノ如キ拙劣ノ文章往々世間ニ現ハル、ハ是亦タ世人ヲシテ漢文ヲ不便トセシムルノ感ヲ助ケタル者ナリ斯ノ如キ文章家ガ漢字ニ冤罪ヲ與ヘタル者ト云フヘシ[10]

「世人ヲシテ漢文漢字ヲ非難セシムルノ感」「世人ヲシテ漢文ヲ不便トセシムルノ感」。明治五年、学制発布の年の森有礼の発言「これまでの日本のあらゆる学校は、何世紀にもわたって、中国語を用いてきた」は、このような「世人」の「感」を代弁するものでもあった。こうした言語文化状況が「普通文」を希求したのである。

そうした中、矢野龍渓は「普通書」と「文学書」の区別の必要を説きつつ、二者を総括する「文章」観を以下のように開陳する。

總テ文章ハ通例平易ナル文字ヲ以テ如何ナル極精極微ノ事迄モ説キ盡シ覺リ難キ事柄ヲモ覺リ易カラシメ倦ミ易キ事柄ヲモ倦マシメス讀者ヲ哀マシメント欲スレハ之ヲ哀マシメ怒ラシメント欲スレハ之ヲ怒ラシムルヲ以テ眞ニ文章ノ巧妙ナル者トス之ヲ言ヒ換フレハ六ヶ敷文字ヲ用ヒズシテ事柄ノ組立ヲ巧ミニシ其ノ全部カ意匠ニ富ミタル者ヲ以テ巧妙ノ文章ト爲スヿナリ[11]

そして、その具体的指針の策定（「常用ノ文字ヲ節減シ文体ヲ定メ文書ノ部類ヲ分チ[12]」）を明治一二年設立の東京学士会院の会員たる和学者・漢学者・洋学者の合議に求めている[13]。合議による思案の公表、これをめぐる諸新聞紙の論争、それを通じた「世上ノ公論」の形成、政府・地方自治体文書での使用、文部省の布告・布令、「教科書」規制、これが矢野の提案する「実行スルノ手続キ」である[14]。しかし、その実現は矢野著書出版の明治一九年から遠く隔たり、明治二六年八月の井上毅「国語講習会ニ於ケル文部大臣ノ演説[15]」、明治二七年六月に帰国して「国語」論を展開する上田万年の登場[16]、明治三二年一〇月の保科孝一・岡田正美・藤岡勝二「読本編纂及教授等ノ意見書[17]」、明治三三年の「小学校令施行規則」による仮名異体字、字音仮名遣い、漢字数に関する制限、明治三四年二月の帝国教育会内言文一致会による「言文一致の実行に就て請願[18]」などを通じてのことで、合議の公的実現は明治三五年三月の国語調査委員会の設置以降においてのことだった[19]。

「明治前半にさまざまなかたちで展開した言語的格闘」――、本論で取り上げる『本朝文範』の出版（上中巻明治一四年一一月、下巻翌年一月）はその最中のことである。この時、矢野前掲書はまだ刊行されていない。「言文一致」もスローガンとはならず、「かなのくわい」や羅馬字会もいまだ結成には至っていない。あるのは、「世人ヲシテ漢文漢字ヲ非難セシムルノ感」「世人ヲシテ漢文ヲ不便トセシムルノ感」の中での〝国語改良〟をめぐる様々な声。そこでの『本朝文範』の「格闘」とはどのようなものだったのか、それは日本の言語文化とその教育の歴史のいかなる局面を照らし出すものとしてあるのか。以下、本和文教科書成立の背景となる言語文化状況として、同時期の「普通文」観を確認する。

〝国語改良〟論の議論は見たように多岐にわたるが、それらに通底する課題は「普通文」の形成にあった。坪内逍遙は明治二八年四月に次のように言う。

國語法の改定は、何を以て標準とし、何等の程度まで行ふべきものなるか、是れ第一の問題たるべく、又國語法改まる上は、普通用の文體はいかにすべきか、是れ第二の問題たるべし。(「新文壇の二大問題」『早稲田文学』[20])(傍線筆者、以下同)

明治二八年、「普通用の文体」は未だ模索中だった。それは、文教政策においても同様である。

讀書及作文ハ普通ノ言語竝日常須知ノ文字、文句、文章ノ讀ミ方、綴リ方及意義ヲ知ラシメ適當ナル言語及字句ヲ用ヒテ正確ニ思想ヲ表彰スルノ能ヲ養ヒ兼ネテ智徳ヲ啓發スルヲ以テ要旨トス[21]

明治二三年の小学校令を承けて翌年に示された「小学校教則大綱」、その「読書及作文」の学習目標である。明治三四年の文部省令「中学校令施行規則」第三条でも、

國語及漢文ハ普通ノ言語文章ヲ了解シ正確且自由ニ思想ヲ表彰スルノ能ヲ得シメ文學上ノ趣味ヲ養ヒ兼テ智徳ノ啓發ニ資スルヲ以テ要旨トス[22]

とあり、この文言は、明治四四年の「中学校令施行規則中改正」を経て、昭和六年に「中学校令施行規則中改正」で一部変更加筆されるまで踏襲される。[23]

「普通ノ言語」「普通ノ言語文章」、しかしその実態についての規定はない。明文化されているのは明治四四年

七月三一日文部省訓令第一五号「中学校教授要目改正」の「国語講読」条である。

國語講讀ノ材料ハ普通文ヲ主トシ口語文・書牘文・韻文ヲ交フ

普通文ハ現代文ヲ主トシ近世文・近古文ヲ交フ何レモ平易ニシテ作文ノ模範トスヘキモノタルヘシ

口語文ハ簡明ニシテ方言ヲ雜フルコトナク口語ノ標準ヲ示スニ足リ話方・作文ノ模範トスヘキモノタルヘシ[24]

「普通文」は「口語文・書牘文・韻文」と区別され、「現代文ヲ主トシ近世文・近古文ヲ交フ」ものとして規定されている。[25] つまり「普通文」は「口語文」とは別物で、「現代文」とも範疇を異にしている。

遡れば、明治三五年二月文部省訓令第三号「中学校教授要目」でも「今文ヲ用ヒテ修身、歴史、地理、理科、實業等ニ關スル事項ヲ記シタル現代作家ノ平正ナル記事文、敍事文等」「普通今文ノ外正確ナル口語ノ標準ヲ示スヘキ演説、談話ノ筆記」「現代名家ノ書牘文及新體詩」（第一学年）[26] などとあって、「今文」「普通今文」と「口語」、「書牘文及新體詩」とは弁別されている。[27]「普通文」が現在と同様に「口語文」に即して認知されるのは大正期に入ってからのこと。[28] 明治期後半期のそれは、そこへの道行きのなかにあり、「現代作家ノ平正ナル記事文、敍事文等」に代表される「現代文ヲ主トシ近世文・近古文ヲ交フ」文体のことだったのである。

こうしたことは、これを更に遡る明治一〇年代後半にも確かめることができる。たとえば、先の矢野龍渓『日本文体文字新論』は、「普通書」を「文学書」と区別し、「常用ノ文字ヲ節減シ文体ヲ定メ文書ノ部類ヲ分チ」と具体的指針策定の必要性を説いた。「雑文体ノ漢字ニ仮名ヲ付ケタル」両文体を「日本普通ノ文体」とし、[29]「両文体ノ基礎」たる「雑文体」について漢訳体・洋訳体・土語体の三種を例示した上で、「而テ余ガ普通書ニ用フ可シト云フハ即チ土語体ノ方ニテ　漢訳体ハ極メテ平易ナル者ニアラザレバ之ヲ普通書ニ用ヒザルコソ願ハシケレ」と述べる。[30] ここに言う「土語体」とは「日常ノ談話ノ働詞、副詞抔ノ語尾ヲ少シク変ジテ古体ノ土語ニ改メタルマデノ者」「語尾ヲ古語体ニ変ズレバ何人ノ談話モ大抵ハ直ニ文章ト為シ得可キ者」のことを言う。興味深いのは、「日常ノ談話」を「今語体」と称していることである。つまり、「口語文」は書記可能な「今語体」と認知されながら「普通文」ではなく、「普通文」の基盤はあくまでも「古語体」だったのである。「現代文ヲ主トシ近世文・近古文ヲ交フ」（明治四四年「中学校教授要目改正」）ではなく、近世文・近古文を主とし今語体を交える「普通文」、それが明治一〇年代に考え得る「普通文」だったのである。

こうした「普通文」観は、『本朝文範』の編者稲垣千穎にも通底するものと見られ、明治一五年一二月刊『和文読本』に続けて明治一七年一一月に出版した『読本』凡例には次のような「普通文」語彙の使用例が認められる。

此の書慶長元和より以来近時に至るまでの諸名家の著作及筆記書牘等普通文の中に就きて今日に行ひて弊なく以て模範とするに足る可き者を撰擇して童蒙讀方の科書の用に供す

「童蒙読方の科書の用」教材の選択範囲としての、「慶長元和より以来近時に至るまで」つまりは徳川時代の「諸名家」の、「著作」と「筆記書牘等普通文」[31]。稲垣の諸名家の「著作」と「筆記書牘等普通文」の区分は矢野の「文学書」と「普通書」の別に対応する。

こうしたことは、漢字廃止論者の前島密が明治六年に発行した「まいにち　ひらかな　しんぶんし」が文語体で書かれていたこと、『明六雑誌』で展開されたローマ字論、仮名文字論の実践においてその文体が漢文訓読体、擬古文体であったことなどに[32]照らせば、怪しむに足りない。明治一九年、末松謙澄は『日本文章論』でこれを批判し、「文体の体裁」の標準を言文一致に求める論を展開する。しかし、明治三八年一二月文部省告示第百五十八号「文法上許容スヘキ事項」の理由書における次の記事などを見ると、矢野の「土語体」が普通文としていかに長く流通したかを知ることができる。

國語文法トシテ今日ノ教育社會ニ承認セラルルモノハ徳川時代國学者ノ研究ニ基キ専ラ中古語ノ法則ニ準據

シタルモノナリ然レドモ之ニノミ依リテ今日ノ普通文ヲ律センハ言語變遷ノ理法ヲ軽視スルノ嫌アルノミナラズコレマデ破格又ハ誤謬トシテ斥ケラレタルモノト雖モ中古語中ニ其用例ヲ認メ得べキモノ尠シトセズ故ニ文部省ニ於テハ従来破格又ハ誤謬ト稱セラレタルモノノ中慣用最モ弘キモノ數件ヲ擧ゲ之ヲ許容シテ在來ノ文法ト並行セシメンコトヲ期シ其許容如何ヲ國語調査委員會及高等教育會議ニ諮問セシニ何レモ審議ノ末許容ヲ可トスルニ決セリ依テ自今文部省ニ於テハ教科書検定又ハ編纂ノ場合ニモ之ヲ應用セントス[33]

「普通文」とは、「平明性」「細密性」「俗語の尊重」「句読法の確立」「客観的描写性」「近代的写実」「個性的」などをもって特徴づけられる「日本近代文体[34]」とも異なる。いわば「可能性の体系」としての言語の、その「共時的調和」としての「規範[35]」追求のなかでそれぞれが見た夢のごとくである。

第二節　明治期中学校国語教科書における「普通文」

一　明治期における中学校国語教材の範囲

まず、明治期における、中学校国語教材の範囲について、制度面を中心に概観しておく。

「検定済教科用図書表　二　師範學校中學校高等女学校　自明治十九年五月至明治三十二年四月[36]」に記載の検定合格教科書の内、『本朝文範』より発行年が早いものには、新井君美『讀史餘論』（明治九年四月一日発行。明治二〇年九月一七日検定）、阿保友一郎『日本文法』（明治一五年二月二〇日・明治一六年一月発行。明治一九年一二月二八日検定）の二種がある。[37]これらは、文法書及び丸本であり、雑纂型の師範学校及び中学校用国語教科書としては『本朝文範』が初となる。[38]

甲斐雄一郎（二〇〇八）[39]によれば、大日本教育会国語科研究組合が明治二七年六月に出した「尋常中学校国語科の要領」（以下「要領」）以降、中学校国語科教科書に今文が掲載されるようになったという。「要領」は、尋常中学校国語科を次のように位置づけている。[40]（傍線筆者）

尋常中學校の國語科は小學校の讀書作文科を一層擴張したるものなりされば專ら實用を旨とし高尚に馳せず迂遠に陥らず卒業の生徒をして國語の大体に通じ普通文を自由に讀み自由に書くことを得しむるにあり

ここでは、「普通文」を「自由に書くこと」の習得が目指されている。この「要領」の「講讀の本旨及び程度」では、教材文の範囲と配列について次のように述べられている。

講讀の本旨は生徒をして文字にて書き現したる事實及び理論を解せしめ兼ねてその意思を書き現すべき用語を知らしむるにあり

講讀の程度は第一學年には主として今日の文を講讀せしめ第二學年には近世以下の文を講讀せしむ

用書はその文体は作文の摸範となりその事實理論は道徳歴史文學その他の學術に渉れるものを集めたる讀本を主として用ふべし

第三學年以後は通じて中古以下の文を講讀せしめ第五學年に至り生徒の學力を量りて文學史の概略を授くることあるべし

用書は第三學年には駿臺雜話神皇正統記保元物語平治物語の類第四學年には藩翰譜十訓抄太平記源平盛衰記の類第五学年には讀史餘論増鏡徒然草土佐日記の類の程度の書を用ひ便宜これを抄讀せしめまた各學年に通じて時々有益なる歌を講讀せしむるも可なり但しこの程度に相當せる讀本ある場合にはこれを用ふべし

甲斐は、この「要領」が、「国語観の時代的拡大をもたらした一因」とし、明治三一年「尋常中学校教科細目調査報告」の原型となったこと、さらに「細目」と明治三四年「中学校令施行規則」及び明治三五年「中学校教授要目」が類似していることを指摘している。「要領」は、「講読の程度」として、第一学年で今文、第二学年で近世文、第三学年以降は中古文を加えるという編成を提唱している。これは、従来あった編成に今文を初学段階で加えた形であり、今文が初学向けの平易な文章ととらえられていることが分かる。つまり、この時点では、今文の教科書登場を以て、現時の「普通文」の完成形とは認め難い。しかし、今文の掲載は、教科書史において「普通文」が展開していく上での大きな節目であったと言える。

野地潤家（一九八五）[41]は、明治三〇年代〜四〇年代に制度的に古典教材の範囲と基準が示されたことを指摘している。以下、その明治三〇年代〜四〇年代に制度上示された教材範囲である。

明治三一年に文部省高等学務局が発行した「尋常中学校教科細目調査報告」では、「程度」を学年別に示している。以下は、そのうち教材に関する箇所を抜粋したもの[42]。

※『本朝文範』教材と重なる箇所に傍線を付した（以下同）。

第一学年級「第一學年級ニ用フヘキ讀本ハ小學讀本トノ連絡ヲ圖リ今文ヲ用ヒテ地理歴史理科工藝軍事農商等ニ關シテ必須ナル智識ヲ與フルモノタルヘシ難易ノ程度ハ文部省編纂高等小學用讀本第六七ノ程度ニ準ス　（附言）今文ノ作例トシテハ福澤諭吉中村正直井上毅等ヲ始メトシテ現代作家ノ平易ナル記事文敍事文等ヲ採ルヲ可トス然レドモ各課排列ノ順序ヲ全カラシメンカ爲メニハ小學讀本ニ於ケルカ如ク創作ヲナスヲ必要トスヘシ…（中略）

本學年級ノ讀本ニハ普通今文ノ外ナホ左記ノ種類ノ文ヲ含ムヘシ　（い）正確ナル口語ノ標準ヲ示スヘキ演説談話ノ筆記　（ろ）名家ノ書牘文　（は）韻文ハ主トシテ新體詩」

第二学年級「第二學年級ニ用フヘキ讀本ハ大體ノ組織ニ於テハ第一學年級ニ同シカルヘシ但今文ニハ論説文ヲ交フ又今文ニ最モ近キ徳川時代ノ近世文ヲ加フ其比例ハ今文八近世文二トス近世文ニシテ採ルヘキハ橘南谿ノ東西遊記伴蒿蹊ノ近世畸人傳貝原益軒ノ訓誡書類成島司直ノ徳川實記附録等トス」

第三学年級「第三學年級ニ於テハ更ニ鎌倉室町時代ノ近古文ヲ加ヘ漸次古文學ヲ翫味セシム其比例ハ今文五近世文三近古文二トス讀本ノ組織左ノ如シ　（い）今文　古文中ニハ現代ニ關スル知識ヲ欠クコト多ク且ツ直ニ採リテ作文ノ摸範トナスヘカラサルモノ多シ故ニ今文ニ於テ其欠ヲ補ハンコトヲ期スヘシ　（ろ）近世文　前學年ノモノニ比シテ文辭思想ノ一層高尚ナルモノヲ採ル室鳩巣ノ駿臺雑話安藤年山ノ年山紀聞新井白石ノ讀史餘論本居宣長ノ玉勝間ノ類抄畧　（は）近古文　保元平治物語神皇正統記十訓抄樵談治要ノ類抄畧　（に）韻文ハ主トシテ今様歌」

第四学年級「第四學年級ニ於テハ更ニ平安朝ノ中古文ヲ加フ其比例今文四近世文二近古文二中古文二トス讀本ノ組織左ノ如シ　（い）今文　今文ニ關スル注意ハ第三學年級ノモノニ同シ詔勅法令上書等ヲモ含有セシムヘシ　（ろ）近世文　新井白石ノ折焚柴ノ記大宰春臺ノ經濟録ノ類抄畧（注意）稗史ノ類ト雖モ教育上ノ目的ニ戻ラサル限リハ之ヲ採ルヲ可トス　（は）近古文　徒然草方丈記等ノ抄畧　（に）中古文　今昔物語　土佐日記落窪物語ノ類抄畧　（ほ）古今集ノ抄畧其他中古近古歌人ノ詠草」

第五学年級「本學年ニ用フヘキ讀本ノ組織ハ左ノ如シ比例ハ今文三近世文二近古文二中古文三トス　（い）今文　外國文學ノ飜譯ヲ加ヘテ東西文學趣味ノ異同ヲ翫味セシム　（ろ）近世文　加茂眞淵（加茂翁家集）本居宣長（鈴屋集）村田春海（琴後集）橘千蔭（うけらか花）等ノ擬古文　（は）近古文　謡曲ノ文二篇若クハ三篇増鏡抄畧　（に）中古文　大鏡今鏡榮華物語等抄畧　（ほ）近世歌人ノ和歌　加茂真淵香川景樹千種有功井上文雄等ノ和歌」

明治三四年「中学校令施行規則[43]」では、国文の教材範囲が現時及び近古のものに限定されている。

國語及漢文ハ現時ノ國文ヲ主トシテ講讀セシメ進ミテハ近古ノ國文ニ及ホシ又實用簡易ナル文ヲ作ラシメ文法ノ大要、國文學史ノ一班ヲ授ケ又平易ナル漢文ヲ講讀セシメ且習字ヲ授クヘシ

明治三五年「中学校教授要目[44]」では、「講讀ノ材料」として各学年毎に教材範囲を示しており、学年が進むにつれて今文から近世文へ、さらに近古文へ広げられており、上古文及び中古文はない。「講讀ノ材料」の「國語」の部分は次の通り。

第一学年「國語ハ小學校ニ於ケル國語トノ連絡ヲ圖リ今文ヲ用ヒテ修身、歴史、地理、理科、實業等ニ關スル事項ヲ記シタル現代作家ノ平正ナル記事文、敍事文等ヲ採ルヘシ又普通今文ノ外正確ナル口語ノ標準ヲ示スヘキ演説、談話ノ筆記竝ニ現代名家ノ書牘文及新體詩ヲモ含マシメテ可ナリ其ノ程度ハ文部省編纂高等小學校讀本ノ第六巻及七巻ニ準スヘシ」

第二学年「今文　前學年ニ準シ又現代作家ノ論説文ヲ加フ　近世文　今文ニ最モ近キモノ、例ヘハ橘南谿ノ東西遊記、伴蒿蹊ノ近世畸人傳、貝原益軒ノ訓誡書類、成島司直ノ徳川實記附録ノ類」

第三学年「今文　現代ノ思想及事實ヲ敍述論議スル今文　近世文　室鳩巣ノ駿臺雜話、安藤年山ノ年山紀聞、新井白石ノ讀史餘論、本居宣長ノ玉勝間ノ類　近古文　鎌倉室町時代ノ文、例ヘハ保元平治物語、神皇正統記、十訓抄、樵談治要ノ類　韻文　主トシテ今様歌」

第四学年「今文　前學年ニ準シ又詔勅、上書等ヲ加フ　近世文　新井白石ノ折焚柴の記、大宰春臺ノ經濟録ノ類、但稗史ノ類ト雖モ教育上ノ目的ニ戻ラサル限ハ之ヲ採ルヲ可トス　近古文　源平盛衰記、太平記ノ類　歌　古今和歌集ノ類」

第五学年「今文　前學年ニ準ス　近世文　前學年ニ準ス　近古文　前學年ニ準ス　歌　前學年ニ準ス」

明治四四年「中学校教授要目」改正[45]では、「国語及漢文」の分科「国語講読[46]」の規定で、「作文ノ模範」としての今文・近世文・近古文という基準が明示された。

國語講読ノ材料ハ普通文ヲ主トシ口語文・書牘文・韻文ヲ交フ　普通文ハ現代文ヲ主トシ近世文・近古文ヲ交フ何レモ平易ニシテ作文ノ模範トスヘキモノタルヘシ…（中略）

第一学年「讀本ハ尋常小學讀本トノ聯絡ヲ圖リ現代文ヲ主トシ口語文・書牘文ヲ交ヘ間《ま》韻文ヲ加ヘテ組織セルモノタルヘシ但シ現代文・口語文ノ種類ハ記事文・叙事文トス」

第二学年「讀本ハ現代文ヲ主トシ近世文・口語文ヲ交ヘ間《ま》書牘文・韻文ヲ加ヘテ組織セルモノタルヘシ但シ現代文・近世文・口語文ノ種類ハ記事文・叙事文及論説文トス」

第三学年「讀本ハ現代文ヲ主トシ近世文ヲ交ヘ口語文・韻文ヲ加ヘテ組織セルモノタルヘシ但シ名家ノ平易ナル著書又ハ抄本ヲ併用スルモ妨ナシ」

第四学年「讀本ハ現代文・近世文ヲ主トシテ近古文ヲ交ヘ間《ま》書牘文・韻文ヲ加ヘテ組織セルモノタルヘシ但シ名家ノ平易ナル著書又ハ其ノ抄本ヲ併用スルモ妨ナシ」

第五学年「前學年ニ準ス」

右に見たように、教材選定の方針が明示された明治三〇年代には、今文つまり近代の文章が教材の主流となっていき、また明治三五年「中学校教授要目」に至っては中古の文章は教材の範囲から外れていく。『本朝文範』の教材選定の教科書史における位相については「第六章　『本朝文範』の位相」で改めて詳述するが、ここでは簡単に触れておきたい。今文のない『本朝文範』自体は、右に挙げた制度下では教科書として不適格なものとなるが、『本朝文範』教材のうち作文の模範としての近世文という基準に適うものが継続的に使用されている。教材例として挙げられたものと『本朝文範』教材を照合すると、明治三一年「尋常中学校教科細目調査報告」ではその基準に収まっているものが多いが、明治三五年「中学校教授要目」では『玉勝間』と『古今集』だけとなる。

教材文章の内容的・質的な規範にも変化が見られる。明治三三年出版の大日本圖書株式會社編『中學國文讀本』には、『本朝文範』との共通の教材が二一編使用されており、他の教科書に比して突出して多い。その凡例に中古及び近世の文章を採ることへの意味づけを見ることができる。

一此の書は生徒をして、我が國文の性質を知り、兼ねて作文の資力を得しむるを以て第一の目的とし、此の目的の爲には、編者勞を執れること頗る多し、而して其の採録せる文章は、專ら近代より現今に至り、普く用ふる所の諸體を選べり、其の意生徒卒業の後、何業に從ふに關らず、能く一般に通じ、實用に適ふを肝要と思へばなり、

一時代遠き古雅なる文章は、其の用廣からずといへども國民としては、一通り心得置かざるべからず、又歴史・文學・美術等に志す爲には、極めて大切のものなれば、七八の巻より難易を次第して之を出せり、其の中古文といへども甚だ解し難からずして、興味あるものは、初め數巻の中に収録したるもあり、…（以下略）

「我が國文の性質を知り、兼ねて作文の資力を得しむるを以て第一の目的とし」ということは、『本朝文範』と趣旨を同じくするものである。『本朝文範』と同じ教材は、すべて八巻以降に収録されており、「時代遠き古雅なる文章」として扱われていると考えられる。ただし、「時代遠き」ものならずとも近世の国学者の雅文などは「古雅なる文章」と言えるものである。他の教科書においても、『本朝文範』で使われた教材は教材文章の時代に関わらず後半の巻に入っていることが多く、学習の進んだ段階で学ぶ程度の高い教材としての位置づけであることは同様である。東書文庫蔵の同教科書には、文部省の検定意見として次のような内容の付箋が付いている。

六一號ニ適フ　本書ハ分量可ナリ　サレド近代ノ文章スクナク近世百科ノ学術ニ関スル知識ヲ啓發スルコトスクナキカノ感アリ　教材マタイカヾハシキ啣モノアリ　検定イカヾ　六月十三日

検定では、「近世百科ノ学術ニ関スル知識ヲ啓發スルコトスクナキカノ憾アリ」とされており、「古雅なる文章」を採録するという編集の趣旨が認められていない様子がうかがえる。「時代遠き古雅なる文章」は、「現時ノ国文ヲ主トシテ講読セシメ進ミテハ近古ノ国文ニ及ホシ又実用簡易ナル文ヲ作ラシメ」（明治三四年「中学校令施行規則」）というねらいから外れたものとなる。「雅」な文章という教材の選定基準は、明治三一年「尋常中学校教科細目調査報告」の「國語科ノ本旨」には「（二）高雅ナル文學上ノ趣味ヲ解セシメ兼ネテ徳性ヲ涵養スルコト」とあるが、明治三四年「中学校令施行規則」では「國語及漢文ハ普通ノ言語文章ヲ了解シ正確且自由ニ思想ヲ表彰スルノ能ヲ得シメ文學上ノ趣味ヲ養ヒ兼テ智徳ノ啓發ニ資スルヲ以テ要旨トス」となり、「文学上ノ趣味」に「高雅ナル」という基準が消える。さらに明治四四年「中学校教授要目」改正では、「何レモ平易ニシテ作文ノ模範トスベキモノタルベシ」と「平易」な作文の模範へと変わっていく。

二　教育制度における「普通文」

教育制度における「普通文」については前節「第一節　明治初期の「普通文」をめぐる言語文化状況」の中で触れ、また教材文範囲の変遷については前項「第二節一　明治期における中学校国語教材の範囲」で確認した。ここでは、これらとの資料の重複もあるが、中学校教育制度における「普通文」概念の展開を通時的に整理しておきたい。

公的文書上の「普通文」語彙の使用は、明治三三年の「小学校令施行規則」に「日常須知ノ文字及近易ナル普通文[47]」とあるが、「近易ナル普通文」の具体的な範囲は示されていない。

明治三四年三月「中学校令施行規則」では、「普通文」語彙の使用はないが、「普通ノ言語文章」がそれに近いと考えられる。（傍線筆者、以下同）

國語及漢文ハ普通ノ言語文章ヲ了解シ正確且自由ニ思想ヲ表彰スルノ能ヲ得シメ文學上ノ趣味ヲ養ヒ兼テ智徳ノ啓發ニ資スルヲ以テ要旨トス[48]

前項の教材範囲で見た現時及び近古の文を講読して作らせる「実用簡易ナル文」が、「普通ノ言語文章」である。

明治三五年「中学校教授要目[49]」（以下「要目」）おける「国語及漢文」第一学年「講読ノ材料」では、「普通今文」の語が使用されている。

國語ハ小學校ニ於ケル國語トノ連絡ヲ圖リ今文ヲ用ヒテ修身、歴史、地理、理科、實業等ニ關スル事項ヲ記シタル現代作家ノ平正ナル記事文、敍事文等ヲ採ルヘシ又普通今文ノ外正確ナル口語ノ標準ヲ示スヘキ演説、談話ノ筆記竝ニ現代名家ノ書牘文及新體詩ヲモ含マシメテ可ナリ

前項で引用した同「要目」の教材文範囲に見られるように、学年が進むにつれて今文から近世文、近古文へ展開している。このことから、第一学年に配置される「普通今文」は、「普通文」範疇内の「今文」という概念であると考えるのが妥当であろう。また「普通今文」と「口語」の「演説、談話ノ筆記」は別のものである。「普通今文」の文種は、実用向きのものが想定されている。同「要目」の「作文」の項には、文体や文種に関する規定が示されている。

第一學年　作文　書取　假名遣ヲ正シ漢字ノ字畫ヲ正確ナラシメ且速記ノ慣習を養フヘシ
　　　　　　　　複文　口語ヲ今文ニ、若ハ今文ヲ口語ニ譯セシムヘシ

第二學年　作文　作文　書翰文、今文體ノ記事文、但記事文ハ豫メ其ノ構造ヲ示スヘシ
書取　前學年ニ同シ
複文　前學年ニ同シ
第三學年　作文　作文　書翰文、記事文、敍事文、但敍事文ハ豫メ其ノ構造ヲ示スヘシ
書取　文章ヲ朗讀シテ其ノ大意ヲ記述セシムヘシ
譯文　漢文ヲ譯セシメ又時トシテ外國文ヲ譯セシムヘシ且簡單ナル國文ヲ漢文ニ譯セシメテ用字ノ法ヲ知ラシムルモ可ナリ
第四學年　作文　作文　記事文、敍事文、傳記文、但傳記文ハ豫メ其ノ構造ヲ示スヘシ
書取　前學年ニ同シ
譯文　前學年ニ同シ
第五學年　作文　作文　記事文、敍事文、傳記文、論説文、但論説文ハ豫メ其ノ構造ヲ示スヘシ
書取　前學年ニ同シ
譯文　前學年ニ同シ
作文　前學年ニ同シ
教授上ノ注意　四　作文ハ其ノ文體、教授法等ニ關シテ一定ノ標準ヲ定メ難シト雖モ迂遠ニ流レス難澁ニ失セス簡易ニシテ實用ニ適切ナランコトヲ期スヘシ

第一学年で「今文」つまり明治時代の文語文を「口語」と互いに変換させ、第三学年では漢文や外国語からの変換もさせる。この複文や訳文の学習活動は、それぞれの文体的特徴を理解させると同時に、各文体の交通がなされることで新たな「普通文」を作るための契機が内在されていたと考えられる。文種は、実用的なものを学年

進行に従って拡げていっている。

文部省が「普通文」の具体的な規定に言及したのは、明治三八年「文法上許容スベキ事項」の理由書(50)で、中古語に準拠することを基本としながらも、「言語變遷ノ理法」と「コレマデ破格又ハ誤謬トシテ斥ケラレタルモノ」の中古文における用例を理由に、「慣用最モ弘キモノ數件ヲ擧ゲ」て許容している。ここで「言語変遷」の考え方から「慣用」を認め、簡易化を許容したのは、普く通じる文を作っていくための一歩であった。

文教政策上の規定における「普通文」語彙の最初の使用は、明治四四年「中学校教授要目」改正(51)における「国語講読」である。「普通文ハ現代文ヲ主トシ近世文・近古文ヲ交フ」とあって中古文が除外され、「何レモ平易ニシテ作文ノ模範トスヘキモノ」と平易であることが要件となっている。

同「中学校教授要目」改正の「作文」の項では、文体及び文種について、次のような規定されている。

作文　作文ハ現代文ヲ主トシ口語文及書牘文ヲ併セ課スヘシ

第一學年　作文　主トシテ自作文ヲ課シ　便宜生徒既習ノ事項ニ關聯シテ文話ヲ爲シ又正誤法・敷衍法・短縮法・改作法（複文）等種々ノ練習ヲ行フヘシ

自作文ハ種類ニ就キテハ記事文・敍事文ヲ主トシ書牘文ヲ併セ課シ文體ニ就キテハ文語文ヲ主トシ口語文ヲ併セ課スヘシ

第二學年　作文　前學年ニ準ス

第三學年　作文　前學年ニ準ス但シ自作文ハ其ノ種類ニ就キテハ記事文・敍事文・論説文ヲ主トシ書牘文ヲ併セ課スヘシ

第四學年　作文　前學年ニ準ス但シ自作文ハ文體ニ就キテハ専ラ文語文ヲ用フヘシ

第五學年　作文　前學年ニ準ス

注意　七　作文ノ教授ハ迂遠ニ流レス難澁ニ失セス簡明達意ノ文ヲ作ラシメンコトヲ期スヘシ

明治の末、中学校で教える作文は、「現代文」の「文語文」が主で、「簡明達意ノ文」が目指された。これはまさしく「普通文」と同じものであるが、「普通文」ではなく「文語文」と呼ばれていることに注目しておきたい。

中学校教科書は、それぞれの編集時の制度に準拠して作成されたと考えられるが、「普通文」概念が固まっていないだけに、各編集者によって試行錯誤が繰り返された。特に教科書草創期とも言える明治一〇年代から二〇年代は、「普通文」をめぐる試行自体がなされ始めた頃であり、各教科書教材は、向後、どのような文体を基盤とするのかという素材選択の提案であったと言える。

三　中学校読本教科書における「普通文」

本項では、中学校読本教科書編集において、「普通文」がどのようにとらえられ、教育内容として試みられたのかを、具体に即して確認する。なお、稲垣千穎編集の教科書については、別に次章以降で詳細に取り上げる。

※発行年月日は、初巻のもの。引用箇所の記載なきものは、緒言、序、凡例等、編集方針を記載した箇所による。原則として「普通文」への言及がなされているものを取り上げている。傍線は筆者による。

①小中村清矩《こなかむらきよのり》・中村秋香《なかむらあきか》『日用文鑑』（明治一七年二月、福田仙蔵）全二冊

『日用文鑑』は、稲垣『読本』出版（明治一七年一一月）に先駆けて、明治一七年二月に出版され、明治二一年三月五日に中学校用教科書として検定合格している。(52) 小中村清矩の緒言からは、現時に普く通用させる文の学習が、ねらいとされていることがうかがえる。

世人の言事を筆記して日用に便し、後來の資となすもの、此れを文と云ふ、然れども平常言ひ交《か》はせる言辭

のま丶にては、文を成し難し、爰に於て和漢の古成語をも取交へ、在來の例に倣ひて書出せるを、通行文、又は日用文と云ふ、此通行文を卑俚ならず流暢に述作せんには、我國中古以來の雅言を以て綴りたる、世上に所謂和文なるものを學ぶに若くはなし、然れども其《そ》を學ぶ暇なき人は、假令俗書にもせよ、假字書の文を只管見る時は、自《お》ら書得らるべし、但し我國の文は、言辭より起りたれば、語格テニヲハ活語の類を云ふ假字遣の濫なるは文と云ひ難し、然らは醇粋の和文ならずして、語格も整ひ、卑俗ならざる文を作らんには、宜しく目途とすべき書に據らずはあるべからず、依りて客年九月中、東京大學に始めて古典講習科を立てられ、開業の時、清矩が其趣旨を述べたる演説中に彼科にて文章を教習するは、世の常の國學者流の所業とは事かはりて、彼和文と云ふ者は、今にしては擬古の業にして、通常に行ふべくもあらねど、其《そ》をひとわたり書きなすこと能はずは、能く今日の常行文を流暢に綴るべからずと思はる丶により、古書講習の餘課に、彼擬古の雅文と、今日の通行文とを交《かは》る〴〵書習はすべし、但し通行文を書習ふに、模範となるべき近世の文を選び、印刷して生徒に授くべしと述べたりしが…（中略）…此二巻を編輯して、示さる丶を見れば専ら字音の辭多かる文を採りながら、漢文を直譯せし如くならず、つとめて古文に近きを省きながら、詞遣ひ正確なり、かくてこそ我國人の記したる通行文と云ふべくして、和にもあらず、漢にもあらざる、筑良《ちくら》文の謗を免るべけれ、依りて此書を以て即ち課業の模範とせんと欲し、更に一二を増損し、氏と相計りて以て印刷に付する事とはなしぬ、明治十六年九月廿八日　東京大學教授小中村清矩

ここで「通行文」もしくは「日用文」と呼ばれているものは、現時に実際に通用している文のことであって、それを「卑俚ならず流暢に」「詞遣ひ正確」にしていくのが『日用文鑑』の目指す文である。文の模範は「中古以來の雅言を以て綴りたる、世上に所謂和文なるもの」が最上としているが、「其を學ぶ暇なき人は」云々からは、中古和文を学ぶには長い修養期間を要することが認知されていることが分かる。「語格も整ひ、卑俗ならざ

る文を作らん」には「醇粋の和文」に「據らずはあるべからず」と言い、また東京大学の古典講習科開業の演説で述べたことを紹介する行には「擬古の雅文」は「通常に行ふべくもあらねど」という認識も見受けられる。そして、中古文や擬古文を避けた「通行文」は、「模範となるべき近世の文」であるとしている。『日用文鑑』の基としたという中村秋香が編集してきた「模範文撰」二巻について述べた行には、選定された「通行文」教材の文体は、「字音の辭多かる文を採りながら、漢文を直譯せし如くならず、つとめて古文に近きを省きながら、詞遣ひ正確なり」と述べられており、漢文訓読系統の文体を避ける向きがうかがえる。近世文のみを採るのは、同じ明治一七年出版の稲垣『読本』と同じである。[53]

②関根正直『近體國文教科書』（明治二一年三月三一日、十一堂）全四冊

又近来、國文を習はん料の書も、かれこれ世に出てたれど。多くは、いはゆる雅文、すなはち古文をとりて、模範としたれば、擬古のわざを習はんには、さてもあれ。日用通行を目的として、當今の言事を書き記さんには、すこぶる不適當と覚ゆ。およそ、古文は今人に耳どほく、今やうは、又不規則難渋にして、言の意まぎらはし。さるは、古きをすこし引き下げ、今やうなるを押しあげて、古雅に傾かず、鄙俚に流れず、平暢にして通じ易く、漢語俗語をも雑へながら、國文の脉を、失はざらん程のものこそ、見まほしけれと思ひて、さるかたの、模範となるべきものを撰集して、國文教科書と名づけつ。

『古今著聞集』・『今昔物語』の説話や『神皇正統記』・『太平記』等の歴史書からも採録されているが、多くは貝原益軒・新井白石等の近世文である。「日用通行を目的として、當今の言事を書き記さん」ためには、「古文は今人に耳どほく」として擬古文が排されている。「今やうは、又不規則難渋にして」とあるは、漢文訓読系統の文と考えられる。

③今泉定助・畠山健・中川小十郎『普通文教科書』（明治二四年三月三日、敬業社・成美堂）全一冊

編纂要領「(第二)」に「(一) 実用上の目的」「(二) 訓育上の目的」「(三) 文学上の目的」の三つを挙げ、そのうち「(一) 実用上の目的」には「生徒の理解応用を主眼とせるもの」として次の二点を挙げている。

(い) ―生徒をして、文學文章によりて、他人の思想感覺を理解することを得しめざるべからず

(ろ) ―生徒をして、文字文章によりて、自己の思想感覺を説述することを得しめざるべからず

「他人の思想感覺を理解」し「自己の思想感覺を説述」するための文とは、まさしく「普通文」の意である。本教科書では、中学校第二学年までの国語漢文科の目的を普通文の修練としており、古文や漢文を教材とするのも普通文の練習のためであるとしている。

(第五) ―中學程度の國語漢文科の主眼は普通文ならざるべからず。雅馴なる古文と拮据なる漢文とは共に國語漢文科の直接の目的にあらざること更に論なし。然れども、國語文法の練習を得しめんには、國文學の大要に通ぜしめざるべからず。わが普通文の一要素たる漢字の練習を得しめんには、漢文學の大要にも亦通ぜしめざるべからず。まして二者文學上の價値は、一般に之を學修せしむべき一の理由となすに足るものをや。唯其直接の目的にあらざることを忘るべからず。

(第六) ―國語漢文科は、普通文を基礎として國文學漢文學に及ぼさゞる可らず。則第一學年若くは第二學年に於ては、主として普通文を習熟せしめ、第二若くは第三學年より、國文學竝に漢文學に渉らしむべし。

(第七) ―本書普通文教科書は、以上の要領に基づき、中學程度の諸學校の初學年の教科書を目的として之を編纂せり。…(中略)

(一) ―本書の主眼は、普通文の標準を示すにあり。故に主として厳正なる文法の一致を示さゞるべからず。

本教科書において「普通文の標準」として掲載された教材は、『太平記』、『源平盛衰記』の中世文の他、室鳩巣、伴蒿蹊、湯浅常山、貝原益軒、菅茶山等の近世文が中心である。これは先の『近體國文教科書』と同じ。冒頭に「教育勅語」が置かれるが、今文の掲載はない。

④中村秋香『中等國語讀本』（明治二六年三月八日、金港堂）全二冊

本教科書の例言には、「普通文」への言及はないが、「国文学の大むね」と併せて「作文の模範」が目的とあり、読むためであると同時に書くための教科書であるのは、『本朝文範』のねらいと同じ。

此書は中等教育をうくる子弟をして、かやすく國文學の大むねをしらしめ、併せてこれに作文の模範を授け、しかも他日に學ぶべき文學史中の文章の發達變遷のありさまを、豫て親しく示しおかばやとて修めつるなり、

「文章の發達變遷」を示すことには、文章学を学ぶというねらいがあると考えられる。学ぶべき文章の規範は、教材採録方針に表れている。

前編は徳川時代の文におこりて、保元平治物語にとぢめ、後編は徒然草に始りて、竹取物語に終る、其間あながち時代に拘らず、又種類を分たず、只其文態文氣の平正にして流暢なるものより、やう〳〵遡りて、雅尚高潔なるものに及ぼせり、…（中略）

前編に修むる文は、専ら平易にして雅馴なるものを旨とすといへども、時に稍高雅なる序跋随筆躰の文をも交ふるものは、あらかじめ後編に於て讀ましむべき、雅尚高潔なるものゝ、素を定めんがためなり、後編に於てはまゝ雄壮活潑、もしくは優美高尚なる歌を交ふ、これその讀者をして、これによりて或は其氣を鼓舞作興する所あり、或は陶然として楽しむ所あらしめんとてなり、

「作文の模範」ともなる教材は、すべて近世までの文章で今文はなく、その選定基準には「其文態文氣の平正

にして流暢なるもの」「雅尚高潔なるもの」「雄壮活潑、もしくは優美高尚なる歌」といった文章の格調にあたるものが挙げられている。ここには、普く通ずるための平易な文という規範はない。

⑤**竹中信以『普通國文讀本』**（明治二七年四月八日、清明堂・北隆館）全二冊

されば、普通教育の程度に屬せる諸學校の國語科の教科書は、普通平易にして解し易く、しかも、語格文法の違ひなく、普通文の模範となるべきものを撰び、其事實も、忠君愛國の事を始め、すべて修身、または、處世に補益あるものを採らさるへからず。

本教科書でも、「普通文の模範となるべきもの」とされたのは、『神皇正統記』の他、荻生徂徠、藤田東湖、貝原益軒などの近世文である。明治期の成立となる文章として唯一「教育勅語」を冒頭に置いているのは、今泉定助・畠山健・中川小十郎『普通文教科書』と同じ。緒言に「其事實は、畏多くも、明治廿三年、立教上に就き、降し賜はりし、聖詔の御旨趣を發揮するに足るべきものを蒐め」とあり、先に「其事實も、忠君愛國の事を始め、すべて修身、または、處世に補益あるもの」とあることと併せて、内容面の価値から置かれたもので、「普通文の模範」としての掲載ではないと考えられる。

⑥**朝夷六郎・鈴木忠孝『國文教科書』**（明治二七年九月二〇日、大日本圖書）全七冊

一、本書第壹篇には、いはゆる普通文體の模範となるべき文を載せ、第貳篇には、近世名家の手になれる和文を集め、第参篇は、上中の巻において、本邦文學史の要略を説き、下巻には、中古の歌文をものしたり。

「普通文体の模範となるべき文」を載せたという第一篇上下の教材は、『徒然草』、『今昔物語』、『神皇正統記』等の中世文と清水濱臣、本居太平、藤井高尚等の近世文とで構成されており、今文はない。第二篇以降にも同一筆者の手になるものが掲載されており、第一篇の教材は、時代による文体の区別ではなく平易な通じやすい

もの程の基準で選ばれており、「いはゆる普通文體」を造る際の「模範となるべき文」なのである。「普通文」そのものではなく「普通文」の基となるものを示すことしかできないところには、未だ「普通文」がその姿を確かなものにできていない時代の様相を見ることができる。

⑦**石田道三郎『新撰國文』**（明治二七年一〇月一五日、教育書房）全八冊

本教科書は、一の巻上下に今文を採録している。その方針について、凡例で次のように記している。

一の巻の上下には、すべて、今の世の人の手になれる文のみをとりて、古人の文を採らず。そは、はじめて國文を授けんには、今の世のものを以て、これがはじめとなすべきこと、當當なる順序ならん。然のみならず、従来の教科書は、皆、古人の文に偏せるをもて、其の記載せる事項、おほくは、今の學生の感覺をひくもの尠く、はた、今の世の文章に遠ざかりて、一種奇異なる思をおこさしむるもの、甚、多きを以てなり。

今文の掲載の理由は、「はじめて國文を授けん」ために学習段階を鑑みての難易の適性、及び「今の學生の感覺をひくもの」という教材内容の適性である。

「一の巻上」と「一の巻下」は「すべて、今の世の人の手になれる文のみをとりて」とすべて今文で構成。「二の巻上」と「二の巻下」は『訂正標注神皇正統記』（今泉定介・畠山健、明治二五年）や今文教材が入るもの、九一教材中七三教材が近世文である。「三の巻上」と「三の巻下」では、八六教材中四〇教材を中世文が占める。「一の巻」上下（明治二七年一〇月発行）、「二の巻」上下（同一一月発行）、「三の巻」上下（同一二月発行）は、おおむね、時代を遡行するように編成されている。ただし、「初歩上」（同二八年一月発行）及び「初歩下」（同二月発行）は、近世文を中心としたものになっている。これは、本教科書編集中の明治二七年九月、尋常中学校入学規定が改められ、高等小学校第二学年の課程修了と共に尋常中学校への入学が許可されたことによって、高等小学校第二学年課程修了の中学校入学者に対応する必要に迫られたためである。(54)

同教科書凡例では、「普通の国文」「普通文」ということについて触れている。

一　國文を教授せんには、我が國語國文に、おのづからなる語法文脈の存せるふしぐ〜を、一々に指示して正確なる用ひさまを了解せしめんことの必要なるは、更に論なしといへども、達意を主としたるもの、譯文めきたるものには、まゝ語法文脈の我が國ざまならぬもの尠しとせず。さはあれ、かゝる文は廣く世に行はるゝものなるを以て、其の訂正だによろしきを得ば、實用多き普通の國文となすことを得べし。故に、さる文を教授せられん折は、特に、意を用ひて指示の勞を執られんことを望む。

「達意を主としたるもの、譯文めきたるもの」は「語法文脈の我が國ざまならぬもの」も少なくないとしながら、「廣く世に行はるゝ」文つまり現今通用している今文は、「語法文脈」の誤りを訂正すれば、「實用多き普通の國文」とすることができるという。「實用」の文ということについては、次のように言う。

一、平易にして、解するに易き文章は、學生の輕々しく看過するを常とす。…（中略）…且、學生をして、さきに解し易きものと思ひしも、なか〳〵にさるものにあらず、はた、弖爾乎波の變換、もしくは、語句排置の前後によりては、あらぬ意義ともなりゆく事どもを示し、さては、解し易き文章の、却りて實用に適切なることを諭し、以て作文の模範に供せられんことを要す。

「解し易き文章」は「却りて實用に適切」であるという。平易な文章が実用的であるというのは、この当時において常識ではなく、発見なのである。これは、矢野龍渓の「総テ文章ハ通例平易ナル文字ヲ以テ如何ナル極精極緻ノ事迄モ説キ尽シ　覚リ難キ事柄ヲモ覚リ易カラシメ　倦ミ易キ事柄ヲモ倦マシメズ　読者ヲ哀マシメント欲スレバ之ヲ哀マシメ　怒ラシメント欲スレバ之ヲ怒ラシムルヲ以テ真ニ文章ノ巧妙ナル者トス」[55]という発言に通じる。矢野の著作『随筆雑纂』を出典とする「舊山川」「富嶽」が巻一上の教材に採られていることも、両者の「平易な文章」観が通ずることの証左となろう。教材は、実用的で平易な「作文の模範」として提示されているという。ただし、本教科書における今文は、未だそのままでは模範とならず、向後使用すべき我が国の文の資源となり得るという位置づけである。

一、この巻には、主とし平易近切にして、しかも、漢字を自在に使用した、いはゆる普通文といふものを集めたりと雖、またや、擬古文に近似せるものも、いさゝか、これなきにあらず。そは、語法文脈の正確なると、語句接續の流暢なるものとに、熟せしめんと欲したればなり。…（以下略）

ここでの「いはゆる普通文」の語は、「平易近切にして、しかも漢字を自在に使用した」と注せられており、今文のこと。今文の使用はあくまで初学向けのもので、「語法文脈」の正確さ及び「語句接続」の流暢さにおいて、近世までの文章の模範としての価値は揺らいでいない。

なお、出典が明示されている「今文」の教材数を見ると、上位は、『洋々社談』（明治八年四月～明治一六年三月、洋々社）一九教材、『國文』（明治二三年五月～明治二五年一〇月、國語傳習所）一三教材、『大八州《おおやしま》學會雑誌』（明治一九年七月～明治二五年三月、大八州學會）一一教材、『東洋学会雑誌』（明治一九年一二月～明治二三年一一月）六教材と、雑誌・機関誌からの出典が目立つ。新しい時代を作っていく気概の元で書かれた文章を集めたと言える。先行教科書である『國文中學讀本』（逸見仲三郎編、明治二五年）から五教材を選材していることとも併せて、相応しい文章を積極的に採り入れる姿勢が見られる。

⑧新保磐次『中學國文讀本』[56]（明治二八年八月八日、金港堂）全一〇冊

新保磐次[57]は、稲垣千穎が東京師範学校教諭を退職した二年後、改組された東京高等師範学校に採用された。甲斐雄一郎（二〇〇八）は、新保の後年における次の述懐を傍証に引いて、稲垣『和文読本』がその緒言で排撃した漢文脈の混入について、東京師範学校校長の伊沢修二や高峰秀夫は「それらをも包摂した文体を教授・学習する教科が必須のものであるとする理念」から意見を異にしていたとしている。[58]新保の述懐の中に、次のような

「普通文」への言及がある。[59]

御承知でもありませうが、高等師範学校の出来るまでは、國語科といふものがなく、中等以上の學校では和文・漢文の二科があつて和文の先生は純粋の和文ばかり教へて、學校を「學び屋」洋學を「西の國の物學び」など、長つたらしいことを書かせるし、漢文の先生は漢語を自由に使ふけれど、過去・現在・未来も分からぬやうな文を教へる。そして兩方とも主格のない文を得意に書いてゐる。かういふ文では文明の良導體として高等の學藝を傳へ複雑な事を記録する資格がないから、是非和漢文を合一し國語科を創設して立派な普通文を作らねばならぬ。それをするには、和漢文は勿論外國文も一通り承知して、科學・文學の知識を多少兼備した主任者が必要だといふので、おほけなくも私が其の選に中つたのですが、（以下略）

このような「文明の良導体」としての「普通文」創出の必要性を説く新保が、明治二八年に金港堂から出版したのが本教科書である。その例言には、編集方針に関して次のようにある。

本書は尋常中學校國語科の教科書を目的として編纂せる者にして、大日本教育會國語研究組合の意見に基づき、第一學年は今時の文、第二學年は徳川時代以降の文、第三學年以上は通じて中古以来の文を以てし、毎半期一冊即ち全部十冊を以て成れり。

ここに見られる「大日本教育会國語研究組合の意見」とは、明治二七年「尋常中学校国語科の要領」[60]（以下「要領」）のことである。本教科書は、「要領」の方針通り、今文、近世文、中古以降の文の順で学習するよう配列されている。菊野雅之（二〇一三）は、この「要領」の「國語の大体に通じ普通文を自由に讀み自由に書くことを得しむる」における「国語の大体」が、同「範囲」の項に上古から明治期当時に至るまでの各時代の国語とあることから、「現在通用している普通文も模範の一つとしつつも、さらに中古から現在に至るまでの古文作品を学習しながら、普通文を「雅訓（「馴」筆者訂）有益なる国文」へ鍛え続けて[61]」いくことがねらわれていたとしている。教科書に今文が掲載された時期にあっても、近世以前の様々な特色特徴を備えた文章を学ぶことが、これからの文章を作っていくために意義を持ち続けていたという指摘に注目しておきたい。

具体的な教材文の選定については、例言に次のように述べられている。

　古今の文章家、各特色特長あり、譬へば源平盛衰記と平家物語と相近きが如くにして、其異なる所あるが如し。本書は特に意を是等の點に用ひて撰びたるも、教科書としては、文章の難易、材料の適否、程度の高下等相待つあるを以て、専ら文學上の見を立つる能はず、已むを得ずして取捨したる者あり、讀者之を諒せられよ。

各文章の「特色特長」を特に考え、文学的価値よりも教材としての難易や適否を優先して選んだとある。「要領」の「専ら実用を旨とし」「普通文を自由に読み自由に書くことを得しむる」ための教材としての選材である。「今時の文」のうち、著者名の記載のない文章は、「編纂者及び友人三宅米吉氏の文」とされている。自ら教材文を作成したということは、その時点で編者の考える最も適切な「普通文」文体が提示されたと見ることができる。自作教材「須磨」[62]を例に、その文体を確認しておく。次の箇所は、そのまま漢文に復元できる文構成ではなく、係り結びも使用されているなど、和文的な文体要素が見られる。

　須磨寺の鄰なる源光寺は俗に光る源氏の舊跡と云へり。昔は現光寺と書きたりと云ふを何時よりか斯くは書き改めけむ。

一方、漢文的な要素は、対句的表現、漢語、漢文の句法を訓読した表現など、豊富に使用されている。

　御料地より眺むれば前は蒼海渺茫として遙かに紀泉の山を繞らし、左は天井河の沙州斗出して粉壁樹林の中に點じ、右は淡路島呼べば應へんと欲す、平遠明媚喜ぶべきに、後ろは則ち御料林の老松山上に連なり、龍蟠り虎踞る、眞に是パノラマを見るが如し。況や明月中天に懸かり、海波銀を磨する時に於てをや、総じて、漢文訓読体をもとにして和文表現を取り込み、また外来語をカナカナ表記で取り入れ、平易で通じやすい文体で書かれていると言える。

⑨**井上頼國《いのうえよりくに》・逸見仲三郎『中等國文』**（明治二八年三月一日、吉川半七）全一〇冊

さてかく言語に變遷あると共に、文章も亦随ひて新ならざるを得ず。普通教育にて用ひむ國語の用書は、今の人が今の事物を、明白に書出でむ資料とすべきものなれば、今日の實用上に遠きものは務めて避けさるへからず。されど今の文の林、詞の園に匂へる花は、おほくは昔のものを種とも根ともして、生出でたるものなれば、末の榮を謀らむとには、今の根ざしをなせる本をも知らざるべからず。

本教科書が「今の人が今の事物を、明白に書出でむ資料とすべきもの」とする教材には、中世文、近世文、今文が掲載されている。

⑩**落合直文『中等國文讀本』**（明治二九年四月二日、明治書院）全一〇冊

第一學年は、明治時代の文章、第二學年は、徳川時代の文章、第三學年以上は、中古の文章、および、中古体の文章にして、いづれも、流麗正雅、生徒の作文の模範たるに足るものを撰擇せり。

今文を初学の教材に位置づける構成。編者の文章も載せており、そのことについて次のように述べている。

著者の文章を掲げたるは、自ら快しとせざるところなれど、かの事實、極めて、近時の出来事にして、いまだ、名家の文章もなければ、已むを得ずして、こゝに至れるものなり。

内容として「近時の出来事」を扱った、なおかつ「生徒の模範たるに足る」良い文章がないという、この当時の教材選定の事情がうかがえる。なお、菊野雅之（二〇一四）によれば、言文一致体が中学校読本教科書に登場するのは、同書明治三二年検定本（訂正六版）が始まりであるという[63]。

⑪**大町芳衛《おおまちよしえ》・上田敏『新體中學國文教程』**（明治三二年四月四日、大日本圖書）全一〇冊

國文とは、古文の謂に非ず、現に今日に用ゐるべき文章の謂なり。世に所謂普通文これなり。されば、必ずしも天暦以前の文法に合せざるものあり。世の國學者、舟に刻して劍を求むること勿れ。

「国文」という概念が、「現に今日に用ゐるべき文章」つまり「普通文」と定義されていることが注目される。教材については「この書、實業、科學などに関するものは、すべて最新の知識を附與せんことを期す。」とあって、その用で選ばれた教材は、現時に通用していた最新の文章である。

⑫**林森太郎『國語讀本』**（明治三二年九月二一日、内外出版協會）全四冊

本書は、専ら、明治時代、徳川時代の文章より、普通文の模範たるべき者と、或は、他日學ぶべき中近古文の階梯たる可き者とを選擇して、通編四巻とし、主として中等教育程度の學生に充てしむが爲に、編纂せる者なり。

「普通文の模範たるべき者」は、今文と近世文から選んでいる。これと中古文・近古文とは別の範疇のものととらえられていることが分かる。

⑬**三土忠造**《みつちちゅうぞう》**『中學國語讀本』**（明治三四年一二月六日、金港堂）全一〇冊

輓近三十餘年の間に、我が社會萬般の事物、及び國民の思想、頓に進歩して、日に益複雜精緻を加ふ。この複雜精緻なる事物思想を叙述する能を養ふには、又複雜精緻の文を讀ましめざるべからず。而して、我が文學史上の舊作、又この需要に應ずるに足らず。

要するに、我が文學史上の舊作のみにては、品性の陶冶、思辨の練習、思想の表出等、國語科の目的を達するに十分ならざるは、識者の最も遺憾とする所なり。故に本書は、務めてこの缺點を補はんと欲し、遍く明治時代の雜書を渉猟し、又廣く現代の文豪、及び專門の大家に囑して、その創作を求めたり。

右の「編纂餘言」には「中學校は、中流以上の紳士を養成する所なり」の記述もあり、ここでねらいとしてい

るのは、日用的な通用文を書く能力ではなく「複雑精緻なる事物思想を叙述する能」である。「我が社會萬般の事物、及び國民の思想、頓に進歩して、日に益複雑精緻を加ふ」とあるように、文化状況が急速に変化して新しい概念語や文体が必要となったことが述べられている。それはこれまでの教科書が中心的な教材としてきた近世文にはない。そこで「複雑精緻」な新しい学習内容を表現するに適したものとして、明治の文豪や専門家の文章が採用されたのである。その教材には、中村正直や新保磐次等、同時代の教科書編集者の文章もある。

⑭丸山正彦・丸井圭治郎『中學國語漢文讀本』（明治三五年一二月一八日、東洋社）全一〇冊

本教科書では、それぞれ教材に、題名に続いて、「現代文」、「現代口語文」という文章ジャンル名が付されている。「現代文」とは、次のような文語文である。

時はいたづらに費すべからず。光陰は箭のごとく、日月は流るゝがごとし。悠々として空しく時日を過ごしたらんには、老いて悔ゆとも、かひなかるべし（巻一上「時」抜粋）

「現代口語文」とは、次のようなものである。

人と約束した時刻は、決して誤ってはならぬ。若し之れを誤れば、他人に迷惑をかけ、遂に自他の事を敗るに至るものである。畢竟時刻の違約は、遊ぶ時と働く時とに規律がなく、かりそめに約束するより起るのである。一秒一時はまことに僅少の時間だが、一毫の差は、時に千里の違を生ずる場合も少くない。（巻一上「約束の時刻」抜粋）

この文章は、「口語文」と名付けられているものの、助詞や助動詞を口語表現にしただけのもので、これを文語表現に改めればそのまま文語文に変換できることから、言文一致体への過渡的な段階にある文語文からの変形と見ることができる。

⑮育英舎編輯所『中等教科國語漢文讀本』（明治三六年一月四日、育英舎）全一三冊

本教科書は、巻一・二の各上下巻で国文と漢文を交えて掲載、巻三・四・五の各上・中巻で国文、下巻は漢文を掲載している。

漢文講讀は、國文作為の資料を得しむるを以てその目的とす。古來我國文はただに漢字を交へて作為するのみならず、漢文より善化し來る者最多きに居るを以て、普通の時文は今猶之に則れり。故に漢文を講讀して能く其意義を解するの力を養得するに非ざれば、普通の時文を作為して自己の意思を表章し、之を遐邇に傳へて知悉せしめ、之を千載に貽して不滅せしむること甚だ難しとす。是れ中等教育に漢文を講讀せしむる所以なり。

國語・漢文の關繫は斯の如く密著なるを以て、勉めて分立背馳の弊を制し、二者常に相待て始めて普通の時文を成さしむることを得べし。

ここでは、漢文系統の要素を強めた「普通の時文」が推し進められている。

⑯**關根正直『新選中學國文讀本』**（明治三七年九月二〇日、育英舎）全一〇冊

本書は全部を通じて、普通を主とし、初級には口語文・書簡文をも採取し、や丶進むに随ひ、口語文等を省き、近世文の平易にして古體ならざるものを交へたり

口語文は初級で学び、「近世文の平易にして古體ならざるもの」へ進行する。全巻を通して「普通」文が主となる。

⑰**上田萬年『中學國語讀本』**（明治四〇年一〇月三一日、大日本圖書）全一〇冊

文體は、いはゆる口語文・普通文・候文・近世文及び近古文等の散文を採り、（以下略）

「普通文」の資源として「近世文」等が提示されるのではなく、「普通文」が一つの文体概念として立てられている。これは、口語文の登場によって、文語の今文という分類枠が必要になったためであると考えられる。

⑱關根正直・深井鑑一郎『中等國語定本』（大正元年一〇月一八日、寶文館）

本書には、今古作家の模範とす可き文章を蒐めたり。然れど、長文に過ぐるもの、又は生徒に適せざるものは、之を取捨改竄したる亦少なからず。殊に多く實用に適する文體を収め、古文又は擬古體の文章を成る可く少なからしめたるは、編者が主として留意したる所なり。

擬古体の文章を避け「實用に適する文体」の教材を集めたとあるのは、「普通文」語彙の使用こそないものの、「普通文」文体に言及したものと考えられる。ここでは、『本朝文範』にあった擬古の文は意図的に排されている。また、育英舎編輯所『中等教科國語漢文讀本』と同様に、漢文系統の要素を強くしようとしている。

國語漢文は、兩々相須ちて、其の効を奏せざる可からざるに、從來の國語教科書には、往々「すなはち」の如き、「あり」の如き、多くは假名にて之を記し、漢文中の「則」か「乃」か「即」か、「有」か「在」か、何等の調和なきもの頗る多きを見る。故に本書は、最も之が調和を力めたり。

ここで言う「調和」とは、仮名で表記する和文の弊害を漢字表記の積極的導入によって修正することである。

以上の明治期読本教科書における編集からは、「普通文」は「明治時代の文語文」というような単一概念で括れるものでなく、その時々の試みとして行われものであることが分かる。明治二七年の石田道三郎『新撰国文』（教育書房）で今文が登場するまでは、近世文を中心に中世文を交えたものが「普通文の模範」となっている。『新撰國文』以後も、「普通文の模範」が近世文中心であることは変わらない。そして、明治四〇年の上田万年『中學國語讀本』（大日本圖書）では、近世文と並んで「普通文」の分類が立てられるようになり、明治の文語文を「普通文」と呼んでいる。しかし、落合直文『中等國文讀本』明治三二年検定本（訂正六版、明治書院）や、「言文一致體の、敬語あるものと、なきものとの二種を載せたり」という鹽井正男・大町芳衛『國語新讀本』

（明治三五、普及社）のような言文一致体と呼称する文章を取り上げる教科書が出現してきても、近世文を中心とした文語文を文章の手本とすることは存続していたのである。

四 中学校作文教科書における「普通文」

本項では、中学校の作文教科書における「普通文」への取り組みの様相を通観する。

※発行年月日は、初巻のもの。引用は抜粋。引用箇所の記載なきものは、中学校作文教科書緒言、序、凡例に等、編集方針を記載した箇所による。傍線は筆者による。明治期の状況をとらえるにあたって、一部大正期の教科書も取り上げた。

①下森來『記事論説中等作文教科書』（明治二八年一〇月一七日、松榮堂）

本書ハ題《ダイ》スル如ク中等教育《チユウトウケウイク》ヲ受クルモノ、爲ニ記事論説《キジロンセツ》ヨリ以《モツ》テ序傳祭文《ジヨデンサイブン》ニ迄《イタ》ルマデ普通《フツウ》用ル所ノ文体《ブンタイ》ヲ示《シメ》スモノナレハ文ヲ作《ツク》ラントスルモノハ事《コト》ニ觸《フ》レ題ニ應《オウ》シテ其作例《ソノサクレイ》トナセハ則《スナハ》チ可《カ》ナリ

ここで言う「普通用ル所ノ文体」で書く文として示されたのは、特に記事論説教材である。作例を文種毎に示すという編集は、『本朝文範』と同様。作例の選材については、次のように言う。

纂《アツ》ムル所ノ文章《ブンシヤウ》ハ先輩《センパイ》ヲ始《ハジ》メ余《ヨ》ガ知人《チジン》ノ作ニシテ中等教育ヲ受クルモノ、了解《レウクワイ》シ易《ヤス》キモノヲ修《ヲサ》メ亦續貂《マタゾクチウ》ノ誚《ソシリ》ヲ受クルアリトイヘドモ文体ニ違《タガ》ハサルト謂《オモ》フモノハ間々《マヽ》自作ノ文章ヲ挿《サシハサ》ミテ文例ヲ補《オギナ》フ所アリ

本教科書では、編者の自作を教材化しているが、それは文体の問題であった。教材としたい「普通文」文体の適切な文章の流通量が少ないということの時期の状況がうかがえる。

②千葉茂樹『文章活法中等作文教科書』（明治二九年一一月一八日、田中宋榮堂）

本書載スル所日用普通文ヨリ簡易ナル記事之ニ次テ記遊傳、論、説、等漸ク高尚ニ及ブ其間ト雖モ自ラ詳略ヲ加ヘ予ガ作ニ係ルモノニ大家ノ作ヲ間ヘ相参観セシムルナリ

ここでの「普通文」は日用的な実用文ほどの意味である。本教科書も、自作の文章を教材化している。

③武安衛『中等教育新編作文書』（明治三三年五月六日、濱本伊三郎）

今日學フ所ノ國語國文、多クハコレ駕輿時代ノ文辭ナリ、専門學トシテ、學バンハ、固ヨリ論ナシ、普通文辭トシテハ、時代ノ變遷ヲ如何ニセン、明治ノ聖代、既ニ車ノ時代ト一變セシニ、注目セザル可カラズ、…（中略）…今夫小學ニモアレ、中學ニモアレ、其學ヒシ所ハ、今日コレヲ實用ニ供スルニアリ、若シ實用ニ適セザレバ、初ヨリ學ハザルニ若カズ實用トハ何ゾ、其學ヒ得シ者ヲ、日用ニ用ヰ、世間ニ用ヰテ、其功ヲ収ムルニアルナリ、其日用世間ノ用ハ、言辭ニ依テ傳ヘ、文筆ニ因テ施スナリ、是故ニ文辭文筆ノ時代ニ適スルコソ、我ガ學藝ヲ世ニ顯シ、我ガ功業ヲ他ニ示スノ機関ナレ

明治の時代に適した実用の文章の必要性を主張する。章構成は、「第一篇　総論」と「第二篇　普通文部門」の二篇から成っており、巻末に「故事熟語彙纂」が付く。「第一篇　総論」は「一、普通文練習ノ目的」、「二、普通文ト各學科トノ關係」、「三、普通文ノ種類」、「四、普通文練習ノ順序」で構成されている。「第二篇　普通文部門」は、「國家門」、「倫理門」、「教育門」などの一九の領域別に文例を掲げ、それぞれに「自修文題」が付けられている。第一篇の「一、普通文練習ノ目的」には、「普通文」を学ぶ必要性が述べられている。

是ニ於テ、近代ニハ近代ノ言語《ゲンゴ》アリ、此國ニハ此國ノ文章アリ、各《〻》其語格文法《ゴカクブンパウ》ヲ守リテ、普《アマネ》ク一般ノ人ニ通ズルノ言語文章ヲ用ヰ、以テ國ノ獨立ヲ表明《ヒヤウメイ》セザルベカラズ、是レ我ガ國自然《シゼン》ノ語法文則ニ基《モトツ》キテ、近世普通文ヲ練習《レンシウ》スベキ必要ヲ生ズル所以ナリ、…（中略）…要スルニ我ガ文章ヲシテ實用ニ適應《テキオウ》セシメ、兼テ我ガ智識ノ整頓《セイトン》ヲ圖《ハカ》ルハ、普通文練習ノ最大ナル目的《モクテキ》ナリ、

「普通文」学習は、国家の独立や個人の智力の発達と結びつけられている。このような国家観念とも結びついた目的意識は、次の箇所からも明らかである。

破格亂調《ハカクランチヤウ》ニ其文章ヲ構成《カウセイ》セバ、獨リ己ノ思想ヲ十分ニ発表《ハツピヤウ》シ得ザルノミナラズ、復《マタ》何ヲ以テカ能ク我ガ國ノ文明ヲ扶翼《フヨク》シテ、列國ノ間ニ衡争《コウソウ》シ得ラルベキ、（四、普通文練習ノ順序）

ここでの「普通文」概念は「普通文ハ普通ノ文字文句《モンク》ヲ以テ一般ニ通用スベキ平易明瞭《ヘイイメイリヤウ》ナル文章ヲ作《ツク》ルコトヲ主《シユ》トスルモノニシテ」（三、普通文ノ種類）というもので、これを記事、叙事、解説、議論の四種に分けて練習するようにしている。何れの文種にも、分かりやすい実用的な文章であることを求めている。「四、普通文練習ノ順序」の中には、口語を文語に訳すという方法が提示されている。そのような活動を仕組むのは、次のような事情による。

蓋シ言語ト文章トハ、固ヨリ密接《ミツセツ》ノ關係ヲ有シテ、互ニ相離乖《リクワイ》スベカラザルモノナレドモ、左リトテ言文一致《イツチ》ナドイヘルコトハ、我ガ國ノ國語國文ニ於テ到底《タウテイ》望ムベカラザルコトナレバ、第一ニ口語ヲ文語ニ譯シ野卑《ヤヒ》ナルモノ、方言《ハウゲン》ニ屬スルモノ、冗長《ジヤウチヤウ》ナルモノ、若クハ社會ノ或ル階級《カイキウ》ニノミ行ハル、モノ等ハ、主《シユ》トシテ之ヲ簡約《カンヤク》ナル文語ニ代ヘ、以テ普通文ノ旨意《シユイ》ニ適應《テキオウ》セシメザルベカラズ、

ここには、この頃、未だ言文一致は遠く、方言や社会階層が異なることで言葉が通じにくい状況があったことがうかがえる。簡約な文語で「普通文」を創出し通用させることが、この時点で実現可能な策であったのである。

④木島繁太郎・松川久次郎・末永安太郎『新編作文書』（明治三三年四月二〇日、徳全堂）

本教科書の序では、言文が一致していない故の困難に言及している。

次に文字文句の使用適切ならさるべからず此のことは兒童の甚難しとする所なり何となれば日本に於ては言

文の相離るゝこと甚しく加之地方には方言あり兒童には兒童語ありてこれら兒童語方言より普通語に進み文を書くには更に文語に譯せざるべからざるを以てなり　（大戸栄吉序）

ここに言う「普通語」は標準的な口語のことで、これを文語に訳さざるを得ないことが学習上の困難だとしている。そして、その文語で書く「普通文」自体が、次に見られるように未だ完成していないのである。

此篇ハ目今普通文ノ通敝タル假名遣送リ假名等ニハ大ニ嚴査ヲ加ヘ且語格文法ニモ注意シタリト雖モ尚ホ魯魚ノ誤ナキヲ保セズ況ンヤ普通文タル完全ノ資格ニ於テヲヤ　（凡例）

「普通文タル完全ノ資格」を備えた教材を提示することが難しい中で、「普通文」教育を行おうとしているのである。

⑤堀江秀雄『中學作文教科書』（明治三四年九月二七日、明治書院）

本教科書は、文話（文章解説）と作例を交互に載せ、文話及び書簡作例に口語体を、記事・叙事・論説の作例に多く普通文体を用いている。その理由は「言文の一致は吾が理想とする所で、しかも急劇の改革は弊の伴ふの も大きいのを憂へたからである」としている。分かりやすく解説するには口語体が適切であるが、書かせる文章は普通文体が中心という言語状況がある。「普通文体」については、第五編「一　普通文體について」の章中、現今の漢文系統、和文系統、欧文直訳系統それぞれの「普通文」文体について現状を批判しながら、次のように述べている。

普通文體とは、普通の實用に適當なるものをいふので、言ひ換へれば、妥當なる文體の謂である。…（中略）… よく妥當なる文體より成って、よく普通文の模範たる文章が、果して何程あろうか。或はむつかしい漢語をならべ、或は耳なれぬ西洋語をまじへ、或は目なれぬ古語をさしはさみ、或は新しき術語をつらね、甚しきは外國文脈に諛ひ、文法を破り、文辭の意義を誤用したるなどが少からねば、普通人の耳目に入りても、これを了解するに苦む所が多い。…（中略）…著作者の思想が、平易なる字句によって、了解せられやすく、かつ誤なく、讀者に傳へられる文體、すなはち妥當なる文體を以って、普通文體とせねばならぬのである。

ここで模範とする「普通文」の条件は、平易な表現で分かりやすく、かつ正しい文法で語句を正しい意味で用いることである。この章の練習題には、例文の誤りを正して理由を説明させるもの、口語体の例文を「普通なる文語體」に直させるものが設けられている。「三　普通文法」の章では、言文一致の必要性を述べながらも、「それより先に務むべき事は國語の統一」であるとして、さしあたっての意見として「普通文法」を述べるとしている。ここにも理念としては言文一致を目指しながら、「普通文」が未だ試行されている言語状況がうかがえる。

⑥友田《ともだ》宜剛《よしかた》『中學校用作文教科書』（明治三六年三月二一日、光融館）

本教科書巻一は「第一課　口語文」から始まり、口語文をまず学習させる。続く「第二課　口語ト文語ト」では、口語体と文語体の同構文同内容の文章を上下二段に比較掲載して、口語と文語との違いを学習させるようになっているのが工夫である。（※傍線及び改行位置は筆者による。◎や●の傍点は原著のママ）

コレマデノ文章ニハ、漢文口調ヤ和文風ニ書カレタノガ多ク、口語ト文語トノ差ガ甚シイガ爲ニ、學者デナクテハ綴ルコトモ讀ムコトモ出来ナイ傾ガアツタ。今ノ時勢カラ察シテモ、初學者ノタメカラ考ヘテモ、今後ハ一般ニ口語ト文語トヲ成ルベク近ヅケルヤウニシタイモノデアル。左ノ例ヲ見ヨ。

例　口語体

一　在宅を頼む

明日學校のもどりがけ、父の使で弓町まで行くから、君の家へ寄る。三時頃、内に居てくれ給へ。頼みま

文語体

書翰文

一　明日學校のもどりがけ、父の使にて弓町まで参り候間、御立寄申したく候。三時頃御在宅頼み

すよ。

かたまり

赤穂の義士、小野寺十内は、貧しいために、
いつも粗末な刀を帯びて居たが、ある日、
家老大野九郎兵衛にいたく辱しめられた。
時に十内の家僕に直助といふものが有ったが、
深く其の無體をいかりどうかして、主人のために
此の辱をすすぎたいものと思ひ立って、
大阪へ行って、刀鍛冶津田氏の弟子となった。

あげ候。

（中略）

普通

赤穂の義士、小野寺十内は、貧しきため、
常に粗末なる刀を帯び居たりしが、ある日、
家老大野九郎兵衛にいたく辱しめられたり。
時に十内の家僕に直助といふものありしが、
深く其の無體をいかり、いかにもして主のために
此の辱をすすがんものをと思ひ立ち、
大阪に至りて、鍛工津田氏の弟子となりぬ。

「口語体」と「文語体」との二つに大別し、「文語体」をさらに「書翰文」と「普通」に分けている。

これまでの文章語が、漢文脈のものも和文脈のものも、学者ならぬ一般の使用には難しすぎるとの認識が示されている。「今ノ時勢カラ察シテモ」とあり、この時期の言語文化状況として言文一致の方向に向かう言説が流通していたことがうかがえる。ただし、ここで言文一致の文体が明確に形作られたということではなく、あくまで「成ルベク近ヅケルヤウニシタイ」と志向する段階である。この課の練習問題は「口語ヲ文語躰ニ改メヨ」というもので、「中学校教授要目」に「複文　口語ヲ今文ニ若ハ今文ヲ口語ニ譯セシムヘシ」とあることを受けての課題である。「中学校教授要目」では口語と文語との双方向に訳させるとあるが、当教科書では、あくまで文語を書かせるのが目的となっている。口語から入門して文語の習得を目指すというねらいは、巻二「第三課　誤リ易キ文語」において、文語の正しい語格・文法を教えている展開からも分かる。

口語体と文語体を比較した例文によって、それぞれの表現の相違点（傍線部）が意識される。それは、「口語ト文語トヲ成ルベク近ヅケル」ための一つの段階であると考えられる。

なお、例文中の『本朝文範』の〝旨趣の標〟にも似た標は、文を書くときの資源となる表現例であると考えられ、使用法は違えど『本朝文範』に通じる工夫である。他に、口語体の方に見られる大段落の標も『本朝文範』で使われていた。

⑦高橋龍雄『中等國語作文書』（明治三七年一二月二五日、啓成社）

当教科書は、各巻の凡例にて各学年毎の「中学校教授要目」の文言が引用されており、これに準拠した構成がされている。一の巻第一学期は、「第一課　復文その一　入学を知らす（口語を文語になほす）」から始まる。堀江秀雄『中學作文教科書』と同様に、文語を口語に訳すことは想定されておらず、文語で書けることのみが目指されている。

⑧古谷《ふるや》知新《ともよし》『中等作文教科書』（明治三九年一月一五日、寳文館）

この時期の文体の把握のされ方が、「第四課　文體」の記述に見て取れる。

> 現時、行はるゝところの文章を、専、其の用語の上より分類すれば、書翰文體、普通文體、口語文體の三種となすことを得べし。然して、口語文體には、記述體と、口演體との二種あり。

口語体のうち、「口演体」は「です・ます」の敬語を文末に用いるもの、「記述体」は敬語を用いないものとしている。例言では、口語体と文語体とを、近づけるのではなく、区別することを強調している。

> 本書は、文法との聯絡を保たしめむためには、ことに誤り易き語法を注意して、其の運用を練習せしめ、文語と口語とを對照し、復文を習熟せしめて、口語體と文語體との混同を避けしめ、…（以下略）

「普通文」については、擬古文体や漢文訓読体、欧文直訳体でもない、「普通文体」が意識されていることが、次の「第六課　普通文體」の記述から分かる。

普通文體とは、現今、普通に行はるゝ文體にして、本書の標準とするところなれば、改めて説くの用なし。されども、時文のうちには、漢文直譯體、歐文直譯體、擬古文體などいふべきものあり、然して、直譯體は、おほく、外國の語法語脈を、そのまゝに用ひたるものにして、國文の法則をやぶり、語法をみだせるものあれば、從ふべきものにあらず。また擬古文體は、專、中古の文章を模擬せる一種の美文體にして、一般には用ひられざるものなり。なお、次の例について見るべし。

擬古文　　伴蒿蹊

浅間のたけは、いと〳〵高けれど、麓も、おのづからに登りもてくればなむ、目驚くばかりは見えず。峯には、とはに、烟立のぼりて、いひ炊くを見るがごと、又、雲のゐるにも似たり。なからよりかみには、木草生ひざるもうべなり。烈しうもゆる時は、遠きわたりまで鳴りとよめきて、陶ものなんど、堪へず砕けぬ。焼けたる石も飛びくるなどいへるが、さることゝも覺えて、この道のかたへにも、常の石よりかろらかなるもの、さはに見ゆ。

右の擬古文を、普通文に改めたる、次の例を見るべし。

普通文　　貝原益軒

浅間嶽は、きはめて高しといへども、麓の地高きゆゑに、甚、高くは見えず。山上に、常に烟立つ事、こしきのいきの上るが如く、また、雲の如し。この山、半ばより上に、草木生ぜず。一日の内、しばし烟なき時あり。大焼する時は、五里七里の間、おびたゞしく鳴動して、皿茶碗の類も、ひゞきて破るゝことあり。焼石も飛ぶといふ。焼石の如くなる石、道の傍に多し。常の石よりも輕し。大焼は稀なり。小焼は時々あり。江戸のあたりへも、この山、大焼の折ふしは、時々、灰の飛び來ることありといふ。

右の記述は、この時期の「普通文」の実態として、擬古文体、漢文直訳体、欧文直訳体など種々なものが流通したことを伝えているとも言えよう。当教科書の提唱する規範では、翻訳体について、文法・語法を「やぶり」「みだせる」ものとして否定する。さらに『本朝文範』が目指した中古文を模範とする擬古文も、「一般には用ひられざるもの」と否定されている。ここでは、それらとは違った「普通文」が目指されている。例文では、擬古文は、修辞的な表現が多く、係り結びなども使われており、それと比較して、普通文は、漢語表現を取り入れて簡潔にした実用的で平易な文体であり、情報も豊富に加えられている。この例文は今文ではなく近世の作であり、ここでの「普通文」は新しく改良された文体ではない。

⑨友田冝剛『中等作文教本』（明治四一年一二月二八日、晩成處）

本教科書巻一「第四課　口語ト文語」では、口語と文語を比較して文体を学ぶようにしている。

口語ト文語トハ、初歩ニ於テハ大差ガ無イ。文法ヲ學ンデユクウチニモソノ相違ガワカッテクル。シカシ、高尚ナ文語ニナルト、ソノ差ガ甚ダシクナッテ、一語一語確實《カクジツ》（※左に注記：シッカリト）ニオボエテユクヨリ外ニ便法ハナイ。コレハ讀本ノ上デ十分ニツトムベキコトデ、讀本ノ文ニ用ヒラレタ語ハ、一一口語ニ比ベテ、ソノ意味ト言ヒマハシ方トヲ明ラカニシテ、コレヲ作文ノ材料ニ記憶シテオクガヨイ。

文語デ綴《ツヅ》ラレタ文ハ、今ノ世ニ最モ普通ニ行ハレルカラ、コレヲ普通文ト名ヅケテオク。普通文ヲウマク作ラウガタメニ、カネテ記憶シテオイタムツカシイ語句ヲ用ヒル者モアルガ、作文力ノ進ムニ従ッテ自然ニサウナルノハワルクモナイケレドモ、初心ノ間ニ、ミダリニ難語《ナンゴ》（※左に注記：ムツカシキコトバ）ヲ用ヒヨウトシテ、ソレガタメニ文意モ通ラヌヤウナコトニナッテハ甚ダヨクナイ。

次ニ少シク口語ト文語トヲクラベテ示サウ。

口　軍人が馬に乗って走る。
文　軍人馬に乗りて走る。
口　病氣で死んだ。
文　病氣にて死したり。

口　ここに家があります。
文　ここに家あり。
口　まだ死にませぬ。
文　未だ死なず。
（以下略）

説明の文は口語体だが、「確実」・「難語」の漢語にはルビの他、「シツカリト」・「ムツカシキ」という口語表現を左傍に添えて文語表現に口語訳を注している。例文の後に付く練習問題は口語を文語に改めさせるもので、この比較のねらいは文語を修得させることにある。

ここでの「普通文」は、現時の文語ほどの意味で、平易なものから高尚なものまで広く指している。初心者は難語をみだりに使わず文意が通ずるものを書くようにし、作文力が進むに従って、読本に出てくるような高度な文語の語彙や表現を記憶しておいて、作文の材料とせよと言う。平易な「普通文」は初学者の書くものとの位置づけである。「普通文ト名ヅケテオク」という言い方からは、「普通文」の語が、明治の末にも未だ定まらない概念であったことが分かる。

⑩上田萬年『中等教科作文法』（明治四二年一二月二〇日、大日本圖書）

本教科書上巻「第二章　文体の種類　第一　語法上の種類」に、「口語文」、「候文」と並んで、「普通文」の説明がある。

（二）普通文　とは、「暖なり」の如く、多くは古の口語に基づきて書けるものにして、現代普通に行はる丶文章をいふ。我國現代の新聞雑誌及び圖書の文章に於て、口語文の部分を除けば、其外は大概普通文なり。

「普通文」とは当時一般に使用されている文体との認識が示されている。これを「古の口語」と教えることで、口語文との関係に触れる。同章「第二　構想上の種類」は、「(一)記事文、(二)叙事文、(三)解説文、(四)議論文、(五)書翰文、(六)式事文」と文種による分類説明。同章「第三　修辞上の種類」は、「(一)乾燥体と文雅体、(二)簡約体と曲折体」。「語法」・「構想」(文種)・「修辞」をまとめて「文体」としてとらえ、「普通文」語彙は、語法上の一形式を指す。

⑪高木武『中等作文教本』(大正一三年八月三〇日、修文館)

本教科書は、「普通文」の語彙を分類に使用せず、「口語文」と「文語文」とを並置する。文語文と口語文との関係について、「第九課　文語文（その一）」では、次のように説明されている。

我が國には、昔から、文語で書いた文が一般に行はれて、今日でも、まだ相應にひろく用ゐられてゐるから、われ〳〵は、口語文の作り方を練習すると同時に、文語文の作り方を練習することが必要である。

(中略)

かういふ風であるから、文を作る根本の趣意とか、根本の組立などには、口語文と文語文との間に、何も違つたところはなく、たゞ言葉づかひや、言ひ廻しの上で、両者の間に少し違ひのあるだけである。それで、諸君は、口語文と文語文とを讀みくらべたり、口語文を文語文に書きかへて見たり、文語文を口語文に書きかへて見たりして、両者の言葉づかひや、言ひ廻しのちがふところを、よく覺えこんで置き、それを自由に使ひわけるやうにして置くことが肝要である。

大正の末、文語文が広く流通していてその地位を保っている一方、口語文が普及してきて、両方が使いこなせることが求められており、口語文と文語文が共存している言語状況がうかがえる。「文を作る根本の趣意とか、根本の組立などには、口語文と文語文との間に、何も違つたところはなく」とあり、文体の問題を越えて文章を書くことの要所が意識されていることに注目しておきたい。(64) それぞれの文体の特徴については、「第十課　文語文（その二）」で次のように説明されている。

同じく口語文といつても、まるきり口で話すやうに書いたものもあれば、餘程、文語文に近い書き方をしたものがあるやうに、同じく文語といつても、口語文に、ごく近いものもあれば、口語文とは、餘程趣がちがつてゐるものもある。それで、一概にはいはれないけれども、大體に於いて、文語文は、口語文に比べると短くてひきしまつてゐるので、文語文に接すると、一種の力強い感じがする。これが文語文のよいところである。

口語文は、日常、口で話す通りに書くので、のび〳〵と自由にくつろいだ感じがするし、これを書くのも、らくで、思ふやうに筆がのびるが、文語文は、口で話す言葉とは、少し趣がちがつた文語で書くのであるから、下手に書くと、ぎこちない窮屈な感じがしたり、自分がいだいてゐる感想を、遺憾なくいひあらはしかねるやうなことがあるから、注意しなければならぬ　（以下略）

口語文と文語文それぞれの特徴を活かして「使い分ける」ということは、この時期に於いて、それぞれの用途があったということである。文語体については、「口語文に、ごく近いものもあれば、口語文とは、餘程趣がちがつてゐるものもある」とあるように、この時期においても種々のものがあったことを伝えている。なお、巻五「第一課　文體（その一）」の「甲　語格を標準として見たる文體」では、口語体を「普通体」と「敬語体」の二種に、文語体を「時文体」、「雅文体」、「漢文直訳体」「洋文直訳体」「候文体」の五種に分類している。文語体の「時文体」と口語体の「普通体」とを「現代に於ける文体の中堅」としながら「口語体が、だん〳〵地盤を拡張して行くのと反対に、文語の時文体は、幾らかづつ、その勢力が減少して行くやうである」と述べており、言文一致が流通しつつ「普通文」が衰退していく当時の言語状況が分かる。

明治二八年発行の下森來『記事論説中等作文教科書』、同二九年発行の千葉茂樹『文法活法中等作文教科書』、そして読本教科書でも同二八年発行の新保磐次『中學國文讀本』が、自作の教材を載せていた。この時期の、教材としたい「普通文」文体の適切な文章が十分に流通していなかった状況がうかがえた。

明治三二年発行の武安衛『中等教育新編作文書』では、方言や社会階層が異なることで言葉が通じない言語文化状況の中、言文一致の具体は見通せず、記事、叙事、解説、議論などに使用するための簡約な文語による「普通文」の必要性が意識されている様子が見て取れた。明治三四年発行の堀江秀雄『中學作文教科書』も、言文一致の必要性を述べながらも「それより先に務むべき事は國語の統一」であるとして、現今の漢文系統、和文系統、欧文直訳系統それぞれの「普通文」文体について現状を批判しつつ、平易な表現で分かりやすく正しい文法で語句を正しい意味で用いる「普通文」を説いた。しかし、明治三三年発行の木島繁太郎・松川久次郎・末永安太郎『新編作文書』にも見られたように、「普通文」は未だ試行の段階であった。明治三九年発行の古谷知新『中等作文教科書』は、擬古文体や漢文訓読体や欧文直訳体ではない、漢語表現を取り入れて簡潔にした実用的で平易な「普通文体」を提唱したが、その例文は近世のものが使用されていた。

明治四一年発行の友田宜剛『中等作文教本』では、「普通文」の語彙は現時の文語ほどの意味で、「普通文ト名ヅケテオク」という言い方に表れているように、便宜用の概念で定義が定まらない状況がうかがえた。そして、明治四二年発行の上田万年『中等教科作文法』では「普通文」を「口語文」、「候文」と並べて分類しているが、このことは、「普通文」が将来普く流通させるべき仮構の書記言語ではなく、選択可能な文体バリエーションの一つに位置づけられたということでもある。大正一三年発行の高木武『中等作文教本』では、「普通文」という語彙を用いない。高木武『中等作文教本』が「普通文」と言わないのは、「文體ニ就キテハ文語文ヲ主トシ口語文ヲ併セ課スヘシ」とした明治四四年「中学校教授要目改正」を受けての枠組みとも考えられるが、普く通ずる文体としての口語文が使用を拡げていく言語文化状況のなかで、「普通文」と呼ばれたものは、文章専用の文体でもあることから、口語文に対する文語文と呼ぶ方が特徴をとらえやすかったということでもあろう。

本節では、次章から取り上げる『本朝文範』以降の中学校国語教科書の展開を確認した。見たとおり、明治期の読本教科書及び作文教科書における「普通文」への取り組みには、様々な試行があった。それは、その時の制度に準拠したものではあるが、個々の教科書が現下の言語文化状況との関わりの中で行った、それぞれの時点で可能な、普く通じる文体を作っていくための実践であったと言える。これら教科書制作の出来事の一々こそが、「普通文」をめぐる言語的葛藤の痕跡である。

（1）矢野文雄『日本文体文字新論』報知社、明治一九年三月。斉藤利彦・倉田喜弘・谷川恵一校注『新日本古典文学大系《明治編》11　教科書・啓蒙文集』（岩波書店、二〇〇六年）所収。

（2）イ・ヨンスク『「国語」という思想――近代日本の言語認識』岩波書店、二〇一二年、序章26頁。なお、ここでいう「言語的格闘」については、増田周子「明治期日本と〈国語〉概念の確立――文学者の言説をめぐって」（『国際研究集会報告書』44、国際日本文化研究センター、二〇一三年）にも詳しい。

（3）前掲『新日本古典文学大系《明治編》11　教科書・啓蒙文集』379頁注三。

（4）明治五年五月二一日付、イエール大学W・D・ホイットニー宛書簡（『森有礼全集』第一巻、宣文堂書店、一九七二年）。森が明治六年に刊行した『日本の教育　Education in Japan』第三巻にも詳しい。

（5）二葉亭四迷の『浮雲』出版は明治二〇年。なお、山本正秀『近代文体発生の史的研究』（岩波書店、一九六五年）によれば、「言文一致」の語の初例は明治一八年の神田孝平「文章論ヲ読ム」。以降の言文一致運動の展開については、前掲のイ著書、増田論文に詳しい。

（6）西尾実・久松潜一監修『国語国字教育史料総覧』（国語教育研究会、一九六九年）17頁。なお、山本前掲書及び町泉寿郎「新資料による前島密の漢字廃止建白書の再検討」（『文学・語学』190、全国大学国語国文学会、二〇〇八年）、参照。なお、資料引用に際しては現在常用の字体に改めた。

（7）前掲ホイットニー宛書間。訳文は前掲イ著書序章5～6頁引用文による。

（8）イ前掲書第2章54頁。そこには、明治文化研究会編『明治文化全集』第二四巻（日本評論社、一九二九年）「開化世相の裏表――『新聞雑誌』抄」に所収の、明治七年五月の次の記事が紹介されている（524頁「開化不平ト來讃」五月第二百四十号）。

維新以來世ノ中善事少ク御政事ハ追々六ヶ敷ナリ、御布告ノ數々ナルハ幕政ニ十倍シ、其文ハ漢語多クシテ田舎漢ニハ了解シガタキ事ノミナリ。加フルニ新聞紙マデ配達セリ。之ヲ受テモ讀ムヿヲ得ス誠ニ迷惑ナルヿナガラ御指令故無據受ケテ置クマデナリ。

（9）イ前掲書第2章55～56頁。

（10）矢野文雄（龍溪）『日本文体文字新論』報知社、一八八六年、第六章。なお、前掲増田論文には、同様の消息を伝えた内田魯庵『貘の舌』（大正一〇年）の〈五〉「漢語全盛の文明開化」の一文が紹介されている。

（11）矢野前掲書第六章。なお、同様の事態は、明治一五年一二月の福岡孝弟文部卿による教科書の良否に関する訓示でも、「異常ノ文字卑陋ノ語多ク行文拙クシテ解キ難キモノ」といった形で指摘されている（甲斐雄一郎『国語科の成立』東洋館出版、二〇〇八年、第二章参照）。

（12）矢野前掲書第三章。

（13）この提案は、新保磐次による明治一九年ごろの回想（「故高嶺先生の事ども」『高嶺秀夫先生伝』培風館、高嶺秀夫先生記念事業会、一九二一年、付録10～13頁）が伝える状況、考え方と符合するところがある。「第一章第二節三　中学校読本教科書における「普通文」⑧新保磐次『中學國文讀本』」の引用文参照。

矢野は、新保にではなく東京学士会院による「普通文」策定を期待したということになる。

(14) 矢野前掲書第三章、第六章。

(15)『官報』第三〇三五号(明治二六年八月一〇日)。井上はそこで「平易近切ニ又漢字ヲ自在ニ使用スル所ノ便利ナル國文」、「俗語俗文ト雅語雅文トノ適當ナル調和折合」、「今日ノ複雑ナル學術社會ニ種々ノ必要ニ應ジテ各種ノ思想ヲ表明スルタメニハ廣ク材料ヲ漢字漢文ニ取ルノミナラズ又歐羅巴ノ論理法ヲ採用スルコトガ是レ亦必要デアル」と提案している。「歐羅巴ノ論理法」が矢野龍渓の所謂「雑文体」(漢字交じり仮名文)の三文体「漢語体」「土語体」「洋訳体」解説で解く「洋訳体ノ妙所」に重なるなど、井上の主張は矢野の議論の範囲内にある。なお、井上の「普通文」論については、甲斐前掲書第四章第二節第三項、参照。

(16) イ前掲書第二部、参照。

(17)『官報』第四八八八号(明治三二年一〇月一四日)。「文體　現今ノ讀本ニ於テ看過スヘカラサル一大缺點ハ文脈ノ統一毫モナキコト是ナリ或ハ漢文調アリ和文調アリ或ハ雅俗混淆體アリ書簡文體アリ或ハ古歌アリ漢詩アリ新體詩アリ(中略)抑我邦ニ於テ現今斯ク雜多ノ文脈ヲ存在セシメ更ニ其統一ヲ期スルコトナキハ思想ノ交換上既ニ多大ノ阻害ヲ存セシムルコト明ニシテ是レ實ニ我邦普通教育ノ失態ナリ是ヲ以テ余輩ハ夙ニ之カ統一ヲ望ムコト切ナリ」。これは「普通文」文体の一元的な創出を主張している点で、矢野龍渓の提案からは後退したものであろう。

(18) イ前掲書第2章82~83頁、参照。なお、菊野雅之「中等国語読本における言文一致のはじまりに関する試論――落合直文編『中等国文読本』『中等国語読本』を中心に――」(『早稲田大学国語教育研究』34、早稲田大学国語教育学会、二〇一四年)によれば、言文一致体の中学校読本教科書への登場は、明治三二年の落合直文編『中等国文読本』(訂正六版)に始まる。

(19) 明治三五年二月文部省訓令第三号「中学校教授要目」中「国語及漢文」第一学年「講読」の「講読ノ材料」の項には、「国語ハ小學校ニ於ケル国語トノ連絡ヲ圖リ今文ヲ用ヒテ修身、歴史、地理、理科、實業等ニ關スル事項ヲ記シタル現代作家ノ平正ナル記事文、敍事文等ヲ採ルヘシ又普通今文ノ外正確ナル口語ノ標準ヲ示スヘキ演説、談話ノ筆記竝ニ現代名家ノ書牘文及新體詩ヲモ含マシメテ可ナリ」（『官報』五五七五号）とあり、国語調査委員会の設置を待たずに「普通今文」と区別して「口語」文の教材例を挙げている。

(20) 坪内逍遥『文学その折々』（春陽堂、一八九六年）、794頁。

(21)『官報』第二五一六号（明治二四年一一月一七日）。

(22)『官報』第五二九八号（明治三四年三月五日）、文部省令第三号。

(23)「中学校令施行規則中改正」（昭和六年一月一〇日文部省令第二号）の示す「国語漢文」の学習目標は次の通り（『官報』第一二〇七号）。

　國語漢文ハ普通ノ言語、文章ヲ了解シ正確且自由ニ思想ヲ發表シ文字ヲ端正ニ書寫スルノ能ヲ得シメ國民性ヲ涵養シ文學上ノ趣味ヲ養ヒ知徳ノ啓發ニ資スルヲ以テ要旨トス

なお、昭和一二年「中学校教授要目中改正」（三月二七日文部省訓令第九号、『官報』第三〇六八号）には「國語漢文ニ於テハ國語ノ理會及應用ノ能ヲ得シメ漢文ノ讀方及解釋ノ力ヲ養ヒ特ニ我ガ國民性ノ特質ト國民文化ノ由来トヲ明ニスルコトニ注意シ國民精神ノ涵養ニ資スルコトヲ要ス」とあって、「普通ノ言語、文章」に「国語」が取って代わる。

(24)『官報』第八四三二号（明治四四年七月三一日）、文部省訓令第十五号。

(25)「中学校教授要目改正」（昭和六年二月七日文部省令第五号）の示す「国語漢文」「国語講読」「漢文講読」の学習目標は以下の通り（『官報』一二三一号）。そこでは文体は問われていない。

　國語漢文ハ國語講讀・漢文講讀・作文・文法及習字ヲ課スルモノトス

　國語講讀ハ讀方及解釋、話方・暗誦・書取ヲ課シ其ノ材料ハ總テ文章ノ模範タリ而シテ國體ノ精華、民俗ノ美風、賢哲ノ言行等ヲ敍シ以テ健全ナル思想、醇美ナル國民性ヲ涵養スルニ足ルモノ、文藝ノ趣味ニ富ミテ心情ヲ高雅ナラシムルモノ、日常ノ生活ニ裨益アリ常識ヲ養成スルニ足ルモノ等タルベシ

　漢文講讀ハ讀方及解釋、暗誦ヲ課シ其ノ材料ハ國語講讀ノ場合ニ準ズ而シテ邦人ノ著作ニ係ルモノヲ主トシ

更ニ徳教ニ關係深キ漢籍中ヨリ之ヲ撰ブベシ

さらに、ここで言われる「文章ノ模範」としてであろう、三年では「近世近古ニ於ケル名著ノ抄本類」、四年では「更ニ中古上古ニ於ケル文章」、五年では「國文學ノ史的発展」教材が「増加教材」として示され、「國民性ノ由來スル所ヲ知ラシム」ことが指示されている。「中学校教授要目中改正」（昭和一二年三月二七日文部省訓令第九号）もほぼこれに倣う。

(26) 前掲、『官報』第五五七五号、注(19)。
(27)「第一章第二節二　教育制度における「普通文」」参照。
(28) 飛山純子「明治普通文の研究」『日本文學』23、東京女子大学日本文学研究会、一九六四年。
(29) 矢野前掲書第三章。
(30) 矢野前掲書第六章。この矢野の論については、「第六章　『本朝文範』の位相」で改めて取り上げる。
(31) 菊野雅之「古典教科書のはじまり――稲垣千穎編『本朝文範』『和文読本』『読本』――」（『国語科教育』第六十九集、全国大学国語教育学会、二〇一一年）は、「諸名家の著作及筆記書牘等」を「普通文」と解しているが、採らない。
(32) イ前掲書第1章43～44頁。また、注(10)の内田前掲書には「日本字全廃羅馬字採用を主張した南部義籌の建議が漢文であったから笑止しい。」ともある。
(33)『官報』第六七二八号（明治三八年一二月二日）。
(34) 山本正秀『近代文体発生の史的研究』岩波書店、一九六五年。
(35) E・コセリウ著、田中克彦訳『言語変化という問題――共時態，通時態，歴史――』岩波書店、二〇一四年、第2章3・1・3。
(36)『教科書研究資料文献第二集　明治13年～明18年』（内閣文庫所蔵復刻）所収。
(37) 師範学校用の文法の教科書では、同時期のものに物集高見『初學日本文典』（明治一一年七月発行、明治二一年三月一四日検定）もある。

(38)「検定済教科用図書表」に記載された明治一〇年代の雑纂型の中学校及び師範学校教科書には、稲垣『本朝文範』（中学校用・師範学校用に合格）及び『和文読本』（中学校用・師範学校用に合格）の他、里見義『和文軌範』（明治一六年一月、一巻〜四巻四冊、阪上半七、師範学校用合格）、小中村清矩・中村秋香『日用文鑑』（明治一七年二月、上下二冊、福田仙蔵、中学校用合格）、藤田維正・高橋富兄『訂正國文軌範』（明治一六年一一月発行・明治二〇年六月訂正再版、上下二冊、倉知新吾・近田太三郎、師範学校用合格）がある。これらの雑纂型教科書の教材選定については、「第六章第二節一　読本教科書における『本朝文範』からの継承と変容」で改めて触れる。

(39)甲斐雄一郎『国語科の成立』東洋館出版社、二〇〇八年、251〜257頁。

(40)『大日本教育会雑誌』第一五〇号（明治二七年一二月）「国語研究組合第一回報告」。

(41)野地潤家『国語教育通史』共文社、一九八五年、「I三　中等古典教育の史的展開」47〜49頁。

(42)文部省高等学務局『尋常中学校教科細目調査報告』（明治三一年六月七日）「尋常中学校國語科細目」の調査委員は、上田萬年、高津鍬三郎、小中村義象、芳賀矢一。

(43)明治三二年の「中学校令」改正を受けて制定編纂された中学校令施行規則。『官報』第五二九八号（明治三四年三月五日）、文部省令第三号。

(44)前掲『官報』第五五七五号、注(19)。

(45)前掲『官報』第八四三二号、注(24)。

(46)この改正で、「国語及漢文」は、「国語講読」・「漢文講読」・「作文」・「文法」・「習字」で構成されることになった。

(47)『官報』第五一四一号（明治三三年八月二一日）第一章、第一節、第三條。

(48)前掲『官報』第五二九八号、注(22)。

(49)前掲『官報』第五五七五号、注(19)。
(50)「本章第一節　明治初期の「普通文」をめぐる言語文化状況」参照。
(51)「本章第一節　明治初期の「普通文」をめぐる言語文化状況」参照。
(52)「検定済教科用図書表　二　師範學校中學校高等女学校　自明治十九年五月至明治三十二年四月」『教科書研究資料文献第二集明治13年～明18年』内閣文庫所蔵復刻。
(53)「第六章第二節　『本朝文範』の位相――後の中学校教科書へ」で改めて詳述する。
(54)一の巻凡例末尾で「予告」として、この事情を説明の上、『新撰国文初歩』二巻の出版を告知している。甲斐(前掲)は、高等小学校二年終了と中学校入学との接続の明確化が求められるようになったことを論ずる中で、『新撰国文初歩』上下二巻はすべて近世文で構成されており「はじめて国文を授けんには、今の世のものを以て、これがはじめとなすべきこと」に矛盾してしまったことを取り上げている。筆者の調査では、「初歩」上下二巻六四教材中、明治以降の成立を確認できるものが八教材ある。
(55)矢野前掲書第六章。
(56)本教科書については、「第六章第二節『本朝文範』の位相――後の中学校教科書へ」で改めて取り上げる。
(57)菊野雅之「文範として把握される古文：明治期教科書編集者新保磐次を通して」(『読書科学』55、日本読書学会、二〇一三年)に、人物、目指した言文一致体、作成教科書の考察がなされている。
(58)甲斐前掲書、128頁～129頁。菊野雅之(二〇一一)(前掲)も、この述懐を引いて、稲垣の東京師範学校退職や『読本』版権免許から出版までの期間の長さ(『読本』凡例「当時少しく慮る所有りて未だ梓行せざりき」)との関連に言及している。
(59)注(13)、「故高峰先生の事ども」10頁～12頁。新保磐次の「普通文」論については、「第六章第三節「普通文」論と『本朝文範』」で改めて取り上げる。
(60)「第一章第二節一　明治期における中学校国語教材の範囲」参照。

（61）菊野前掲論文（二〇一三）、131頁。
（62）巻第一、四七丁～五〇丁。
（63）菊野雅之「中等国語読本における言文一致のはじまりに関する試論――落合直文編『中等国文読本』『中等国語読本』を中心に――」（『早稲田大学国語教育研究』34、早稲田大学国語教育学会、二〇一四年、82～91頁。
（64）「第六章第二節二　作文教科書における『本朝文範』からの継承と変容」で詳述するが、友田宜剛編『中等教育作文教範』（明治三四年、光融館）では、『本朝文範』と同教材を二種の文体へ書き換えているが、『本朝文範』〝旨趣の標〟をそのまま使用している。

第二章　『本朝文範』所収教材概観

本章では、『本朝文範』の教材選定と配列を取り上げ、近世言語文化からの脈絡と近代教科書としての意図を検討する。

第一節　教材選定の思想

本節では、『本朝文範』がどの時代の文章を教材として採用したかについて、緒言に表された各時代の文章についての評言をふまえて確認する。教材文は、近世と中古のものが中心である。教材選択の基準には、つぎの二点がうかがえる。

a「文章《フミ》すがた」「にほひ」…和文としての秀逸さ（左記引用中傍線部参照、否定表現は波線）。
b「耳遠からず」…現時に通用する文体（左記引用中二重傍線部参照、否定表現は二重波線）。

以下、緒言の文章評を抜き出したもの。（※（　）内は、筆者注）

上《ツ》世風　天應（七八一―七八二）より前《サキ》
概《なべ》て心高く詞すなほにして．露ばかりも作りたるあとなく．皆自然のあやをそなへて．強くうるはしきこといはん方なし．其末ざまになりては．やゝかはりたりとみゆれど．なほ神世の風をうしなはずして．他國《アダシクニ》のさまをまじへず．まことに此間ぞ此《ノ》國のなりのまゝのすがたにて．尊しともいと尊く．めでたしともいとめでたくはあれど．今の世の人の．なべて習ひもてあそばんには．詞耳遠くて．とみにはさとりがたきわざなれば．多くは其世の風としてさしおくめれば．今此《ノ》書にも．此《ノ》間のをばあげず．

中《ツ》世風　延暦（七八二―八〇六）～仁和（八八五―八八九）

　假字文の今のよに傳はれるはいと〳〵すくなし

中《ツ》世風　寛平（八八九―八九八）延喜（九〇一―九二三）～寛弘（一〇〇四―一〇一二）長和（一〇一二―一〇一七）

なべては皆上《ツ》世風のなごりありて．裏《シタ》に此國のおほらかなる心をすゑ．表《ウヘ》に漢文の花やかなるかたちをうすくよそひて．實さへ花さへそなへたれば．えもいはぬにほひありて．今も耳遠からず．後の世の文かき歌よむ人も．皆此すがたをぞねがふめれば．今此きはよりたちきりて．此書にはしるしいでたり．

中《ツ》世風　寛仁（一〇一七―一〇二一）～

やゝおとろへたれど．なほいまだうつろひはてずして見所あり．

中《ツ》世風　建保（一二一三―一二一九）～承久

　全く此匂《ニホヒ》は失せはてける

近世風　承久（一二一九―一二二二）～

天の下おしなべて．おのづから武き事をのみ尊み慕ひて．文學の方は．益なくかひなき物に．おもひなし言ひけつならはしとなりしかば．さしも其人多く聞えたりし雲の上近きあたりにも．吹風のおとだになく．立霧のおぼ〳〵しくのみなりゆきつゝ．元弘の乱《ミダレ》より後は．ます〳〵闇の夜のあやめもわかぬすがたとなりて．此道の光は．全く消えはてたれば．此間にはみるべき文．いふべき人も．いと〳〵すくなくなんありける．

近世風　元禄（一六八八―一七〇四）の頃より

またとかくさだすること始りて．つぎ〳〵賢《サカ》しき人多く世にいで．文化・文政になりては．年の號もしるく．此道また真盛《ミサカリ》になりて．雲の上より地の下まで．望月のみちたらひて．詞の花は．再もとの古に咲きかへりきにければ．おのがむき〳〵．心のひかるゝまに〳〵．或は上世風．或は中世風とならひものして．かくまでとうちおどろかるゝばかりにはなりにたり．されど細かにみれば．しひてもてつけたるあと．おのづからあらはれて．詞は古なるも．なほ後の風のえおほふまじき所ある．これ今の世の風にて．

「文章《フミ》すがた」は、「神《ノ》世の風」が最上のものであり、その「にほひ」を残す「上世風」「中世風」が続く。「近世風」を評価するのも、「古に咲きかへりきにければ」であり、「上世風．或は中世風とならひものして」いるからであるとしている。揖斐高（一九九五）は、伴蒿蹊『國文《くにつぶみ》世々《よよ》の跡《あと》』（安永三）「文にとりて辞のわいだめやすく、手尓乎葉のあつかひ心得やすかるをいはゞ、中津世のさまなるべし」を取り上げ、「国文」体の基準になるのは中古体とされていたことを指摘している。(1) 稲垣千穎の文章観は、近世の「国文」観の延長上にあると言える。

次の表1は、『本朝文範』教材文の文類（文章ジャンル）毎の出典成立時代である。なお、巻末に教材一覧を付録している。

【表1　『本朝文範』教材文の成立時代と文類】

※「消息」における返信が同じ出典によるばあい、一つの教材とみなした。

	辭類	序類	和歌序	和歌小序	後序	記類	日記	紀行	雑記	論類	評類	説類	辯類	教諭類	訓誡類	消息類	計
中古文	0	0	0	12	1	0	2	2	16	0	4	0	0	1	3	13	54
中世文	0	0	0	0	0	0	0	1	0	0	0	0	0	0	0	0	1
近世文	9	3	4	0	2	4	0	2	1	2	3	5	2	2	2	11	52

『本朝文範』の教材は、『十六夜日記』一編を除けば中古文と近世文の二系統あり、文種によって、つまり用途によって使い分ける傾向がある。「和歌小序」一二編すべて、「日記」二編中一編、「雑記」は一七編中一六編が、中古文。「辭類」九編、「序類」三編、「和歌序」四編、「記類」四編、「論類」二編、「説類」五編、「辯類」二編は、すべて近世文である。他の文種は中古文と近世文が同程度ある。

教材の文体は、『今昔物語』一例を除いてすべて、訓読みの和語の使用、係り結びの使用、和文独特の助詞・助動詞の使用、敬語の使用など、和文（仮名文）の特徴をいくつも備える和文脈のものである。和文を基盤に、現時に通用する文体の範を示すというのが教材選定の基本方針となっている。

唯一、和漢混淆文（漢字仮名交じり文）の教材59（※教材には、通番を振っている。以下同）「荘子見《テ》二畜類《ノ》所行《ヲ》一走《リ》逃《ル、》語　今昔物語　源隆國」の採用については、緒言に「今昔物語は．上の諸物語とは．さまことにて．此處にならべあぐべき類ならねど．初学の人の文かきならふに．依りよきふみなれば．一段取り出でつ．」とある。

教材文頭注には、次のように記されている。

今昔は．人の物語するをきくまゝに．強に文字づかひにも拘らず．かきとられたる書なる故に．真字も．假字も．しどけなきことおほかれど．此は．すべて此頃のうちとけがきのすがたなり．傍らに小く片假字して．書たるは．今おのが新に．よみやすからんために物したるなれば．其意して見るべし

「しどけなき」とされつつも、「うちとけがき」であることが「初学の人の文かきならふに．依りよき」と判断されたということである。その本文は多少の加工を伴って採録されており、このことは次章で改めて述べる。

『本朝文範』は、文体としては中古文を理想としながら、それに準ずるものとして近世の擬古の文を採るという方針で編まれ、和漢混淆文をも初学の学びやすさを配慮して選んでいる。文種による中古文と近世文の使い分けについては、修辞の多い文章は中古文、実用性の高い文章は近世文という傾向があると考えられる。

第二節　教材選定における近世叢書との関連性

『本朝文範』の選材方針における先行テクストをうかがうため、『本朝文範』に採用された教材が、近世以降の主要な叢書類にどのように存在するのかを調査したところ、五三教材（和歌小序を除く全体の約五六％）について叢書類への掲載が確認できた。

一　叢書における『本朝文範』教材の分布

※書誌情報は『国書総目録』（岩波書店）による。写本は「写」、版本は「版」、活字翻刻は「活」の略号でその有無を記載。確認に使用した本を記載。

『扶桑拾葉集』（徳川光圀　元禄二刊　写、版、活：明治二七・三一　早稲田大学伊地知鉄男文庫蔵本）

教材29「枕草子の跋　清少納言」

教材38「土佐日記　紀貫之」

教材39「更級日記　菅原孝標女」

教材40「十六夜の日記　阿佛尼」

『続扶桑拾葉集』（徳川光圀　江戸末刊　写、活：明治二六～三一『続史籍集覧』国立国会図書館蔵『史籍集覧．続』）

（なし）

『扶桑拾葉続集』（徳川光圀　江戸末刊　写　尊経閣文庫本）

教材29「枕草子の跋　清少納言」

『扶桑残玉集』（加藤一純　元禄六刊　写　宮内庁書陵部図書寮文庫蔵本）

（なし）

『國文《くにつぶみ》世々《よよ》農《の》跡《あと》』（別名『国津文世々の跡』　伴蒿蹊　安永三刊　写、版：安永三・安永六　国文学研究資料館蔵本）

教材62「四季の評　枕草子　清少納言」

教材93「侍従より．住吉の尼君のもとへ　住吉物語　不知作者」

教材100「源氏君、須磨にうつろはんとし給ふ時、東宮にさぶらふ王命婦の許へ　源氏物語　紫式部」部分

『文の栞《しおり》』（山岡浚明《まつあけ》　安永七刊　写、版：安永七・文政元　国文学研究資料館蔵本）

教材29「枕草子の跋　清少納言」

『消息文例』（藤井高尚　寛政一一刊　写、版：寛政一二・享和二・文化二・文化六・文化一二・刊年不明有、活：明治一九・二六　国文学研究資料館蔵本）

※語句の用例としての抄出である。

教材85「阿闍梨より、中の君に　源氏物語　紫式部」部分三箇所

教材93「侍従より、住吉の尼君のもとへ　住吉物語　不知作者」部分

教材98「あこぎより、姨の宮仕したるが許へ　落窪物語　不知作者」部分

教材99「かくや姫天に上らんとする時、竹取翁のもとにかきおける　竹取物語　不知作者」部分

教材100「源氏君、須磨にうつろはんとし給ふ時、東宮にさぶらふ王命婦の許へ　源氏物語　紫式部」部分

教材102「太宰大貳有國より、伊周公の帥になりて下りたまふ御もとへ　栄花物語　赤染衛門」部分

『かりの行かひ』（賀茂鷹季　享和二刊　国文学研究資料館蔵石野家本）

教材16「み田の尼君の、肥前にゆきたまふをおくるうたの序　岡部真淵」

教材90「神無月のころ、山里より、散りたる紅葉の枝につけて　鵜殿よの子」

（なし）

『閑田文艸《かんでんぶんそう》』（別名『閑田文章』　伴蒿蹊　享和三刊　写、版、活　国文学研究資料館蔵石野家本）

『紫文消息』（別名『小萩が本』　橋本稲彦　文化四序　写、版：文化五・文化一四・刊年不明有　国文学研究資料館蔵本）

教材85「阿闍梨より．中の君に　源氏物語　紫式部」
教材89「匂宮より．宇治の中君へ　源氏物語　紫式部」
教材92「大宮より．内大臣殿をむかへたまひに　源氏物語　紫式部」
教材100「源氏君．須磨にうつろはんとし給ふ時．東宮にさぶらふ王命婦の許へ　源氏物語　紫式部」
教材105「朱雀院より．女三宮へ　源氏物語　紫式部」
教材107「桐壺の更衣うせたまひて後．帝より．更衣の母の御もとへ　源氏物語　紫式部」
『紫文製錦《しぶんせいきん》』（橋本稲彦　文化四序　版：文化一四・文政六・刊年不明有　国文学研究資料館蔵本）
教材43「初春　源氏物語　紫式部」
教材44「梅　源氏物語　紫式部」
教材47「納涼　源氏物語　紫式部」
教材48「夕顔　源氏物語　紫式部」
教材49「虫　源氏物語　紫式部」
教材51「暮秋　小野山のさま　源氏物語　紫式部」
教材52「冬月　源氏物語　紫式部」
教材53「雨風　源氏君須磨にて御祓の處　源氏物語　紫式部」
教材54「文學　源氏物語　紫式部」
教材55「音樂　住吉浦にての處　源氏物語　紫式部」
教材56「喪事　桐壺の更衣の葬の處　源氏物語　紫式部」
教材64「春秋の夜の評　源氏物語　紫式部」

教材78「紫上に、源氏君の御訓　源氏物語　紫式部」
教材81「内大臣殿の、姫君を戒めたまふ詞　源氏物語　紫式部」
教材82「女二宮に、母御息所の御誡　源氏物語　紫式部」
教材83「紫の上の思ひとりたまへるやう　源氏物語　紫式部」

『県門《けんもん》遺稿《いこう》』（清水浜臣　一集文化八、二・三集同九、四集文政四、五集同六刊　写、版　もりおか歴史文化館蔵本）
（なし）

『文苑玉露』（蓮阿［川島茂樹］　文化一〇跋　写、版：文化一一・文化一二・文化一三・天保一四・刊年不明有　国文学研究資料館蔵石野家本）
教材3「述懐といふことを題にてかける　本居宣長」
教材5「青木美行ぬしの越前にかへるをおくる　鵜殿よの子」
教材71「松虫、鈴虫、蛬　富士谷成章」
教材76「常に友がきにをしへさとしける　岡部真淵」
教材86「いくめ子の御もとへ返し　岡部真淵」
教材96「清瀬子のもとへ、かへし　岡部真淵」
教材104「賀茂季鷹が、江戸に居けるにおこせたる書の返事　富士谷成章」

『消息文梯《しょうそくぶんてい》』（川島茂樹　文化一二刊　版：文化一二・文政六・刊年不明有　国立国会図書館蔵本）
（なし）

『遺文集覧』（別名『近世名家遺文集覧』　萩原広道　嘉永三刊〈嘉永二序〉　版　宮内庁書陵部図書寮文庫蔵本）
教材4「せみのは　富士谷成章」

教材9「弔二立因喪一レ子詞　僧契沖」
教材10「清田絢所蔵源氏物語序　富士谷成章」
教材15「青木美行が．越前へゆくをおくる歌の序　岡部真淵」
教材32「臨瀛閣の記　富士谷成章」
教材33「筑後國山門郡本郷馬場記　富士谷成章」
『県門余稿《けんもんよこう》』（清水浜臣　嘉永三刊　版　佐賀県立図書館蔵本）
（なし）
『消息案文《せうそくあんもん》』（黒沢翁満　前編天保四・後編安政六刊　写、版　国立国会図書館蔵本）
教材85「阿闍梨より．中の君に　源氏物語　紫式部」
教材89「匂宮より．宇治の中君へ　源氏物語　紫式部」
教材92「大宮より．内大臣殿をむかへたまひに　源氏物語　紫式部」
教材93「侍従より．住吉の尼君のもとへ　住吉物語　不知作者」
教材95「右大将殿より．孫王のもとへ　空物語　不知作者」
教材98「あこぎより．姨の宮仕したるが許へ　落窪物語　不知作者」
教材100「源氏君．須磨にうつろはんとし給ふ時．東宮にさぶらふ王命婦の許へ　源氏物語　紫式部」
教材101「中納言殿．出雲にうつろひたまふをり．丹波のさかひより．宮の御もとへ　栄花物語　赤染衛門」
教材102「太宰大貳有國より．伊周公の帥になりて下りたまふ御もとへ　栄花物語　赤染衛門」
教材105「朱雀院より．女三宮へ　源氏物語　紫式部」
教材106「伊衡の宰相中将の．風にあひて煩ひける時．故兵部卿宮より．兵衛命婦を遣りて．とはせ玉ひける

時の御返事　大和物語　不知作者」

教材107「桐壺の更衣うせたまひて後，帝より，更衣の母の御もとへ　源氏物語　紫式部」

『扶桑残葉集』（編者不詳　江戸末刊　写　国立国会図書館蔵本及び西尾市岩瀬文庫蔵本）

教材1「八月十五夜，稲掛《ノ》棟隆《ガ》家の會に，そこにてかける　本居宣長」

教材3「述懐といふことを題にてかける　本居宣長」

教材4「せみのは　富士谷成章」

教材7「山路孝正が父の七十《ノ》賀の，まとゐの詞　本居宣長」

教材9「弔二立因喪一レ子詞　僧契冲」

教材10「清田絢所蔵源氏物語序　富士谷成章」

教材15「青木美行が，越前へゆくをおくる歌の序　岡部真淵」

教材11「和訓栞《ノ》序　本居宣長」

教材32「臨瀛閣の記　富士谷成章」

教材33「筑後國山門《ノ》郡本郷馬場《ノ》記　富士谷成章」

教材91「雪の朝，友だちのもとへいひやる書になずらへてかける　本居宣長」

『今古残葉《きんこざんよう》』（編者不詳　江戸末刊　写　国立国会図書館蔵本）

教材4「せみのは　富士谷成章」

教材10「清田絢所蔵源氏物語《ノ》序　富士谷成章」

教材15「青木美行が，越前へゆくをおくる歌の序　岡部真淵」

教材32「臨瀛閣の記　富士谷成章」

教材33「筑後國山門ノ郡本郷馬場記ノ　富士谷成章」
『文芸類纂』（榊原芳野　明治一一刊　版　国立国会図書館蔵本）
教材38「土佐日記　紀貫之」部分
教材47「納涼　源氏物語　紫式部」部分
教材99「かくや姫天に上らんとする時．竹取翁ノのもとにかきおける　竹取物語　不知作者」
教材100「源氏ノ君．須磨にうつろはんとし給ふ時．東宮にさぶらふ王命婦の許へ　源氏物語　紫式部」
『古事類苑』（神宮司庁古事類苑出版事務所　明治三四〜刊　版　国立国会図書館蔵本）
教材7「山路孝正が父の七十ノ賀の．まとゐの詞　本居宣長」
教材38「土佐日記　紀貫之」
教材62「四季の評　枕草子　清少納言」
教材85「阿闍梨より．中の君に　源氏物語　紫式部」
教材93「侍従より．住吉の尼君のもとへ　住吉物語　不知作者」
教材99「かくや姫天に上らんとする時．竹取翁ノのもとにかきおける　竹取物語　不知作者」

『扶桑拾葉集』は水戸藩で編纂されたもの、『文の栞』・『扶桑残葉集』・『今古残葉』は水戸との直接関係が不明で『扶桑拾葉集』を意識して編纂されたものである。[2] その他、伴蒿蹊『國文世々農跡』、山岡浚明『文の栞』、藤井高尚『消息文例』、川島茂樹『文苑玉露』、萩原広道『遺文集覧』、榊原芳野『文芸類纂』等、どれも国学者の編になるものである。『扶桑拾葉集』・『國文世々農跡』・『文の栞』・『消息文例』・『文芸類纂』に掲載されている教材は中古文、『文苑玉露』・『遺文集覧』・『扶桑残葉集』に掲載されている教材は近世文である。それぞれの叢書の編集方針に拠る結果であるが、教材選定に際して叢書を参考にしたとすれば、もとより中古文と近世文との二系統から引用されたことになる。ちなみに、『古事類苑』は『本朝文範』より後の成立となり、中古文と近世文の両方が掲載されている。

近世文教材については、『文苑玉露』に七編が見られる。森田雅也（一九九六）は、『文苑玉露』について、文化一一年、一二年、一三年、天保一四年の各版の他に刊年不明版と版を重ねたのは「多くの読者の需要にあわせた重版の意図があった」とし、採られた文章の性質から「一般の読者向け」に読み物として提供されたとしている。また、賀茂季鷹序に示された「文章指導の規矩準縄を定めること」、さらに書名から「『文選』に続く『文苑英華』のような気負いがあったのではないかと推測するのである」としている。[3] 森田の『文苑玉露』についての指摘は、『本朝文範』の編集とも重なる。それは、一つは国学の文章を採りながらも国学を学ぶ者以外の読者をも対象としていること、一つはこれから書かれる文章の規範を示していることにおいてである。近代教科書の編集に関して、既に近世の叢書が資源として存在していたと見ることができよう。なお、『遺文集覧』は、「さきに蓮阿といふ僧の、板にゑらせたる文苑玉露といふ書ありて、近きころの先師たちのふみを挙たり。それに見えたるをばこのふみにはもらしつ」とあり、『文苑玉露』を補完するもので、『本朝文範』の近世文教材六編が見られる。

二　叢書からの教材選定

右叢書のうち『扶桑残葉集』は、『本朝文範』近世教材一一編と最も多くの掲載が見られるので、その配置を見ておきたい。

【『扶桑残葉集』における『本朝文範』教材】

※国立国会図書館蔵本の目録抜粋。傍線ゴシック体は『本朝文範』に掲載されているもの。

（巻一～九は省略）

一〇　六々歌仙賛歌跋、野田村真入庵藤花詞、文臺裏書、得橘移植時謝本主辞、贈浅小井氏詞、秋日同詠紅葉交松和歌序、詠昇仙石和哥并序、人丸影の開眼を人の頼けるにそへてつかはしける、賀水戸少將婚姻詞、**弔喪立因子詞**、慧心僧都模写善光寺一光三尊弥陀佛記、上水戸三品源君万葉代匠記草稿序、秋日同賀円珠阿闍梨六十歳倭歌序、むろの早わせ、四十賀記、萬葉代匠記序、

（巻一一～一五は省略）

一六　三十日草、盆石記、詞林拾葉跋、思出くさ、木侍者記、此君之記、一品宮をいたみ奉る辞、**筑後州山門郡本郷馬場記**、むさしの國より人の朝皃をつつみてをこせたるかへりことに、**臨瀛閣之記**、祭主季忠の君に奉る詞、**清田絢所蔵源氏物語序**、樹徳堂記録草序、**せみのは**、六月廿六日記、

一七　萬葉新採百首解序、道行ふ里、**美行か越のみちのくにゝゆくを送る哥の序**、竹山家之梅乃辞、鳩杖之記、八橋乃ことは、祝詞考序、道ゆきふ里、上田秋成にこたふるふみ、水夜里花、十雨言、何かしへ送る消息、かひの志つく、

（巻一八は省略）

一九　嶺松院月次會和歌序、水郷春望、月前納涼、八月十五夜、菊の花、九月盡、初冬時雨、**雪のあした友たちの許に送る文**、冬旅、**述懐**、賀茂の大人の御まへにのみ申す詞、八月十五夜棟隆家月見會にこゝちわつらひてえまからていひやる詞、**山路孝正父七十賀彼家会宴の詞**、**八月十五夜稲垣棟隆家會當座の文**、備中國土岐周輔源建雄父正興七十賀歌集序、**谷川士清和訓栞乃序**、源氏物語玉の小櫛の序、字音かなつかいの

序、詞の玉の緒乃序、平野行健か吉備國にかへるをおくれる詞、荒木田久老か家の五十槻園の詞、塩崎氏の家の白猪樓の詞、大神宮儀式解序、二御霊祭告刀詞、拝藥神詞、辛丑春殿村道應七十其妻六十二人かねたる賀集の序、櫻花の詞、林崎文庫の詞、鈴の屋にはしめて哥のまとゐしける時よめる歌のおくかき、淡海ふりの序、八月十日はかり稲掛大平か十五夜の圓居にいたすへき月の文とも人にすゝめて源氏物語の詞つきをまねひて書せけるにおのれも戯れにつゝりて出せる言葉、告田中道麻呂之霊詞、釋日本紀哥巻序、海量僧か一よ花の序、難波木村氏蒹葭堂の詞、駿河國阿倍郡木枯森八幡社前碑の詞、萩原元克か道のしをりの序、渡辺重名かこふまゝに奥平大膳大夫源昌男主の歌巻の奥にかきそへたる詞、大館高門か梅の屋の詞、田中道麿万葉名所哥枕序、契沖僧漫吟集序、橋本肥後守橘經亮に答ふる文

（巻二〇以降は省略）

右に見られるように、『本朝文範』教材一一編は、「吊喪立因子詞」を除き、『扶桑残葉集』において近接した箇所に配置されている。このことは、『本朝文範』の教材選定に関して『扶桑残葉集』が参照された可能性をうかがわせもするが、いずれにせよ近似した規範のもとに編まれたということは言えそうである。ただし、「第三章第一節　本文の決定」で改めて述べるが、本文は原著の方が近いことから、叢書から直接本文を引いたのではないと考えられる。『本朝文範』教材題と『扶桑残葉集』文章題の異同についても、表2の通り、一致しているものは少ない。

【表2　『本朝文範』教材題と『扶桑残葉集』文章題】

	『本朝文範』教材題		『扶桑残葉集』国会本　題
教材9	弔㆓立因喪㆒㆑子詞　僧契冲	巻一〇	吊喪立因子詞
教材33	筑後國山門ノ郡本郷馬場ノ記　富士谷成章	巻一六	筑後州山門郡本郷馬場記
教材32	臨瀛閣の記　富士谷成章	巻一六	臨瀛閣乃記
教材10	清田絢所蔵源氏物語ノ序　富士谷成章	巻一六	清田絢所蔵源氏物語序
教材4	せみのは　富士谷成章	巻一六	せみのは
教材15	青木美行が．越前へゆくをおくる歌の序　岡部真淵	巻一七	美行か越のみちのくにゝゆくをおくる歌の序
教材91	雪の朝．友だちのもとへいひやる書になずらへてかける　本居宣長	巻一九	雪のあした友たちのもとに送る文
教材3	述懐といふことを題にてかける　本居宣長	巻一九	述懐
教材7	山路孝正が父の七十ノ賀の．まとゐの詞　本居宣長	巻一九	山路孝正父七十賀彼家會宴の詞
教材1	八月十五夜．稲掛ノ棟隆ガ家の會に．そこにてかける　本居宣長	巻一九	八月十五夜稲垣棟隆家會当座の文
教材11	和訓栞ノ序　本居宣長	巻一九	谷川士清和訓栞乃序

『文苑玉露』に採られている『本朝文範』教材七編は『扶桑残葉集』に採られている一一編とは重なりがなく、『文苑玉露』も併せて教材選定の参考にされた可能性がある。『遺文集覧』の六編は、すべて『扶桑残葉集』

に含まれている。

『本朝文範』の「消息類」の教材については、近世の叢書との類縁性が特に高い。『消息案文』は、中古の物語から消息文を集めたものである。同書には、『本朝文範』の消息類のうち、教材99「かくや姫天に上らんとする時．竹取翁のもとにかきおける　竹取物語　不知作者」を除く中古の消息文二三教材が収録されており、教材選定の参考にされた可能性が高いと考えられる。

『消息文例』は、寛政一二年版・享和二年版・文化二年版・文化六年版・文化一二年版・刊年不明版と版を重ね、活字本も明治一九年版・二六年版と出版されており、よく流布したものと言える。この書は雅文による手紙文の書き方を記したものであり、用例はすべて中古の物語から引かれている。『本朝文範』消息類二四教材のうち一三編は中古の物語からの引用であり、そのうち六編が『消息文例』にも見られる。

これらの例から、すでに『本朝文範』以前に物語中から雅文の消息文だけが取り上げられて手本として流通するという文化的素地があったことが確認できる。

『消息文梯』では、物語に消息の手本を見ることについて、「かの物語どものうちなる心ばへ．詞づかひをよく見て物すべきなり」と述べている。ここでは、表現の趣向や用語といった配慮・工夫を学ぶことをねらいとしていると言って良かろう。ただし、次のように注意を促してもいる。
○源氏の物語をはじめすべて物語なるせうそこを見るべき心えすべての物語なるせうそこ文は．おほかたそこにえうなき詞ははぶきてかけるものとしるべし．はじめをはり．さだかにかけるは．いといとまれなる物としるべし．
こうした物語中の消息が実際のものとは違うという認識があってなお、その「心ばへ．詞づかひ」に価値を認めるからこそ掲載しているのである。『本朝文範』消息文教材においても、実際的な形式の例示ではなく、あくまで消息文の表現を示すということに重点があったと考えられる。

消息文教材の出典となった物語は、特に『源氏物語』が中心となっている。例えば、先の『消息案文』においては、『源氏物語』九〇編、『空穂物語』三一編、『落窪物語』一五編、『狭衣物語』四編、『住吉物語』三編、『栄花物語』三編、『蜻蛉日記』二編、『枕草子』一編、『大和物語』一編である。『本朝文範』でも、消息類二四編中、近世のもの一一編を除けば、『源氏物語』六編、『空穂物語』一編、『落窪物語』一編、『住吉物語』一編、『栄花物語』二編、『大和物語』一編、と採り方が近似している。

『源氏物語』中の消息ばかりを集めたものに『紫文消息』（文化四年序、版本）がある。これには、『本朝文範』の消息類における『源氏物語』を出典とする教材のすべてが掲載されている。表3は、『本朝文範』と『紫文消息』との採録箇所及び本文について比較したものである。

【表3　『本朝文範』と『紫文消息』の採録箇所及び本文の異同】

※本文の異同については、＊記号を冠して記した。その際、異同がある箇所に傍線を施した。
※漢字・平仮名表記や仮名遣いの異同は取り上げない。
※消息にあたる部分のみの異同を掲載。

『本朝文範』教材　文章題	『紫文消息』題目 （　）内は丁数	本文範囲の異同　＊本文の異同	『源氏物語』巻（場面）
教材85　阿闍梨より、中の君に	（卅八）あざり　年のはじめに中君の御方へものを奉るとて	消息文範囲一致 ＊『本朝』「君にとて、あまたのはるを、つみしかば、つねをわすれぬ、はつわらびなり」 『紫文』「君にとてあまたのとしをつ	早蕨（新年）

		みしかばをりをさすれぬはつわらびなり」	
教材89　匂宮より、宇治の中君へ	(卅七)匂宮　しぐれがちなる夕つかた宇治の中君に	消息文範囲一致 ＊本文一致	椎本（匂宮の心寄せ）
教材92　大宮より、内大臣殿をむかへたまひに	(十九)大宮　内大臣へまゐらせ給ひし御文	消息文範囲一致 ＊本文一致	行幸（内大臣、三条宮を訪う）
教材100　源氏君、須磨にうつろはんとし給ふ時、東宮にさぶらふ王命婦の許へ 王命婦の御かへし	(九)同君　同じをり東宮へきこえ給ふとて王命婦につかはしける御ふみ 王命婦が、へりこと	消息文範囲一致 ＊『本朝』「おしはかりて」 『紫文』「おしはかりとり」	須磨（春宮への消息）
教材105　朱雀院より、女三宮へ	(廿九)朱雀院　女三宮へ、まゐらせ給へる御ふみ	消息文範囲一致 ＊『本朝』「なやみ給ふなるさまは」 『紫文』「なやみたまふさまは」	若菜下（院から女三宮へ消息）
教材107　桐壺の更衣うせたまひて後、帝より、更衣の母の御もとへ 更衣の母御返し	(一)桐壺帝　うせたまひし更衣の御母をたふらひ給ふ御ふみ 更衣の母御かへりこと	消息文範囲一致 ＊『本朝』「いともかしこきは」 『紫文』「いともかたじけなきは」、 『本朝』「こはぎがもとぞ」 『紫文』「こはぎが上ぞ」	桐壺（勅使靫負命婦、母君を訪れる）

『本朝文範』と『紫文消息』とは本文の異同が若干見られるため、本文をそのまま引いたとは考えられないが、教材採録範囲が全て一致していることから、教材選定の参考に使われた可能性が高い。本文校訂については次章で改めて述べるが、『本朝文範』の本文は、『源氏物語』諸本や注釈書を比較検討して決められていると考えられる。なお、『本朝文範』では、物語から消息を採る場合、消息部分だけの抄出である。

『源氏物語』を文章の手本として抄出したものには、先の『紫文消息』とおなじ橋本稲彦の編集した『紫文製錦』（文化四序）がある。この書には、『紫文消息』に載せられた消息文六教材を除く一六教材がすべて掲載されており、両書合わせて『本朝文範』における『源氏物語』教材がすべて載っている。抄出した本文の範囲を見ても、非常に合致している箇所が多い。教材48のように中略された箇所が一致しているものもある。『本朝文範』の文類と『紫文製錦』の春・夏・秋・冬・恋・雑という部立てとは、分類そのものが違うにもかかわらず、題目について同一のものや相似的なものが多い。表4は、『本朝文範』と『紫文製錦』との採録箇所及び本文の異同についてまとめたものである。

【表4　『本朝文範』と『紫文製錦』の採録箇所及び本文の異同】

※本文は、文化四序、国文学研究資料館蔵本による。
※本文の範囲についての
始一致　：『本朝文範』と『紫文製錦』との採録範囲の始まりが同じ箇所である。

中略一致：『本朝文範』と『紫文製錦』との中略の範囲が同じである。

終一致　：『本朝文範』と『紫文製錦』との採録範囲の終わりが同じ箇所である。

『紫文』＋『本朝』始：『紫文製錦』の範囲の始めが、『本朝文範』の範囲の始めよりも前の部分である。

『本朝』始＋『紫文』：『紫文製錦』の範囲の始めが、『本朝文範』の範囲の始めよりも後の部分である。

『本朝』始＋『紫文』中略終一致：『紫文製錦』の範囲の始めが、『本朝文範』の中略後の始まりと一致している。

『紫文』＋『本朝』終：『紫文製錦』の範囲の終わりが、『本朝文範』の範囲の終わりよりも前の部分である。

『本朝』終＋『紫文』：『紫文製錦』の範囲の終わりが、『本朝文範』の範囲の終わりよりも後の部分である。
※本文の異同については、＊記号を冠して記した。
※漢字・平仮名表記や仮名遣いの異同は扱わない。

『本朝文範』 教材　文類　文章題	『紫文製錦』巻・題目 （　）内は丁数	本文範囲の異同　＊本文の異同	『源氏物語』巻（場面）
教材43　記類雑記　初春	巻一　春（一）初春	始一致　『本朝』終十『紫文』 ＊『本朝』「うらゝけさは」 『紫文』「うらゝげさには」、 『本朝』「みがき給へる」 『紫文』「みかきましたまへる」	初音（新春の六条院）
教材44　記類雑記　梅	巻一　春（九）梅	始一致　終一致 ＊本文一致	若菜下（女楽）
教材47　記類雑記　納涼	巻一　夏（四十）納涼	始一致　終一致 ＊本文一致	帚木（紀伊守邸）
教材48　記類雑記　夕顔	巻一　夏（卅三）夕顔	始一致　中略一致　終一致 ＊『本朝』「みずゐじん」 『紫文』「御随身の」、 『本朝』「つまごとに」 『紫文』「つまなどに」	夕顔（いと青やかなるかづらの）
教材49　記類雑記　虫	巻二　秋（十四）虫	始一致　『本朝』終十『紫文』 ＊本文一致	鈴虫（鈴虫のふりいでたるほど）
教材51　記類雑記　暮秋 小野山のさま	巻二　秋（廿八）暮秋	始一致　終一致 ＊『本朝』「滝の音は」 『紫文』「滝のこゑは」	夕霧（九月十余日）
教材52　記類雑記　冬月	巻二　冬（四十）冬月	始一致　終一致 ＊『本朝』「簾《ミス》」（※ルビで「ミス」） 『紫文』「すだれ」	総角（月夜の雪景色）

教材53　記類雑記　風雨	巻四　雑一（二）風雨　源氏君須磨にて御祓の處	始一致　終一致 ＊『本朝』「かかるは」 『紫文』「かかるめは」、 『本朝』「風などはふけど」 『紫文』「風などふけど」	須磨（三月上巳、暴風雨）
教材54　記類雑記　文學	巻八　雑五（二十六）学文	始一致　『本朝』終＋『紫文』 ＊本文一致	乙女（字つける儀式の後）
教材55　記類雑記　音樂	巻八　雑五（十二）音樂　住吉浦にての處	始一致　終一致 ＊本文一致	若菜下（住吉参詣）
教材56　雑記　喪事　桐壺の更衣の葬の處	巻六　雑三（四十）哀傷	始一致　終一致 ＊本文一致	桐壺（更衣の葬送）
教材64　評類　春秋の夜の評	巻八　雑五（五十九）評論	『本朝』始＋『紫文』　終一致 ＊本文一致	若菜下（源氏と夕霧の音楽評）
教材78　教諭類　紫上に、源氏君の御訓	巻八　雑五（四十二）教戒	『本朝』始＋『紫文』中略終一致 『本朝』終＋『紫文』 ＊本文一致	若菜下（朧月夜の出家につけて）
教材81　訓誡類　内大臣殿の、姫君を戒めたまふ詞	巻八　雑五（四十）教戒	『紫文』＋『本朝』始 『紫文』＋『本朝』終 ＊『本朝』「もてなしたるは」 『紫文』「もてなしたる」	常夏（内大臣、雲居雁を訪れて）
教材82　訓誡類　女二宮に、母御息所の御誡	巻八　雑五（四十二）教戒	『本朝』始＋『紫文』 『紫文』＋『本朝』終 ＊本文一致	夕霧（母御息所の悲嘆）
教材83　訓誡類　紫の上の思ひとりたまへるやう	巻八　雑五（四十三）教戒	始一致　終一致 ＊本文一致	夕霧（源氏の心痛）

抄出した本文の範囲の一致性が高いことから、『紫文消息』及び『紫文製錦』は、『本朝文範』編集の際に参考文献とされた可能性が高い。ただし、『本朝文範』の方が本文の範囲を広く採っている教材もあり、あくまで教材選定の参考に使われたと見るのが妥当であろう。

『源氏物語』からは、『本朝文範』教材の出典として最も多い二二教材が採られているが、そのことは、これに文章の範としての教材価値を見出したということの証左でもある。萩原広道『源氏物語評釈』（嘉永七・『源氏物語余釈』文久元、以下『評釈』）総論は、『本朝文範』緒言でこれを参考にしたことが明言されているものであるが、「此物語に種々の法則ある事」の節では、この物語に和文の「文章の法則《ノリ》」を見出している。また、『本朝文範』記類雑記は『紫文製錦』を参考にしたとおぼしいが、『源氏物語』中から風物の描写を抄出して文範とすることについて、『評釈』「をり〳〵のけしきをかける所の事」では次のように述べている。

さるを近き世に。歌よむ人などの。文章とてかくを見れば。此《ノ》物語などの。さるけしきをかける所などを。こゝかしこかいあつめて。いさゝかばかりつらねたるのみなるを。こと〴〵しくべちに文章とぞいふなる。又それが學びのためにとて。さるくだりどもをかいあつめて。ことに巻をなしたる書《フミ》などもありて。おほかたはさる物を見てぞつくりならふめる。學びのためには。それわろしとにはあらざれど。これをのみ我皇國《ミクニ》の文章ぞと思ひいはんは。かの牛の毛の一すぢとかいふらんほどの事にて。何のかひもなき事なり。おのれはやくそのやうなきことを思ひしりにしかば。いかでさるまなびのために。ふるき文どもをあつめて。其《ノ》法を示さむと思ひたちつゝ。これやかれやとよみ試しかど。此《ノ》物語をおきての外は。これらの法のあひかなひて。文章のほんとなるべきものをさ〳〵なし。

「それが學びのためとて。さるくだりどもをかいあつめて。ことに巻をなしたる書《フミ》など」とは、まさに『紫文製錦』や『紫文消息』を指しているかの如くであるが、文章を学ぶ際の模範として『源氏物語』抄出本を作ることが一つのパターンであったとするなら、これは近世の言語文化の一局面と認定できよう。ここでは、範とすべきは『源氏物語』だけかという問を起こしつつも、この物語しかないと結論づけている。『本朝文範』は、こうした『評釈』における文章の範としての『源氏物語』評価を受け継ぎつつ、「普通文」の資源となる「我皇國《ミクニ》の文章」の範囲を、「ふるき文どもをあつめて」ではなく近世文へと拡充させたのであるが、近世の名文を取り集めること自体は、近世の叢書中に見られたことである。

『本朝文範』の教材のうち和歌の序を除く九一編の内五三編、全体の約五八％の存在が叢書類の中に確認できる。中古の教材は人口に膾炙したもので、近世の教材については、『本朝文範』緒言にある近世国学者の文章を評した箇所から、そうした著作に慣れ親しんでいたことは明らかである。よって教科書編者自身に教材選定の見識は十分に備わっていたと考えられるが、一方で、稲垣『和文読本』に『名和長年に賜はせし御書　扶桑拾葉集後醍醐天皇』を採っていることからも、叢書類を選定の参考にしたというのが実際のところであろう。近代教科書の教材選定は、そのもとに近世の選集という言語文化の素地があり、また実際にそれらを参照するところから始まった考えられる。

なお、次に示すとおり、『本朝文範』以後の教科書に近世の叢書を出典として明記している教科書があり、叢書類から教材文を採るということが一般的に行われた実態がある。

【叢書を出典と明記した教科書】

出典名　教科書編集者名『教科書名』（出版元　出版年）巻数「教材題」

『國文世々農跡』　物集高見『新撰國文中學讀本』（金港堂　明治三〇）九「國文の書どもの論」・「中古體の文」・「近體の文」・「假名文の問答」

『扶桑拾葉集』

久保田貞則『新撰中學讀本』（文学社　明治二三）五「名和長年に賜はせし御書」

今泉定助・畠山健・中川小十郎『普通文教科書』（敬業社・成美堂　明治二四）一「名和長年に賜はせし御書」

中村秋香『中等國語讀本』（金港堂　明治二六）一「花見の記　烏丸光廣」

朝夷六郎・鈴木忠孝『國文教科書』（大日本図書　明治二七）七「子日行幸奉和歌序　平兼盛」

物集高見『新撰國文中學讀本』（金港堂　明治三〇）十「月にうかる丶風流士　扶桑拾葉集にひける定頼家集の内唐物語」

吉川編輯所『新體國文讀本』（吉川半七　明治三三）八「盆山の記　木下勝俊」、十「楠正成が傳の賛　下河邊長流」

育英社編輯所『中等教科國語漢文讀本』（育英社　明治三六）六「醍醐天皇名和長年に賜はせし御書」

『消息文例』

坂本四方太・久保得二『中學國語讀本』（六盟館　明治三四）八「人にものをおくるをりの文　本居宣長」

落合直文『中等國語讀本』（明治書院　明治三四）十「消息文四編　若菜を贈れる友のもとへ」

坂本四方太・久保得二『新體中學讀本』（六盟館　明治三五）九「人にものをおくるをりの文　本居宣長」

『閑田文艸』

物集高見『新撰國文中學讀本』（金港堂　明治三〇）九「得閑亭の記」・「歌の論」・「河原院の舊跡」・「秋の田面をみる」・「里祭」

吉川編輯所『新體國文讀本』（吉川半七　明治三三）六「親の恵　伴資芳」、七「竜門の鯉の

圖に題す　伴資芳」、九「得閑亭の記」
落合直文『中等國語讀本』（明治書院　明治三四）五「河原院の舊跡」
丸山正彦・丸井圭治郎『中學國語漢文讀本』（東洋社　明治三五）二下「山川の遊、山」
上田萬年『中學讀本』（大日本図書　明治四四）八「社寺二題　里祭」
啓成社編輯所『新編國文讀本』（明治四四年　啓成社）七「鯉の圖に題す」
中村秋香『中等國語讀本』（金港堂、明治二六）一「松むし、鈴むし、萤　富士谷成章」・「楠正成が傳の賛　下河辺長流」・「つねに友がきにをしへさとしける詞　賀茂真淵」・「源注拾遺序　阿闍梨契冲」
朝夷六郎・鈴木忠孝『國文教科書』（大日本図書　明治二七）一上「勧学辞　伴蒿蹊」、二上「春べといふことばのみありて夏べとも冬べともいはぬはいかにと問へるに答ふ　本居宣長」・「秋の野に遊ぶ物がたり　作者不知」・「虫えらみのふみ　藤原福雄」・「隅田川に月みる詞　丸山公庸」・「おなじをりにかける文　鵜殿餘野子」・「みさとの書あき人、明學堂なる額といふものに　賀茂季鷹」・「伯夷叔斉の繪にかきつけゝる　荒木田久老」、二下「祭芳宜園大人墓文　村田春海」・「本居ぬしのもとに、はじめておくりける　村田春海」・「常に友がきにをしへさとしける詞　賀茂真淵」・「大阪西山道遠がもたる茶入、小堀遠州の銘、自の筆にて佐山とあるに　本居宣長」・「別をおくる　藤原福雄」・「人のもとめによりてひさごに書きたる詞　荒木田久老」・「松虫、鈴虫、萤　富士谷成章」
藤井乙男『新編國文讀本』（積善館　明治二八）四「くめ子のもとに返事　賀茂真淵」・「月前納涼といふ題にて　本居宣長」・「ふみあき人明學堂の額　賀茂季鷹」

『文苑玉露』

『遺文集覧』　藤井乙男『新編國文讀本』（積善館　明治二八）三上「天明八年正月京の火事　一　二　三　伴蒿蹊」

吉川編輯所『新體國文讀本』（吉川半七　明治三三）九「還幸を拝む記　釈慈延」

『文芸類纂』　小中村義象・今泉定助『中學國文』（吉川半七　明治二九）五「算術　榊原芳野」

落合直文『中等國文讀本』（明治書院　明治三〇）五「算術　榊原芳野」

吉川編輯所『新體國文讀本』（吉川半七　明治三三）一「算術　榊原芳野」

『本朝文範』が先鞭を付けた、叢書類から教材文を採ることは、後の教科書にも受け継がれている。

以上のように、『本朝文範』教材選定には、近世の叢書類との関連性が見出せる。特に、「消息類」においては、物語内消息文を雅文消息手本として集成した近世の著述『消息文例』『消息案文』『紫文消息』を教材選定の参考資料としたことを確認できる。『本朝文範』採録教材と叢書類抄録文との重複は、本和文教科書の編集が、国学と言うばかりではなく広く近世の読書空間との連続性をもって行われたことを示している。

第三節　教材の文章ジャンルと配列

『本朝文範』の教材は、「文類」（文章ジャンル）別にまとめられている。「文類」は、同書緒言末尾に「目録」として、「辭類」、「序類　序　和歌序　同小序　後序」、「記類　記　日記　紀行　雜記」、「論類」、「評類」、「説類」、「辯類」、「教諭類」、「訓誡類」、「消息類」と挙げられているもので、教材はこの順に「文類」見出しを伴って掲載されている。

山根安太郎（一九六六）は、明治一〇年代～二〇年代始めごろの中学校国語教科書の編集について概観し、議・論・説・序など、作文指導のための「文範」編集が行われた事情を説明している。(4)

漢文がなお勢力を有した初期には、教育の内容の一部には漢籍がまる本でつかわれ、経・史の典籍のほかに『唐宋八家文読本』『文章軌範』の類ももちいられていた。漢文直訳体の文章がさかんにおこなわれるようになって、それらを集録した雑纂体教科書が編集されて、上級段階の国語科の資料となった。その一つである漢学者亀谷省軒の『育英文範』などでは、「段落分明ナラザル者ハ、仮令字句妍麗ナルモ文トスルニ足ラス」（巻一・例言　明治一〇・一〇・二〇刊　三ウ）といい、大段・小段・大節・小節にわけて文章の構造をしめし、提綱・眼目以下の語で文章を批評していて、これらは、当時、漢文雑纂教科書や、これを範とする作文書などに常用された文章軌範式漢文修辞法の観点にもとづくものであった。論・説・記・伝・序・跋などの分類による文体分類をもって、文章の正格を知らせ、上級の作文指導にまで応用されていた。

これらの示唆によって、古文の教科書も「文範」と称する形式の編集法がかんがえられ、雅文体の作文指導の範文にしようとするようにもなった。『和文軌範』（明治一六年刊）のごときはあきらかに「文章軌範の例に倣ひ」（巻一凡例一ウ）といい、『本朝文範』（明治一四年刊）の「辞類・序類」（巻上）「記類・論類」（巻中）などの編成がこれをよくしめしている。『中古文鑑』などになると、文章軌範式修辞面の批評を濃厚に表にだしてきている。漢文体系統のものでも、さきの『育英文範』は純粋のかなまじり書きくだし文にしているが、もとの材料は和漢の文人の漢文によっている。この系統のものでは、明治一九年の『小学文範』など、書きくだし文と返点付漢文と半々の編成になるものがあって、内容は雑纂的漢文教科書と通ずる。明治一〇年の『明治文抄』のごときでは、明治初期のいわゆる新思想の大家の手になる「遷都ノ議」大久保利通 巻一「夫婦同権ノ流弊論第二」加藤弘之 巻二「英国議院章程」伊藤博文 巻三などの当時の名時文を集録した内容の新鮮なものもあらわれるが、やはり議・論・説・序などの漢文修辞論のうえにたって編集している。これは小学校の読書と作文を、各教科的読書資料と、日用文・公用文の初歩の作文の程度にみ、中学校では作文を漢文・時文・雅文の三段階とし、教科書もその文範とみたための現象であろう。一時「文範」時代が現出するほどである。

山根によれば、『育英文範』など漢文体系統の教科書における、段落、文章批評、文体別配列からの示唆によって和文教科書における「文範」形式の編集が生まれたとのことであるが、漢文から和文への流れが明治の教科書で初めて起こったのではなく、『本朝文範』で使われている「文類」の名称の多くは近世の和文で既に見られるものである。

『本朝文範』における各「文類」は、それぞれの定義が示されていない。本節では、近世の和漢文の記述からその定義を試みつつ近世とのつながりを探り、明治の時代に教育が必要だと考えられた文章の範囲をとらえることとする。

一　文類の定義

和文集で文章のジャンルを類別することについては、蓮二房支考《れんじぼうしこう》編『本朝文鑑』（享保三版）の題註（※ここでの「題」は文類と同じ）が『文選』『説文』などにおける用例を引用したうえで「題」の説明を試みている。このことからもうかがえるように、和文の類別は、漢文の文類に倣って立てられたものである。

和文で文類を分ける規準については、五老井許六《ごろうせいきょりく》編『風俗文選』（宝永三版）の李由《りゆう》の序では、次のように述べられている。

夫れ漢文は文字の數を定め韻をふみて、其の格まぎれ難かるべし。されど同じ文章をもて、文選と古文とに記する所、其の體相違あれば、漢文とても慥かならずと見えたり。まして和文には、文字の數さだまらず、韻字とてもなし。しかるを去来が鼠賦に、五音相通のかなをもて韻とす。是れ和文に韻をふめる一格なり。あながち韻を用ゐんにもよらず、其の事にしたがひ自由なるべし。向後體をわかつ事は、其の題の趣によつて、其の體をさだむるを、學者心得とすべし。江東僧律師李由字買年於四梅廬序」

和文では文字数などの形態を通じて分類することはできないので、「其の題の趣によつて、其の體をさだむる」という。つまり、文章のテーマや趣旨によって文章の種類を分けるしかないということである。

以下、各文類の義について、近世における漢文及び和文の定義を参照しながら考察する。なお、参考にした『角川古語大辞典』（一九八二年〜一九九九年、角川書店）における解説を各項末に併記した（傍線筆者）。

①「辭類」

漢文における「辭」は、黄堅《こうけん》『魁本大字諸儒箋解古文眞寶後集《かいほんだいじしょじゅせんかいこぶんしんぽうこうしゅう》』（元文五和刻版）に「休齋云。詩變ジテ而爲リレ騷ト。騷變ジテ而爲ルレ辭ト。皆可シレ歌フ也。辭ハ則チ兼ネ二詩騷之聲ヲ一。尤モ簡邃ナル焉者」（巻之一・辭類・秋風辞）とあり、歌うことを前提とした文章である。

和文でも先の『風俗文選』「李由序」にあるように「五音相通のかなをもて韻とす」文がこの類に入る。しかし、『本朝文鑑』「題註」に「或は辭と云ふ時は、詩と騷との聲をかねて三體にも歌ふべしと、尤も漢文の辭を見るに、何にても其の事を序し其の末に辭ありて、必ず叶韻の法を用ゐる。先づは古人の漢文に随ふべし。されど書籍の論によらず、平話に辭と云ふ時は、倭文の一體もあらんかと我が門には試論あり。後の風俗辭に見るべし。」と、和文では韻を踏まない「平話」も「辭」に含めることがあることを示唆している。その内容面については、『本朝文鑑』「題註」の漢文における定義「古文矜式ニ寄レ情深クシテ而語緩シ或ハ説文ニ些二兮ハ詞也」の「寄情深」が相当するものと考えられる。其日庵蓮翁《きじつあんれんおう》『風俗文選通釈』（安政五序）にも「本朝文鑑に、山姥の謡曲をもて辭の類に出せる、是山姥の意を述べたる言葉也。凡謡の曲舞には多く情思を述ぶる、是を以て辭となすべし」とあり、「意」「情思」つまり思いを述べる文章であるという要素がうかがえる。また、荻生徂徠『譯文筌蹄《やくぶんせんてい》』（寛政八、正徳五版、明治九版）には「辭ノ曰クナド、使フ時ハジギサシアヒコウジヤウノコトナリ為《ツクル》レ辭ヲト云フトキハトリツクロヒ口上ヲ云フコトニナルナリ文辭辭章ノトキハコトバヲカザツテ云フ方ナリ」（後編・巻三・十三丁）とある。「トリツクロヒ口上ヲ云フコト」とは場を意識して世辞を言うことであり、「文辭辭章ノトキハコトバヲカザツテ云フ」とは文題を掲げて修辞的に述べることである。「辭」は和文の平文では、思いを美文調で述べた文章ということになると考えられる。

『本朝文範』の「辭類」の教材も思いを述べていることに加えて、韻を踏んだり五音七音を基底にしていなくとも、教材8「橘常樹をかなしむ詞　岡部真淵」のように同語を繰り返したり、教材7「山路孝正が父の七十賀ノの・まとゐの詞　本居宣長」のように近似した意味の語句の繰り返しでリズムを作っている修辞的な文章である。

※『角川古語大辞典』…　①漢文の一体。『古文真宝』の箋解に「詩変じて騒と為り、騒変じて辞と為る。皆歌ふべし。辞は則ち詩騒の声を兼ねて、尤も簡邃なる者」とある。…（以下略）　②①の影響を受けて、俳文や擬古文などで、韻文の調子のある①の文章に見るごとき述懐・思念を表現した文章にこの称を用いている。ただし、人によってその理解が違っているようである。「本朝文鑑に、山姥の謡曲をもて辞の類に出せる、是山姥の意を述べたる言葉也。凡謡の曲舞には多く情思を述ぶる、是を以て辞となすべし」〔風俗文選通釈〕　③修辞を多く加えた文章。「文辞辞章のときはことばをかざり（＝「り」の一字補）て云ふなり」〔訳文筌蹄・後・二〕

②「序類」

漢文では、徐師曽《じょしそう》編『文體明辯《ぶんたいめいべん》』（一五七三、嘉永五和刻版）に「按スルニ爾雅ニ云ハ序緒也ナリ字亦作ルレ叙言ニハ其ノ善ク叙シ二事理ヲ一次第有リテレ序若シ二絲之ノ緒ノ一也」（巻四十四）とあり、「緒」つまりはじまりの言である。

和文の「序」について述べたものでは、服部土芳『白冊子』（安永五版）に「序に、由序《いうじよ》・来序《らいじよ》・内序《ないじよ》といふ三体あり。由は起るよしを書き、来は是より先の事を書き、内はその書の内の事を書くなり。この三体を一つにして、序一つにも書く事なり。跋は踏み留るなり。序あつて跋あり。序も跋もそのいふ所同じ。跋は序を猶委しくいひたるものなり。踏み留りて委しくするの心なり。」とある。ここに示された序の三体のうち「由は起るよしを書き」は事のいきさつを記すことで、『本朝文範』の和歌序や和歌小序などはこれにあたる。来序とは能や狂言などで神聖荘重な役の登退場の際の囃子を指す語である。「来は是より先の事を書き」とは、これから起こることを予告する内容のものであると考えられるが『本朝文範』の序にこれにあたるものは無い。「内はその書の内の事を書く」とあるのは書の内容の紹介で『本朝文範』教材10「清田絢所蔵源氏物語ノ序　富士谷成章」や教材11「和訓栞ノ序　本居宣長」などがこれにあたる。『白冊子』に「序も跋もそのいふ所同じ」とあるように、『本朝文範』においても、教材29「枕草子の跋　清少納言」などの跋文がこの類に収められている。

なお、『本朝文範』「序類」は、「序　和歌序　同小序　後序」と小分類がなされている。

※『角川古語大辞典』：②漢文の文体の一。詩文の初めに、その述作の意図を述べ、あるいはその詩文の作られた催し開催の意図を述べるもの。『文体明弁』の「按ずるに、爾雅に云ふ、序、緒也、字亦叙に作る。其の善く事理次第を叙するに序あること糸の緒の若くなるを言ふ。又之を大序と謂ふは、則ち小序に対して言ふ也。其の体為る二有り、一に曰ふ、議論、二に曰ふ叙事。…其の叙事にまた正変二体有り。其の題に某序と曰ひ序某（某ニ序ス）と曰ひ、字或は序に作り叙に作る、惟作者意に随て之に命け、異義無き也」という。和文の俳文でもこれに模して

作った。「子等を思ふ歌一首幷びに序」〔万葉。八〇二題詞〕「早朝講文、題は水樹多佳趣、斉名朝臣出す所也。韻は深字、以言朝臣、序は匡衡朝臣」〔御堂関白記・長保元・五・七〕「序・記・賦・説・解・箴・辞など少づゝ、差別有べし」〔宇陀法師〕③書物のはしがき。序文。跋（ばつ）の対。「北海集之事、序之事、申し越され候」〔芭蕉書簡・元禄五・一・一六・句空宛カ〕

③「記類」

漢文では、『文體明辯』に「按《スルニ》二金石例《ヲ》一云記者《ハ》紀《スル》レ事《ヲ》之文也《ナリ》」〔巻四十九〕とあり、記事文である。

和文については、『本朝文鑑』題註は「記　説文《ニ》謂《フ》二一々《ニ》分別《シテ》記《スルヲ》レ之《ヲ》廬曰以備《フ》レ不《ルニ》レ忘《レ》也」と漢文における意を挙げ「或は賦と記とも相似たれど、賦は當前の物を書き竝べて文法に風流を盡し、記は往古の起りを記して文法は實體なるべし。但し賦には叶韵の法もあらん。」「或は記と銘とも相似たれど、記は其の事を記し銘は其の意を銘すと云ふべし。況んや銘は簡約にして文に法ありと註したれば、多くは序詞ありて銘あらんは、記と格別の所あり。但し紀と記は同じ。」「或は傳と記とも相似たれど、人の起りを傳と云ひ、物の起りを記と云ふ」としている。『本朝文範』教材33「筑後國山門《ノ》郡本郷馬場《ノ》記　富士谷成章」など「往古の起り」「物の起り」を記した文章である。『白冊子』には「記はその物を記すの心なり。格は序・跋に同じ。心の違ひのみ」とあり、対象となるモノやコトについて記す文章の意である。『風俗文選』東華坊支考序には「日記はおのれがおぼえ書なれば、人の見てえ知らぬ事をも、我は見てあそぶらんかし。記と紀とは、同じ心ながら、旅には紀行といふ事もあるにや」とある。

『本朝文範』でも、「紀」と「記」が共にこの文類に含まれており、「日記　紀行　雜記」に小分類されている。『本朝文範』の「記類」も、教材32「臨瀛閣の記　富士谷成章」が対象の情景を記し、教材33「筑後國山門郡本郷馬場記　富士谷成章」が対象の「往古の起り」を記すなど、出来事や事物を記す記事文である。

※『角川古語大辞典』…　②事の次第をしるした文章。歴史的記録。日記すなわち「日次（ヒナミ）の記」や記録を、『小右記』『御堂関白記』『明月記』のごとくに称することが多い。「Qi　でんき〈年代記または歴史書〉」〔日ポ〕「むかしの上宮太子の御筆の中楽延年の記を叡覧なるに」〔花伝・四〕「李部王の記といふふみの名の李の字心得がたし」〔玉勝間・四〕「記と紀とは同じ心ながら、旅には紀行といふ事もあるにや」〔風俗文選・支考序〕③シナで立てられた文体の一。事実をそのまま記し述べる文。叙事を主とし、議論を交えるものを変体とする。『文体明弁』に「記は事を紀するの文なり。……物に託して以て意を寓する者有り。之に首むるに序を以てして韻語を以て記と為す者有り。篇末に系る詩歌を以てする者有り」とある。『池亭記』『富士山記』の類。「記とて、かれこれに記し置ける文あれど、こと繁ければ、覚ゆるばかりを書きたるなり」〔発心集・四〕「記はその物を記すの心也。格は序・跋に同じ。心の違ひのみ」〔白冊子〕

④「論類」

漢文では、『文體明辯』に「按《スルニ》字書《ニ》云論者《ハ》議也《ナリ》。劉勰《カ》云論者《ハ》倫也《ナリ》」（巻三十八）（※劉勰《りゅうきょう》…南朝梁の文学評論家）とあり、意見を戦わせること、人の道を述べる意がある。また、陳繹曽《ちんえきそ》『文章欧治《ぶんしょうおうち》』（元禄元和刻版）に「依《テ》㆓事理之正《ニ》㆒實而論《スル》㆓其《ノ》是非《ヲ》㆒者」（古文譜三）とあり、事の道理の正しさや真実に基づいて是非を述べる意もある。

和文では、九条兼実『玉葉』に「答此旨、定房不語、頗有論」（承安三年二月二三日）とあり、この用例では意見・見解のことである。『本朝文鑑』「題註」は「論　文式論《ニ》宜《シ》㆓曲折深遠《ナル》㆒也或《ハ》曰反復《シテ》盡《ス》㆓事《ノ》情《ヲ》㆒也」と漢文における意を挙げ「或は論と解とは各別の趣ながら、論ずれば解する理ありて、書き立て見れば、其の文はまぎるゝなり。されど、論は究めて相對する物を論じ、解は大むね一物の理を解す。論は悉く物をむづかしう云ひかけて、曲折深遠に論ずれば、解してもそれを論ずる事なり」としている。和文における「論」は、世に対立する意見があるような事柄について反復して事情を尽くして考えを深く巡らし述べる文章の類であると考えられる。

『本朝文範』の「論類」も、教材60「道を行ふさだ　本居宣長」や教材61「一向に偏ることの論　本居宣長」のように、自らと異なる意見がある事柄について、考えを深く巡らし述べた文章である。

※『角川古語大辞典』…①物事の道理についての意見を述べること。議論。「論ロン」〔前田本字類抄〕「其座に先達あまた侍しもかた〴〵分れて、大いなる論にてなん侍し」〔無名抄〕③漢文の文体の一。自己の意見を述べ主張する文。『文体明弁』に「論者議也」とある。「論ロン〈文名〉」〔前田本字類抄〕「薫蕕を弁ずる論」〔本朝文粋・一二〕

⑤「評類」

漢文では、『文體明辯』に「按字書云《ニ》評《ハ》品評也《ナリ》」（巻四十八）とあり、品定めや評価を行う文章の意である。和文では、「曲水宛芭蕉書簡」に「世上之俗諧皆皆ふるび果候処に、かかる新智めづらしく、段段とりわき評に不及」（元禄四年）とあり、批評の意である。この類は、和文においても漢文と同様の意と認められ、物事の善悪・可否・価値などを論じ定める文章の類であると考えられる。

『本朝文範』の「評類」も、教材62「四季の評　枕草子　清少納言」・教材63「花のさだめ　本居宣長」・教材64「春秋の夜の評　源氏物語　紫式部」・教材65「淵は　枕草子　清少納言」・教材66「歌のさだ　僧契沖」・教材67「鎌倉《ノ》右大臣の家集の評　岡部真淵」・教材68「傍いたきもの　枕草子　清少納言」のように、あるテーマをめぐる論評である。

※『角川古語大辞典』…物品・事柄などの価値の善悪・良否を論じ定めること。また、その評価のことば。「評に曰。書頭に王威を挙げ、次に武将の徳を立て、天地人の三部に分つ事世々の風俗に順ふ所、其の理奥深し」〔後太平記評判・一〕「評に曰、文正は片田舎の野夫なり」〔艶道通鑑・三〕

⑥「説類」

漢文では、野間三竹《のまさんちく》編『文體明辯粋抄《ぶんたいめいべんすいしょう》』（元禄七版）に「按《スルニ》字書云説《クハ》解也《ナリ》述也《ナリ》。解《ハ》釋《シテ》義理《ヲ》而《シテ》以《テ》己《カ》意《ヲ》述《フ》之《ヲ》也」（巻之下）とあり、正しい筋道を解き明かして自分の意見を述べる文章の意である。また、『文章欧治』に「平二説《シ》其事《ヲ》一可否是非自見《ル》二言外《ニ》一」（古文譜三）とあり、分かりやすく説く中に可否是非の見解を言外にこめた文章の意である。

和文では、『本朝文鑑』「題註」に「或は説と辨とは物の理非を一合して、明辨に説き分くる所は相似たれど、説は虚誑の理を以て人の心を感動し、辨は實有の理を演べて其の事を辨別すれば、説辨の二様は各別なり。倭文に虚實の取り違ひあり」とあり、本来は例えを用いて言外に本義を伝える文章であるが、和文では辨と混同されているとする。

『本朝文範』の「説類」は、教材69「古よりも後世《ノ》のまされる事　本居宣長」や教材70「手かくこと　本居宣長」のように、例を挙げながら書き手の可否是非の見解を述べる文章である。

※『角川古語大辞典』…③漢文の文体の一。『文章欧治』に「其の事を平説して、可否是非の自ら言外に見る」を説とする。『文体明弁粋抄』には「按ずるに、字書に説は解也、述也と。解は義理を釈して而して己が意を以て、之を述ぶる也。説之名は説卦に起る。漢の許慎説文を作る。亦た其の名を祖として、篇に命ず。…曹植の集中に二首有り。而も文選に載せず、故に其体闕けり。之を要するに、経義を伝へて而して更に己が見を出す。縦横抑揚は、詳贍を以て上と為す而已。論と大に異なる無き也。…又名説字説有り。其の名同じといへども、施す所は則ち異なり、故に別に一類と為す」と説明がある。わが国の文章でも俳文、狂歌師の狂文、時に擬古文にも、漢文の体に学んで、この称で文を作った。「簑虫の説は是に答ふるの詞也。されば此文は虚誑に詞を設けて諷諭するの説なり」（風俗文選通解・一二）「蓮を栽る説、洛南金鈴庵に在るの日之を著す」（関白文章・一）

⑦「辯類」

『文體明辯粋抄』に「按《スルニ》字書《ニ》云《ク》辯《ハ》判別也《ナリ》。其《ノ》字従《ヒ》レ言《ニ》或《ハ》従《フ》レ刂《ニ》蓋《シ》執《テ》二其《ノ》言行《ノ》之是非真偽《ヲ》一而《シテ》以《テ》二大儀《ヲ》一断《ル》レ之《ヲ》也。」

（巻之下）とあり、言行の是非真偽について大儀の観点から判別・判断する文章の意である。また、『文章欧治』に「重複辨折《シテ》以決《ス》二是非之極致《ヲ》一」（古文譜三）とあり、あれこれを弁じ分けて是非の極致を決する文章とされている。

和文では、先の「説」の項で引用したとおり『本朝文鑑』の題註に「辨は實有の理を演べて其の事を辨別すれば」とあり、対象となる題材そのものについて真偽を判別・判断する文章である。

『本朝文範』の「辯類」も、教材74「今の人の歌文、ひがこと多きこと　本居宣長」や教材75「から國聖人の世の祥瑞といふもの　本居宣長」のように、世に誤った理解があることについての真偽を判断する文章である。

※『角川古語大辞典』…②物事・言行の是非・真偽を明らかにすること。また、そのような目的で作られた漢文。わが国でこれに倣って、俳文などで解説的な文章に題した。「先ず難を一つ設けて、其の難を解してわきまうるを弁と曰ふ也」（古文真宝彦竜抄）「天狗弁…手足弁」（風俗文選）「こゝをもて漫《そゞろ》に蛇足の辨《べん》を添ふ。所謂雞頭花を栽《う》ゆるに、牛車を用るのたぐひなるべし」（弓張月後・二二）

⑧「教諭類」

文章ジャンルとしての「教諭」という名称は、管見の限りでは近世書に見当たらない。近世の「教諭」は、これは、『本朝文範』緒言の「かく類をわくる中には、古人のかつていはぬ名目等《ドモ》も雑《マジ》れるが事新しき」にあたるものと考えられ、これを新設したということは、稲垣が明治の時代に必要なジャンルとして創り出したと考えられる。

ただし、漢文において「教」は、『文體明辯粋抄』に「按《スルニ》劉勰云教者《クハ》效也《ナリ》。言出而《テ》民效也《ナリ》」（巻之上）とある。「效」の字は「効」である。「諭」は、『文章欧治』に「和《ケ》レ顔《ヲ》温《テ》レ辭《ヲ》暁《ス》二諭於人《ヲ》一」（古文譜三）とあり、穏やかに人に言い聞かせることである。

『本朝文範』教材76「常に友がきにをしへさとしける　岡部真淵」・教材77「物學は．その道をよくえらびて．入りそむべきこと　本居宣長」は、学びの道を教え諭す文章である。また、教材78「紫上に．源氏君の御訓　源氏物語　紫式部」は、登場人物が女子教育について道を説く台詞が「教諭」の文章として使われている。

⑨「訓誡類」

「訓誡」という類も近世書に見当たらず、これも「かく類をわくる中には．古人のかつていはぬ名目等《ドモ》も雑《マジ》れるが事新しき」もの、稲垣が明治の時代に必要なジャンルとして創り出したものと考えられる。

ただし、漢文において「誡」は、『文體明辯粋抄』に「按《ニ》字書二云《ク》一戒者《ハ》警敕之《ノ》辭。字本作《ト》レ誡《ニ》」（巻之下）とあり、「警敕（勅）之辭」は、「いましめの文章。『文章欧治』には「正《シ》レ辭《ヲ》嚴《ニシ》レ色《ヲ》規二儆《ス》於人《ヲ》一」（古文譜三）とあり、「規」は「いさめる」、「儆」は「いましめる」の意。正しい言葉で威厳ある様子で人を戒める文章である。

『本朝文範』の「訓誡」は、教材79「弟子にいましめをく詞　本居宣長」や教材80「新なる説を出すこと　本居宣長」などのように、物事の是非や善悪などを戒める文章の類である。教材81「内大臣殿の．姫君を戒めたまふ詞　源氏物語　紫式部」のように物語中の人物の人を戒める台詞も教材文に使われている。いずれも道を説く文章と言える。

⑩「消息類」

「消息」の名は、漢文の叢書では文章のジャンル分けには使われない。「消息」とすることで和文の手紙文であることを表していると考えられる。和文であるから個人的な用向きの手紙である。川島茂樹『消息文梯』（文化一二・文政六版）序の付には、

　せうそことて。消息とかきて。消は往なり息は来ルことにて。つねにいふ文通書音をも。またゞにとひこたふる便のことをも。ともにせうそことていへるなり。とある物知り人のいはれけるは。さればせうそこと

いふは。もじこゑのまゝにとなふること葉としるべし。さていまこゝにいへる消息文はみやび言もてかきかはすをいへるにて。こは中むかしの頃に。源氏の物がたりをはじめて。すべてのもの語文のうちにのみありて。いとあがりたる世にも。はた後の世にも見えざるをちかき世に岡辺の翁の哥もふみもすべて心たかく物したまへるまゝに。中むかしのふりなるふみをかきてをり〳〵人におくられしより。今はおほかたみやびにたる友どちかたみにかきかよはすことゝぞなりにけれ。…（以下略）

とある。「消息」という言葉自体は手紙一般を指すが、『消息文梯』は「みやび文」を書くためのものであるという。『本朝文範』における「消息類」は、特に『源氏物語』を中心とした物語中の消息文と近世の国学関連の人の手になる消息文であり、『消息文梯』と同じく「みやび文」を書くことを想定したものであるところが特徴で、ここにも近世からの文化的な脈絡が見て取れる。

※『角川古語大辞典』…「せうそく」―③個人的な安否や動静、用件・意向などを手紙で通報すること。また、その手紙。

二　文類別編集のねらい

文類別に編集することの意味について、『本朝文範』緒言で、次のように述べられている。

かく類をわくる中には．古人のかつていはぬ名目等《ドモ》も雜《マジ》れるが事新しきを．彼此《トカク》いひもどく人もあるべけれど．文のしなわけといふことせざりし世には．さてもありなんを．今にしては．此を学ばんにも教へんにも．かゝらずては．甚《イト》便あしくて．反《ナカ〳〵》に文の学に進みもてゆく助なきわざなればと．只其方に心ひかれて．かく物しつるなり

「学ばんにも教へんにも」の「便」、「文《ふみ》の学《まなび》に進みもてゆく助」として、つまり教授・学習の工夫として辞や序などの類別が必要だと述べられている。教材は「文範」つまり文章を書くための手本であり、文章のジャンルごとに文体を学ぶという実用向きの編集である。ここには、文章のジャンルごとに規範となるものが違うという認識が示されていると言える。

前項で見た類別の総体は、この時代の言語生活にどんな文章を書くことが必要かという範囲を示していると言える。その範囲の概略は、「辭」＝美文でリズムを伴って思いを綴る文章、「序」＝ことの経緯や書物の紹介文、「記」＝出来事や事物を記す記事文、「論」＝意見文、「評」＝論評文、「説」＝可否是非の見解を述べる文章、「辯」＝真偽を明らかにする文章、「教諭」＝教え諭す文章、「訓誡」＝是非善悪を戒める文章、「消息」＝雅文の私信。これらは、文体としては雅文を基調としながらも、いずれも実用的な用途の文章であると言えよう。「教諭」「訓誡」という新たな文種を加えていることから、この教科書で学ぶ者がいずれ人に教え諭したり訓戒を垂れることになることが想定されていると考えられる。これら各文種の文章を実用的に使いこなすことを目指していることから、学習成果の実態はさておき、学習の先に相当に高い学力と教養を身に付けた人間の育成が想定されていることになる。

「文類」による教材配列は、発達段階を考慮しないものとなる。各教材の配列は、文章のテーマによる配置である。「記類」の「雑記」を例にとれば、先ず、教材43「初春　源氏物語　紫式部」→教材44「梅　源氏物語　紫式部」→教材45「暮春　狭衣物語　大貳三位」→教材46「閑中五月雨　藤井高尚」→教材47「納涼　源氏物語　紫式部」→教材48「夕顔　源氏物語　紫式部」→教材49「虫　源氏物語　紫式部」→教材50「月の宴　榮花物語　赤染衛門」→教材51「暮秋　小野山のさま　源氏物語　紫式部」→教材52「冬月　源氏物語　紫式部」と季節の展開に沿って情景を記した文章が並ぶ。さらに、教材53「雨風　源氏君須磨にて御祓の處　源氏物語　紫式部」・

教材54「文學　源氏物語　紫式部」・教材55「音樂　住吉浦にての處　源氏物語　紫式部」・教材56「喪事　桐壺の更衣の葬の處　源氏物語　紫式部」と題材に即した情景を記した文章が並置されている。続く教材57「常行《ノ》大将の山科《ノ》宮に石奉れる時のこと　伊勢物語　在原業平」・教材58「亭子帝に、黒主歌奉りしこと　大和物語　不知作者」・教材59「荘子見《テ》二畜類《ノ》所行《ヲ》一走逃《リル、》語　今昔物語　源隆國」は、出来事を記す記事文ということでまとまって配置されていると考えられる。各類を通して、様々なテーマの文章を配置したものとなっており、近似したテーマのものが近接して配置されていると考えられる。つまり、こういう文種で、こういうテーマで書くとき、この文章がモデルになるという「文範」集としての性格が強く表れた配列である。

同時期の和文教科書では、里見義《さとみただし》編『和文軌範』（明治一六年、辻謙之介、阪上半七）は「遍中紀事序跋戰記日記、慶賀哀傷等、悉く編集すれども、初學の厭倦を恐れ、區別を建てず、或は紀事序跋、或は雑體と混じて出す」（巻一凡例）として類を分けていない。『和文軌範』が文章のジャンル別の指導を考慮していないことからは、『本朝文範』に比して読むための教科書としての性格が強いことがうかがえる。

『本朝文範』は、近世以前の特に和文集の「文類」意識を基にしつつ新たな編目を加えて編集された。これは、近代教科書として明治の人が書くべき文章（「普通文」）の全体像を言語教育の場に提示しようとした最初期の試みと位置付けることができよう。

ここで見た「文類」編集は、「教材化」ということの本質の一端を炙り出している。原著のテクストは、「文類」の枠で選択されその用途における教材として位置付けられることで、原著におけるものとは異なる新たな価値（意味）を帯びることになる。例えば、「記」類では、物語内の情景描写が切り取られて、叙事文となる。さらに、後述の「標」等の工夫が加えられることで、こういう季節のこういう事柄を文章に書くときは、こういう表現で書くということに焦点が絞られる。「教諭」類や「消息」類においても、物語内の登場人物の言動が描写されたものが、「文類」の枠で部分的に切り取られて、道を説く文章や手紙文としての意味が付与される。このことは、「序」として書かれた文章が「序」類に、「評」として書かれた文章が「評」類に採られたような場合でも、文章ジャンルが前景化して文章が意味付けられるという構図においては同様である。このような教材化によるテクストの意味付けの変容は、教科書教材が編集によって「創造された」(5)テクストであるということをよく示している。

（1）揖斐高「和文体の模索——和漢と雅俗の間で——」『文学』第6巻第3号、岩波書店、一九九五年。
（2）井上宗男・平山城児・小内一明・松原正子「扶桑拾葉集伝本書目、付異本・続集・八州文藻及び類纂本伝本書目」『立教大学日本文学』12、立教大学日本文学会、一九六四年。
（3）森田雅也「近世後期和文集の越境——『文苑玉露』から『遺文集覧』へ——」『日本文学』45、日本文学協会、一九九六年
（4）山根安太郎『国語教育史研究——近代国語科教育の形成——』溝本積善館、一九六六年、330頁。
（5）ハルオ・シラネ、鈴木登美編『創造された古典』（新曜社、一九九九年）で指摘されていることと同様である。

第三章　『本朝文範』教材本文の検討

本章では、『本朝文範』の教材本文がいかに検討されたかという問題を取り上げ、近世言語文化からの脈絡と近代教科書としての意図を考察する。

第一節　本文の決定

本節では、『本朝文範』教材の出典として最も多い二三教材が採られている『源氏物語』および本居宣長教材を取り上げ、近世の諸テクストと比較することで、教材本文を決めていくという営みの一端を探る。

「第二章第二節　教材選定における近世叢書との関連性」において、『源氏物語』からの教材については、『紫文消息』や『紫文製錦』を引用箇所選定の参考にした可能性が高いが、本文自体はそのまま使用したのではなく、『源氏物語』諸本にあたって検討していると考えられることを述べた。『源氏物語』は、異本が多く、近世には種々の版本が流布した。阿部秋生・岡一男・山岸徳平編著『増補　国語国文学研究史大成4　源氏物語下』[1]によれば、近世に出版された『源氏物語』の版本は、慶長の頃の古活字版、嵯峨本、『絵入源氏』（承応三、一六五四）、能登永閑『万水一露』（寛文三、一六六三）、一華堂切臨『源義弁引抄』（万治年間、一六五八―一六六〇）、一竿斎『首書源氏物語』（寛永一七成稿、一六四〇）、北村季吟『源氏物語湖月抄』（延宝三、一六七五）で、これらのほかは本文を全部掲載した本は出なかったとある。特に『源氏物語湖月抄』の出版によって『源氏物語』が急速に広く流布したといい、『玉の小櫛』（本居宣長、寛政八成稿、一七九六）、『源註余滴』（石川雅望、刊年不明）など後の注釈書もこれを論じたことからも、近世においては『源氏物語湖月抄』が『源氏物語』本文としての中心的役割を果たしたと見てよかろう。なお、明治二三年に博文館から出された『日本文学全書』の第八編〜第一二編（落合直文・小中村義象・萩野由之校）に入っており、『国書総目録』に挙げられている活字本ではこれが最初のものとなる。

定家本を中心に『源氏物語』諸本と『本朝文範』との本文比較を行ったのが表1である。比較作業は、池田亀鑑『源氏物語大成　校異篇』(2)によって、まず『本朝文範』と定家本の相違箇所を抽出、次にその箇所についてその他の本の記述を確認した。あわせて他の本における別の箇所の異同も確認した。『源氏物語湖月抄』本文(3)も参考として付しているが、近世注釈書については改めて述べる。

一　『本朝文範』と『源氏物語』諸本の本文

【表1　『本朝文範』と『源氏物語』諸本の本文】

※仮名遣いの変更、仮名表記の漢字表記への変更、濁音表記への変更、音便変化、句読点の挿入については、教材化における変更とみなして、表中に取り上げていない。

※『源氏物語大成』掲載の諸本とその略称（『本朝文範』教材出典の章段のみ）

【青】　青表紙本　青…青表紙本全て

定…定家本・保坂潤治氏蔵・藤原定家筆「早蕨」

大…大島本・大島雅太郎氏蔵・道増筆「桐壺」、飛鳥井雅康筆「夕顔」「須磨」「乙女」「常夏」「行幸」「若菜下」「鈴虫」「夕霧」「椎本」「総角」「早蕨」

池…池田本・桃園文庫蔵・傳二條爲明筆「桐壺」「帚木」「夕顔」「須磨」「乙女」「初音」「常夏」「行幸」「若菜下」「夕霧」「椎本」「総角」「早蕨」

【河】河内本

横…横山本・横山敬次郎氏蔵「桐壺」「夕顔」「須磨」「乙女」「初音」「常夏」「行幸」「若菜下」「鈴虫」「夕霧」「早蕨」

肖…肖柏本・桃園文庫蔵・牡丹花肖柏筆「桐壺」「夕顔」「須磨」「乙女」「初音」「常夏」「行幸」「若菜下」「鈴虫」「夕霧」「椎本」「総角」「早蕨」

三…三條西家本・三條西伯爵家蔵「桐壺」「帚木」「夕顔」「須磨」「乙女」「初音」「常夏」「行幸」「若菜下」「鈴虫」「夕霧」「椎本」「総角」「早蕨」

榊…榊原家本・榊原子爵家蔵・傳二條爲氏筆「夕顔」「若菜下」

秀…靜嘉堂文庫蔵・傳冷泉爲秀筆「帚木」

慈…靜嘉堂文庫蔵・傳慈鎮筆「初音」

爲…爲家本・靜嘉堂文庫蔵・傳藤原爲家筆「常夏」

佐…佐々木信綱氏蔵・傳二條爲明筆「常夏」

飯…飯島春敬氏蔵「須磨」

平…平瀬陸氏蔵・傳伏見宸筆以下各筆「乙女」

御…御物本・東山御文庫御蔵「夕顔」「行幸」「総角」「早蕨」

陽…陽明家本・近衛公爵家蔵・傳三條實経筆「若菜下」

島…大島雅太郎氏蔵・傳二條爲氏筆「鈴虫」

西…西下経一氏蔵「鈴虫」

河…河内本全て

宮…高松宮家本・高松宮家御蔵「鈴虫」、近衛政家筆「桐壺」、就山筆「帚木」、万里小路春房・宗山筆「夕顔」、範意筆「須磨」、一條冬良筆「乙女」、隆旬筆「初音」「常夏」「若菜下」、中御門宣秀筆「夕霧」「早蕨」、東坊城和長筆「椎本」、竹屋治光筆「総角」

尾…尾州家本・徳川侯爵家蔵・傳京極良経筆「桐壺」、傳慈鎮筆「帚木」、傳九條道家筆「夕顔」、傳藤原俊成筆「須磨」、傳清水谷實秋筆「乙女」「初音」「行幸」「早蕨」、傳九條道家筆「常夏」、傳一條内経筆「若菜下」「夕霧」、傳二條爲道筆「総角」

爲…爲家本・前田侯爵家蔵・傳藤原爲家筆「桐壺」「鈴虫」、靜嘉堂文庫蔵・傳藤原爲家筆「早蕨」

平…平瀬本・平瀬陸氏蔵・傳二條爲世「桐壺」、傳藤原爲家筆「帚木」、傳花園院宸筆「須磨」、傳藤原爲家又ハ藤原俊成筆「常夏」、傳二條爲宗筆「若菜下」、傳冷泉爲相筆「鈴虫」、傳藤原俊成又ハ冷泉爲相筆「夕霧」

御…御物本・東山御文庫御蔵「乙女」「初音」「常夏」「若菜下」「鈴虫」「椎本」

七…七毫源氏・東山御文庫御蔵・傳二條爲明筆「帚木」「乙女」、傳慶運筆「夕顔」、傳頓阿筆「須磨」、政綱筆「行幸」、傳兼好筆「若菜下」、傳後醍醐天皇宸筆「夕霧」、傳淨辨筆「椎本」、「総角」「早蕨」

飯…飯島春敬氏蔵「初音」

大…大島本・大島雅太郎氏蔵「帚木」「夕顔」「須磨」「乙女」「初音」「常夏」「行幸」「若菜下」「鈴虫」「夕霧」「椎本」「総角」

加…（加持井宮家舊蔵）桃園文庫蔵「夕霧」

鳳…鳳来寺本・鳳来寺蔵「夕顔」「乙女」「初音」「常夏」「行幸」「若菜下」「鈴虫」「夕霧」「椎本」「総角」「早蕨」

富…富田仙助氏蔵・傳藤原爲家筆「常夏」

國…國冬本・桃園文庫蔵・傳飛鳥井頼孝筆「若菜下」、傳甘露寺伊長筆「椎本」、傳十市遠忠筆「総角」

俊…宮崎半兵衛氏蔵・傳藤原俊成筆「鈴虫」

【別】別本

前…前田侯爵家蔵・傳摂津守國冬筆「総角」

別…別本全て

陽…陽明家本・近衛公爵家蔵・傳後深草院宸筆「桐壺」、傳祐春筆「帚木」、傳越中局筆「夕顔」、傳甘露寺資経筆「須磨」、傳三條公房筆「乙女」、傳西園寺公経筆「常夏」、傳九條教實「行幸」、傳九條教家筆「鈴虫」「早蕨」、傳九條道家筆「夕霧」、「椎本」、傳二條爲定筆「総角」

大…大島本・大島雅太郎氏蔵・飛鳥井雅康筆「初音」

御…御物本・東山御文庫御蔵「桐壺」「須磨」「夕霧」

保…保坂本・保坂潤治氏蔵「乙女」「初音」「常夏」「行幸」「若菜下」「鈴虫」「夕霧」、傳空雅筆「常夏」、「椎本」「総角」「早蕨」

國…國冬本・桃園文庫蔵・傳津守國冬筆「桐壺」「帚木」「乙女」「夕霧」

麥…麥生本・桃園文庫蔵・麥生鑑綱筆「桐壺」「乙女」「初音」「行幸」「鈴虫」「夕霧」「早蕨」

阿…阿里莫本・桃園文庫蔵「乙女」「初音」「若菜下」「鈴虫」「夕霧」「早蕨」

讃…七海兵吉氏蔵・傳二條院讃岐筆「乙女」

平…平瀬本・平瀬陸氏蔵・傳慈鎮筆「総角」、傳二條爲世又ハ冷泉爲相筆「早蕨」

言…大島雅太郎氏蔵・山科言経自筆書入「鈴虫」

横…横山本・横山敬次郎氏蔵「椎本」「総角」

※『本朝文範』欄のゴシック体は、一致する本がない表現。

※『源氏物語湖月抄』及び『源氏物語』諸本欄の「●全文一致」は、『本朝文範』と相違箇所がないことを表す。

※『源氏物語湖月抄』及び『源氏物語』諸本欄の「*同表現」は、当該表現が『本朝文範』と一致していることを表す。「*同表現」にあって「●全文一致」にない本は、他の箇所に相違がある。

※『源氏物語』諸本欄の「!当該表現の本なし」は、『本朝文範』と同じ表現の本がないことを表す。

『本朝文範』		『源氏物語湖月抄』	『源氏物語』諸本　同枠内上段は底本（「桐壺」「初音」は池田本、その他は大島本）の表現		巻名（場面）
教材43　記類雑記　初春	①**うららけさは** ②いろづきそめ ③霞に ④**みがき給へる**	①うららかげさには ②＊同表現 ③＊同表現 ④みかきましたまへる	①うら丶けさには ②いろつきはしめ ③かすみの ④みかきましたまへる	①！当該表現の本なし ②！当該表現の本なし ③＊同表現【青】横慈肖三【河】河 ④！当該表現の本なし	初音（新春の六条院）
教材44　記類雑記　梅		●全文一致		●全文一致【青】大肖【河】御七宮尾平鳳國	若菜下（女楽）
教材47　記類雑記　納涼	※ゐなかいへだつ ①心とゞめて	※ゐ中家《なかや》だつ（ルビ） ●全文一致	①心とめて	①＊同表現【青】池三秀【河】河【別】別 ●全文一致【青】池三	帚木（紀伊守邸）
教材48　記類雑記　夕顔	①つまごとに	①つまなどに（※「ごとイ」の傍注あり）	①つまなとに	①＊同表現【青】肖三【河】河【別】別 ●全文一致【青】肖	夕顔（いと青やかなるかづらの）
教材49　記類雑記　虫	①松虫のなん ②**すくなけれ**	①＊同表現 ②すくなかなれ	①まつ虫なん ②すくなかなれ	①＊同表現【青】三、【河】御、【別】陽 ②！当該表現の本なし	鈴虫（鈴虫のふりいでたるほど）
教材51　記類雑記　暮秋　小野山のさま	①滝の音は	①滝のこゑは	①たきのこゑは	①＊同表現【別】麥阿	夕霧（九月十余日）

教材52　記類雑記 冬月	①ふるひねもす ②**簾**《ミス》（※ルビ） ③かすかなるを	①ふる日ひねもすに ②すだれ ③＊同表現	①ふる日ひねもすに ②すたれ ③かすかなるひゝきを	①！当該表現の本なし ②！当該表現の本なし ③＊同表現【青】池御三	総角（月夜の雪景色）
教材53　記類雑記 風雨	①たちきて ②**か〻る**（※「サマ」の傍注あり）**は** ③ふけど	①＊同表現 ②かかるめは ③＊同表現	①たちて ②か丶るめは ③ふくも	①＊同表現【青】横肖三池飯【別】御 ②！当該表現の本なし ③＊同表現【青】横肖三【河】河【別】陽	須磨（三月上巳、暴風雨）
教材54　記類雑記 文學	①いとおもしろし ②さま	●全文一致	①おもしろし ②よし	①＊同表現【青】三池肖平【河】河【別】讃陽保麥阿 ②＊同表現【青】三 ●全文一致【青】三	乙女（字つける儀式の後）
教材55　記類雑記 音樂	①吹立たる ②**外に** ③**と〻のへたる方** ④かざしの花の ⑤おもひわたる ⑥すはうがさね	①＊同表現 ②ほかにて ③とゝのへとりたるかた ④＊同表現 ⑤＊同表現 ⑥＊同表現	①ふきたてたるは ②ほかにて ③と丶のへとりたる方 ④かさしの ⑤思ひわたさる ⑥すわうがさねの	①＊同表現【青】池横肖陽三【河】御七宮尾鳳國 ②！当該表現の本なし ③！当該表現の本なし ④＊同表現【青】池横榊肖三陽【河】河【別】別 ⑤！当該表現の本なし ⑥＊同表現【河】河	若菜下（住吉参詣）

教材56　記類雑記 喪事　桐壺の更衣の葬の處	①同じ煙にも ②車より ③まどひ	●全文一致	①おなしけふりに ②くるまよりも ③まろひ	①＊同表現【青】肖三【別】御麥 ②＊同表現【青】肖三【別】國 ③＊同表現【青】肖三横【別】陽國麥 ●全文一致【青】肖三	桐壺（更衣の葬送）
教材64　評類 春秋の夜の評	①夜ふけゆく風のけはひ ②花の露も ③すみのぼりはてなん ④侍りけり（※「るカ」の傍注あり） ⑤得あきらめはつまじく	●全文一致	①夜ふけゆくけはひ ②花のつゆにも ③すみのほりはてすなむ ④侍ける ⑤えあきらめははつましく	①！当該表現の本なし ②＊同表現【青】横榊池陽肖三【河】河【別】阿 ③＊同表現【青】横【河】七 ④！当該表現の本なし ⑤＊同表現【青】横池陽肖三【河】御七宮尾平鳳國	若菜下（源氏と夕霧の音楽評）
教材78　教諭類 紫上に、源氏君の御訓		●全文一致		●全文一致【青】大陽【河】御宮尾平大鳳	若菜下（朧月夜の出家につけて）
教材81　訓誡類 内大臣殿の、姫君を戒めたまふ詞	①うちすてたるさまにもてなしたるは ②よみ ③あらせじ ④ゆるゝかに	①うちすてさまにもてなしたる（※「はイ」の傍注あり） ②＊同表現 ③＊同表現 ④＊同表現	①うちすてさまにもてなしたる ②よみて ③あらし ④ぬるらかに	①＊同表現【河】宮尾富平大【別】國 ②＊同表現【青】肖【別】保 ③＊同表現【青】池 ④＊同表現【青】三	常夏（内大臣、雲居雁を訪れて）

教材82 訓誡類 女二宮	①こゝろおさなくて	●全文一致	①をさなくて	①＊同表現【青】池横肖三【河】宮尾平加鳳大【別】別 ●全文一致【青】池	夕霧（母御息所の悲嘆）
教材83 訓誡類 紫上の思ひとりたまへるやう	①物のあはれをもをかしきことをも ②ほうしばら	●全文一致	①物のあはれおりおかしき事をも ②こほうしはら	①＊同表現【青】池【河】河【別】御陽保麥阿 ②＊同表現【青】肖【河】宮尾加鳳【別】御麥阿	夕霧（源氏の心痛）
教材85 消息類 阿闍梨より、中の君に	①年あらたまりて（※「ハ」の傍注あり）	①年あらたまりては	①年あらたまりては	①＊同表現【別】平	早蕨（新年）
教材89 消息類 匂宮より、宇治の中君へ	①けしきを	●全文一致	①けしき	①＊同表現【青】前池三肖、【河】河【別】別 ●全文一致【青】前池三【河】七宮大鳳【別】	椎本（匂宮の心寄せ）
教材92 消息類 大宮より、内大臣殿をむかへたまひに	①人めの	①人め		●全文一致【青】大池肖三	行幸（内大臣、三条宮を訪う）
教材100 消息類 源氏君、須磨にうつろはんとし給ふ時、東宮にさぶらふ王命婦の許へ	①まゐらずなりぬるなん	①まゐり侍らず成りぬるなん	①まいりはへらすなりぬるなん	①！当該表現の本なし	須磨（春宮への消息）

教材105　消息類 朱雀院より，女三宮へ		●全文一致		●全文一致【青】大肖三	若菜下（院から女三宮へ消息）
教材107　消息類 桐壺の更衣うせたまひて後，帝より，更衣の母の御もとへ	①いはけなき人も ②こはぎがもと	①＊同表現 ②こはぎがうへ	①いはけなきひとを ②こはぎかうへ	①＊同表現【青】横肖三【河】河【別】別 ②＊同表現【別】麥陽	桐壺（勅使靫負命婦、母君を訪れる）

右表中、『本朝文範』教材47の「ゐなかいへだつ」が、『源氏物語湖月抄』で「ゐ中家《なかや》だつ」とあるのは、ルビによる相違のため、教科書編者の校訂作業によるものと判断した。

『本朝文範』全教材を通して、同一本文の本はない。『本朝文範』教材64で「侍りけり」に「るカ」の傍注があるが、これは底本の「けり」に従いつつ、係り結びから注を付けたもの。諸本は、すべて「ける」である。教材53の「かかるは」の「かかる」の後には「サマ」の傍注があるが、諸本ではすべて「かかるめは」となっている。また、教材85で「年あらたまりて」の後に「ハ」の傍注がある。これと同一の別本の平瀬本を除いて、他の本では「年あらたまりては」となっている。こうした注記による修正をわざわざ施していることが、これら諸本とは別の底本の存在を示している。

表中「●全文一致」と表記した同一本文九教材については、河内本や別本にもあるものの、そのすべてが青表紙本の系統の本にあるため、本教科書編集は、青表紙系統の本を底本にしたと考えて良かろう。青表紙系統本の本別には全文一致数が三条西家本五、肖柏本四、池田本三、大島本三であるのに対して、『源氏物語湖月抄』は一〇教材と同一で、こちらの方がより近い本文と言える。

そこで、次に、近世注釈書との本文の異同を確認する。近世の版本『源氏物語湖月抄』、『首書源氏物語』、『源氏物語評釈』の本文は青表紙系統の本である。(4) 各書の本文と『本朝文範』教材本文との相違を表2で示した。萩原広道『源氏物語評釈』(嘉永七・『源氏物語余釈』文久元)は、『本朝文範』緒言で「其総論にいへる事どもは. ことにまめやかにて. 初學の便となることおほければ. おのが此書には. それに倣ひて物しつ.」と述べられており、直接参看が明らかなのであるが、花宴の巻までしか書かれていないため、本文を依拠したとしても桐壺、帚木、夕顔から採った四教材のみである。『紫文製錦』『紫文消息』については、教材採録範囲の一部に広狭があるものの、『本朝文範』全教材が掲載されていることから、あわせて掲載した。なお、表中にはないが、『絵入源氏』も他の注釈書の一致状況と大きな差異はなかった。(5)

二 『本朝文範』と『源氏物語』近世注釈書の本文

【表2 『本朝文範』と『源氏物語』近世注釈書の本文】

※『紫文製錦』及び『紫文消息』は抄出本のため、『本朝文範』とは本文の採録範囲が前後している箇所がある。本文範囲の異同については「第二章第二節二 叢書からの教材選定」で述べた。

※『源氏物語湖月抄』は『源氏物語古注釈大成・巻10〜12』(誠進社、一九七八年)による。

※『首書源氏物語』は、今泉忠義校訂『首書源氏物語本文』(東京圖書出版株式會社、一九四四年)による。

※『源氏物語評釋』は、『源氏物語古注釈大成・巻4』(誠進社、一九七八年)による。

※仮名遣いの変更、仮名表記の漢字表記への変更、濁音表記への変更、音便変化、句読点の挿入については、教材化における変更とみなして、表中に取り上げていない。

※『本朝文範』欄のゴシック体は、一致する本がない表現。
※「*同表現」は、当該表現が一致。
※「●全文一致」は、本文が完全一致。

教材文類・題	『本朝文範』	『紫文製錦』『紫文消息』	『源氏物語湖月抄』	『首書源氏物語』	『源氏物語評釈』	巻名・場面
教材43　記類 雑記　初春	①**うららけさは** ②いろづきそめ ③**みがき給へる**	①うら、げさには ②*同表現 ③みかきましたまへる	①うららかげさには ②*同表現 ③みかきましたまへる	①うららかげさには ②いろづきはじめ ③みかきまし給へる	[この巻なし]	初音（新春の六条院）
教材44　記類 雑記　梅	①ゆるらかに	●全文一致	●全文一致	①ゆるるかに	[この巻なし]	若菜下（女楽）
教材47　記類 雑記　納涼	※ゐなかいへだつ	※ゐなか家だつ ●全文一致	※ゐ中《なか》家《や》だつ ●全文一致	※ゐ中家《ヤ》だつ ●全文一致	※ゐなか家だつ ●全文一致	帚木（紀伊守邸）
教材48　記類 雑記　夕顔	①みずゐじん ②つまごとに	①御随身の ②つまなどに	①*同表現 ②つまなどに （※「ごとイ」の傍注あり）	●全文一致	●全文一致	夕顔（いと青やかなるかづらの）
教材49　記類 雑記　虫	①松虫のなん ②すくなけれ	●全文一致	①*同表現 ②すくなかなれ	①松むしなむ ②すくなかなれ	[この巻なし]	鈴虫（鈴虫のふりいでたるほど）
教材51　記類 雑記　暮秋 小野山のさま	①滝の音は	①滝のこゑは	①滝のこゑは	①滝のこゑは	[この巻なし]	夕霧（九月十余日）

教材52 記類 雑記 冬月	①ひねもす ※簾《ミス》（ルビで「ミス」） ②かすかなるを	①＊同表現 ※すだれ ②＊同表現	①日ひねもすに ※すだれ ②＊同表現	①日ひねもすに ※すだれ ②かすかなるひびきを	[この巻なし]	総角（月夜の雪景色）
教材53 記類 雑記 風雨 源氏君須磨にて御祓の處	①かゝる（※「サマ」の傍注あり）は ②風などはふけど	①かかるめは ②風などふけど	①かかるめは ②＊同表現	①かかるめは ②＊同表現	[この巻なし]	須磨（三月上巳、暴風雨）
教材54 記類 雑記 文學		●全文一致	●全文一致	●全文一致	[この巻なし]	乙女（字つける儀式の後）
教材55 記類 雑記 音樂 住吉浦にての處	①外に ②とゝのへたる方	●全文一致	①ほかにて ②ととのへとりたるかた	①ほかにて ②ととのへとりたるかた	[この巻なし]	若菜下（住吉参詣）
教材56 記類 雑記 喪事 桐壺の更衣の葬の處		●全文一致	●全文一致	●全文一致	●全文一致	桐壺（更衣の葬送）
教材64 記類 評類 春秋の夜の評	①夜ふけゆく風のけはひ ②春の朧月夜よ	●全文一致	●全文一致	①夜更けゆけば、けはひ ②春の朧月夜より	[この巻なし]	若菜下（源氏と夕霧の音楽評）

	③すみのぼりはてなん			③すみのぼりはてずなん		
教材78　教諭類　紫上に源氏君の御訓		●全文一致	●全文一致	●全文一致	［この巻なし］	若菜下（朧月夜の出家につけて）
教材81　訓誡類　内大臣殿の、姫君を戒めたまふ詞	①もてなしたるは ②ゆるゝかに	①もてなしたる	①もてなしたる（※「はイ」の傍注あり） ②＊同表現	①＊同表現 ②ぬるるらかに	［この巻なし］	常夏（内大臣、雲居雁を訪れて）
教材82　訓誡類　女二宮に、母御息所の御誡	①さばかりおぼろげにて	●全文一致	●全文一致	①おぼろげにて	［この巻なし］	夕霧（母御息所の悲嘆）
教材83　訓誡類　紫上の思ひとりたまへるやう	①身をもてなすさま ②もののあはれをもをかしきことをも ③ものにはあらずや	●全文一致	●全文一致	①身をもてなすべきさま ②もののあはれをりをかしきことをも ③ものにあらずや	［この巻なし］	夕霧（源氏の心痛）
教材85　消息類　阿闍梨より、中の君に	①年あらたまりて ②あまたのはるを、つみしかば、つねをわすれぬ	①＊同表現 ②あまたのとしをつみしかばをりをわすれぬ	①年あらたまりては ②＊同表現	①年あらたまりては ②＊同表現	［この巻なし］	早蕨（新年）

教材89 消息 類 匂宮より．宇治の中君へ		●全文一致	●全文一致	●全文一致	［この巻なし］	椎本（匂宮の心寄せ）
教材92 消息 類 大宮より．内大臣殿をむかへたまひに	①ものさびしげに ②人めのいとほしうも	●全文一致	①＊同表現 ②人めいとほしうも	①ものさびしげにて ②人めのいとほしく	［この巻なし］	行幸（内大臣、三条宮を訪う）
教材100 消息 類 源氏君．須磨にうつろはんとし給ふ時．東宮にさぶらふ王命婦の許へ	①まゐらずなるぬる ②おしはかりて	①＊同表現 ②おしはかりとり	①まゐり侍らず成りぬる ②＊同表現	①まゐり侍らずなりぬる ②＊同表現	［この巻なし］	須磨（春宮への消息）
教材105 消息 類 朱雀院より．女三宮へ	①なやみ給ふなるさまは	①なやみたまふさまは	●全文一致	●全文一致	［この巻なし］	若菜下（院から女三宮へ消息）
教材107 消息 類 桐壺の更衣うせたまひて後．帝より	①いともかしこきは ②こはぎがもとぞ	①いともかたじけなきは ②こはぎが上ぞ	①＊同表現 ②こはぎがうへそ	①＊同表現 ②こはぎがうへぞ	①＊同表現 ②こはぎがうへぞ	桐壺（勅使靫負命婦、母君を訪れる）

り．更衣の母の御もとへ

『本朝文範』本文と全文一致箇所が多かった順に、『紫文製錦』・『紫文消息』一二（※一部採録範囲の広狭あり）、『源氏物語湖月抄』一〇、『首書源氏物語』七、『源氏物語評釈』三（※四教材のみの所収）である。『源氏物語評釈』は、『本朝文範』教材107の「こはぎがもとぞ」以外に相違箇所がなく、緒言にあるようにこの本文を参考にしたことは間違いなかろう。この「こはぎがもとぞ」は、同一表現が諸本にも注釈書にもなく、直前の「宮城野の露ふき結ぶ風のおとに小萩がもとをおもひこそやれ」に惹かれた誤植の可能性がある。今回調査したものとは異なる本が参照された可能性もあるが、諸本及び近世注釈書を校合したと見るのが妥当ではないかと考えられる。「枕草子の跋　清少納言」頭注にも「枕草子數本を校へ合せて引けり」とある。以下、諸本及び注釈書と比して、校合の形跡が見られる箇所である。

・『本朝文範』教材52は「簾」の字に「ミス」とルビを振っているが、『源氏物語湖月抄』は本文が仮名表記で「すだれ」である。

この箇所は、『本朝文範』が使った底本には漢字表記で「簾」とあり、これに教科書編者が「ミス」というルビを振ったのではないかと考えられる。

・『本朝文範』教材53の「かゝるは」は、『源氏物語』諸本及び『源氏物語湖月抄』ではすべて「かゝるめは」であるが、『本朝文範』は、「る」の字の右下に「サマ」を、本文に言葉を補う際の記号「｜」を冠して付している。

・教材55の「外に」は、『源氏物語』諸本及び『源氏物語湖月抄』ではすべて「ほかにて」であるが、『本朝文範』は、「外」の字の右下に「ノ処」、「に」の字の右下に「テ」を本文に言葉を補う際の記号「－」を冠して付している。同様に、教材85の「年あらたまりて」は別本系の一種を除いて『源氏物語』諸本及び『源氏物語湖月抄』では「年あらたまりては」となっているが、『本朝文範』は「て」の字の右下に「ハ」を本文に言葉を補う際の記号「－」を冠して付している。

これらは、『本朝文範』の本文にはない文字が書き落とされたのではなく、あくまで参考にした底本にしたがって本文が作られつつ、その上で解釈を加えて理解を助ける言葉を補ったということを示している。

・『本朝文範』教材64の「侍りけり」は、諸本では「侍ける」の用例しかないが、注釈書では同一。『本朝文範』はこの箇所が「なむ」の結びの語であるために「るカ」の傍注を付している。

この部分の表記は、『本朝文範』が参考にした底本には「侍りけり」とあったということを示している。底本を尊重しつつ、文法的に正しい文になるよう注を加えている。

・句読点の付け方の相違は、右表中には掲載していないが、ここにも校合の跡がうかがえる。『本朝文範』教材83では「常なき夜のつれ〴〵をも．なぐさむべき**ぞ**は．おほかた．者のこゝろしらず」（ゴシック体は筆者による。以下同。）の「ぞ」の字の右下に「コレ」を本文に言葉を補う際の記号「－」を冠して付している。「ぞ」を終助詞と解釈しての本文である。『源氏物語湖月抄』も同じ。これに対して、『首書源氏物語』は、「常なき夜のつれ〴〵をも．なぐさむべき．**そ**は、おほかたの心知らず」となっている。この場合「そ」は代名詞である。読点をどこで打つかという本文解釈による相違点である。「なぐさむべきぞは．」は、不審な表現であるが、これをそのまま載せたのは、底本にそう表記されていたことを示している。底本を尊重した上で、解釈を加えている。

諸本付き合わせて本文の校合を行ったとすれば、おそらくこうした解釈の吟味を通して教材本文が決定されたと考えられる。

近世の教材については、『本朝文範』緒言にある近世の文章評に見られるように、教科書編者がこうした注釈書著者の作に慣れ親しんでいたことは明らかで、それらを参照できる環境にあったと考えられる。ちなみに、賀茂真淵著の一〇教材の収録されている『賀茂翁家集』は、文化三年、文化一四年、嘉永三年、刊年不明の各版本があり、版を重ねていることから広く流布したものと考えられる。本居宣長の『玉勝間』は、文化二年、文政元年～三年の写本の他、多数の写本・版本が残存しており、明治九年の版本もある。これも広く流布したものと考えられる。二二教材と『源氏物語』と並んで多く採られている本居宣長教材について、『本朝文範』と原著・叢書との本文の異同を表3に示した。

三　『本朝文範』本居宣長教材と『鈴屋集』、『扶桑残葉集』・『文苑玉露』の本文

【表3　『本朝文範』本居宣長教材と『鈴屋集』、『扶桑残葉集』・『文苑玉露』の本文】

※傍線部は、『本朝文範』教材と異なる箇所。□部は『本朝文範』教材の語句が当該本には不在である箇所を示す。

※本文比較の便宜上、『本朝文範』の「」事の全く竟たる処に此標を附く」及び「━一事の暫《ク》竟たる処に此標を附く」にあわせて、各本文を改行した。

※『鈴屋集』は、国文学研究資料館享和版による。

※『扶桑残葉集』西尾市岩瀬（写）による。

※『文苑玉露』国文学研究資料館蔵石野家本（版）による。

（※）は傍注で補われた文字。

『本朝文範』

【教材1】

八月十五夜．稲掛棟《ノ》隆《ガ》家の會に．そこにてかける　本居宣長

むねたかのぬし．今は．俗ながら．悦可とほうし名をさへつきて．ひたぶるにほとけのみちに心をよせて．風のおとむしのねにつけても．たゞそなたざまの心をのみなんふかくたどりつゝ．此世のかたざまのことゝては．清くおもひすてられたるあまりに．花・紅葉のあだなる色も．すさましとやおもはるらん．おのづからうたよまるゝことも．たえ〴〵になんなりにける

されど．むすこの大平なん．かのむかしのこゝろざしをつぎて．此しきしまの道にいりたちものせらるゝ．ほどなれば．望月のまとゐは．かくることなく．ありしまゝになんありける

こよひは．いつの月よりも．ことにおもしろく興ありて．みな人はしちかく

『鈴屋集』

『鈴屋集』六

八月十五夜稲掛棟隆家會にそこにてかける文

むねたかのぬし．今は．俗ながら．悦可とほうし名ををさへつきて．ひたぶるに佛の道に心をよせて．風の音むしのねにつけても．たゞそなたざまの心をのみなむ、ふかくたどりつゝ．此世のかたざまのことゝては．きよく思ひすてられたるあまりに．花紅葉のあだなる色も．すさましとやおもはるらむ．おのづから哥よまるゝことも．絶々になむなりにける．

されどむすこの大ひらなむ．かのむかしの心ざしをつぎて．此しきしまの道に．いりたち物せらるゝほどなれば．もち月の圓居は．かくることなく．有しまゝになむ有ける．

こよひはいつの月よりも．ことにおもしろくけう有て．みな人はしちかく出

『扶桑残葉集』・『文苑玉露』

『扶桑残葉集』巻十九

八月十五夜稲掛棟隆家に當座の文

棟隆のぬし今は俗なから悦可とはうし名ををさへつきてひたふるに仏の道に心をよせて風の音虫のねにつけてもたゝそなたさまの心をのみなん深くたどりつゝ此よのかたさまの事とてはきよくおもひすてられたるあまり□花紅葉のあたなる色もうしとや思はるらんおのつから哥よまるゝ事も絶ゝになんなりにける

されと茂穂のぬしなんちゝのむかしの心さしをつきて此しきしまの道にいりたち物せらるゝほとなれはもち月のまとゐはかりはかくることなくありしまゝになんありける

こよひはいつの月よりもことにおもしろくけうありてみな人はしちかく出ゐ

いでゐて、めであへるほど、軒ちかくふきくる風につきて、萩のはおとのひま〴〵に此俗ひじりの、よひのおこなひのどきやうの聲の、たえ〴〵聞えくるも、いとあはれにたふときものから、またさまでやは、とよみてやる、

ほかゆくと、きゝつるものを、月をさへうき世のものと、おもひすつらむ」

ゐて、めであへるほど、軒ちかく吹くる風につきて、萩の葉音のひま〴〵に、このぞくひじりの、宵のおこなひのどきやうの聲の、たえ〴〵聞えくるも、いとあはれにたふとき物から、又さまでやはと、よみてやる、

　ほかゆくと聞つるものを月をさへうきよの物とおもひすつらむ

て月見るほと軒ちかく吹くる風につきて萩の葉音のひま〳〵にかのぞくひしりの宵のおこなひのときやうの聲のたえ〳〵聞くるもいとあはれにたふときものから又またさまでやはとおもはれてよみてやる

　ほかゆくとき、つる□をなと月だにもうきよのものと思ひすつらん

【教材3】

　述懐といふことを題にてかける　本居宣長

きのふはけふのむかしにて、はかなくのみすぎにすぎゆく世のなかを、つく〴〵とおもへば、あはれわが世もいくほどぞや」

手をゝりてかぞふれば、はやみそぢにもあまりにけり」

いのちながくして、七十・八十いけらんにてだに、はやくなかばすぎぬるよとおもへば、まだよごもれるやうなる身も、ゆくさきほどなきこゝちのみし

『鈴屋集』七

　述懐といふことを題にてかける

昨日はけふのむかしにて、はかなくのみすぎにすぎゆく世の中を、つく〴〵と思へば、あはれわが世も、いくほどぞや、

手をゝりてかぞふれば、はやみそぢにもあまりにけり、

命長く□て、七十八十いけらむにてだに、はやくなかばゝ過ぬるよと思へば、まだよごもれるやうなる身も、ゆくさきほどなきこゝちの□して、心

『扶桑残葉集』巻十九

　述懐□

きのふはけふのむかしにてはかなくのみうつりもてゆく世中のありさま□つく〳〵と思はあはれわがよもいくほとそや

手をゝりて過ぬる年月をかそふれははや三十になんあまりにぬる

命なかく□てなゝそち八十いけらんにてだに□なかはゝへぬるよと思は何はかり高きよはひにもあらずまたよごもれるやうなる身もゆくさき猶

て、心ぼそくぞおぼゆる」
かくのみ、はかなき木草鳥獣のおなじつらに、なにすとしもなくあかしくらしつゝ、いけるかぎりの世をつくして、いたづらに、苔の下にくちはてなんは、いとくちをしくいふかひなかるべきことゝおもふにも、萬にいたりすくなく、つたなき身にしあれば、何ごとをしりてかは、世の人にもかずまへられ、なからん後のよに、くちせぬ名をだにとゞめまし、と人に似ぬおろかさへとりそへて、かなしく心うかりけり—

さりとてはた、身をえうなきものに、はふらかしつべきにもあらず、かくのみつたなくおろかなる心ながら、何事にまれ、おこたりなく、わが心にいれて、つとめたらんに、つひに、ひとつゆゑづけて、なのめにしいづるふしも

ぼそくぞおぼゆる、
かくのみはかなく、こゝろなき木草鳥けだものゝおなじつらに、なにすとしもなく、あかしくらしつゝ、いけるかぎりのよをつくして、いたづらに苔の下にくちはてなむは、いとくちをしく、いふかひなかるべきことゝ思おもふにも、よろづにいたりすくなく、つたなき身にしあれば、何事をしいでゝかは、よの人にもかずまへられ、なからん後のよに、くちせぬ名をだにとゞめましと、いとゞ人にゝぬおろかさゝへとりそへてぞ、かなしくこゝろうかりける。

さりとてはた、身をえうなき物に、はふらかしはつべきにしもあらず、かくのみつたなくおろかなる心ながら、何わざにまれ、おこたりなく、わざと心にいれて、つとめたらむに、つひにはひとつゆゑづけて、なのめにしいづる

ほとなきこゝち□して心ほそくそ覚ゆる
かかるにつきても、心なき木草鳥けたものゝおなしつらにて何すとしもなく明しくらしつゝいけるかきりの身をつくしていたづらに苔の下にくちはてなんはいとくちをしくあさましかりぬへき事と思ふにも□萬につたなくいたうはかなき身にしあれば何事をしいてゝかは世の人にもかすまへられなからん後の世にくちせぬ名をもとゞめましといとゞ人に似ぬおろかさへとり〳〵そへて□心うし

さりとてはた身をようなきものにはふらかしはつべきにもあらずさる□□愚なる心なから何いさにまれおこたりなく□心にいれてつとめつらんにつひにひとつゆゑつけて□しいつる事もなどかはなか

などかなからん．とあいなだのみにかゝりてなん
ふしも．などかはなからむと．あいなだのみにかゝりてなむ．
らんとあいなたのみにかゝりてなん 『文苑玉露』 　述懐といふことを題にてかける 昨日はけふのむかしにて、はかなくのみすすぎゆく世の中を、つく〴〵とおもへば、あはれわが世も、いくほどぞや、 手をゝりてかぞふれば、はやみそぢにもあまりにけり、 いのちながく□て、七十八十いけらんにてだに、はやくなかばゝ過ぬるよとおもへば、まだよごもれるやうなる身も、ゆくさきほどなきこゝちのみして、こゝろぼそくぞおぼゆる、 かくのみ、はかなく．こゝろなき木草鳥けだものゝおなじつらに、なにすとしもなく、あかしくらしつゝ、いけるかぎりのよをつくして、いたづらに苔のしたに□はてなむは、いとくちをしくいふかひなかるべきことゝおも

【教材6】

稲掛《ノ》太平が家の業のみかべの詞．又その長うた　本居宣長

稲がけの大ひらの子が．遠つおやの世より．家のなりとつくりてうるものはも．まめをひたしてほとばして．うす

『鈴屋集』六

稲掛昭隆が家の業のみかべの詞又其長歌

いながけのあき隆の子が．遠つおやのよゝり．いへのなりと造りてうるものはも．まめをひたしてほとばして．う

ふにも、よろづにいたりすくなく、つたなき身にしあれば、何事をしいで、かは世の人にもかずまへられ、なからん後の世に、くちせぬ名をだにとゞめ（ま）しと、いとゞ人にゝぬおろかさ（さ）へとりそへてぞ、かなしくこゝろうかりける、

さりとてはた、身をえうなき物に、はふらかしはつべきにしもあらず、かくのみつたなくおろかなるこゝろながら、何わざにまれ、おこたりなく、わざと心にいれて、つとめたらむに、つひにはひとつゆゑつけて、なのめにしいづるふしも、などかはなからんと、あいなだのみにかゝりてなん

にすりて．しぼりて．にておしてかためてなせるもの．あたひやすくていやしからず．あぢはひあはくてみやびたれば．月に日に．けに．いやめづらに．くさ〴〵にとゝのへて．たかきみじかき人みなの．朝な夕なとめでくふものなり━ こゝに．大平が父なる棟隆は．としごろおもひわたらくは．此物よ．みやび名の聞えこずて．よにあやしきからなをのみよびあへるこそ．いともふさはね．「いかで．よき名をあらせてしが」と．とき〴〵にいひもいでつゝ．うれふなりときゝて．おのれはたうべなりとおもふに．いでやちかき世のならひ．物の名つくるに．花や．雪やと．なまめきたるすぢを．わざとえりいでたるも．ことさらびて．なか〳〵におむかしからず．たゞ何とはなしに．ふるめきたるこそ．みやびてはあれと．かにかくにおもひめぐらして．「かの
すにすりて．しぼりてにて．おしてかためてなせる物．あたひやすくていやしからず．あぢはひあはくてみやびたれば．月に日にけにいやめづらに．くさ〴〵にとゝのへて．高きみじかき人みなの．朝な夕なとめでくふものなり． こゝに．昭隆が父なる棟隆は．としごろ思ひわたらくは．此物よ．みやび名の聞えこずて．よにあやしきから名をのみよびあへるこそ．いともふさはね．いかでよき名をあらせてしがと．とき〴〵にいひも出つゝ．うれふなりときゝて．おのれはたうべなりと思ふに．いでやちかきよのならひ．物の名つくるに．花や雪やとなまめきたるすぢを．わざとえり出たるも．ことさらびて．中〳〵におむかしからず．たゞ何とはなしに．ふるめきたるこそ．みやびてはあれと．かにかくに思ひめぐらして．かのしらにもてぬりたるもの

しらにもてぬりたる物を．おもひよせたるをみなことばを．古ざまにいひなしてみかべとよばゞいかにあらん．」と大平にしかたらへば．「それいとよけん．」と手うちてめでほとばしる時に．われもとも〴〵うちあげうたへる．そのうたは．たふときや．おほげつひめの．神のおほみゝよ．あやしくも．なりいでしまめの．その豆の．とけてこゞりて．山河の．いはもとゞろに．おちたぎつ．たぎのみなわの．たへのほに．なれるみかべは．ときじくに．七重花さく．八重はなさく」

を．思ひよせたる．をみな言葉を．いにしへざまにいひなして．みかべとよばゞ．いかにあらんと棟隆にしかたらへば．それいとよけんと．手うちてめでほとばしる時に．我もとも〴〵うちあげうたへる．そのうたは．たふときや．大げつひめの．神の大御身よ．あやしくも．なり出しまめの．そのまめの．とけてこゞりて．山川の．いはもとゞろに．おちたぎつ．たぎのみなわの．たへの穂に．なれる御かべは．ときじくに．七重花さく．八重花さく．

【教材7】

山路孝正が父の七十賀の．まとゐの詞

人々つどへて．歌よみのまとゐをなん物せられける．

さるは．なにとなく．鳥をあはれみ霞をめづる．をりからのすさみわざにしもあらず．父ぬしの今年七十のよはひ

『鈴屋集』六

山路孝正父七十賀彼家圓居の詞

安永二年のきさらぎの七日の夜．山路氏の家に人々つどへて．哥よみの圓居をなむ物せられける．

さるはなにとなく．鳥をあはれみ霞をめづる．をりからのすさみわざにしもあらず．父ぬしの．今年なゝそぢのよ

『扶桑残葉集』巻十九

山路孝正が父の七十賀の圓居の詞

安永二年のきさらぎの七日の夜．山路氏の家に人々あつめて敷島のやまとうたをなんものせられける

さるはいたづらに鳥をあはれみ霞をめつるをりからの心やりのみにはあらす父なる人のことしなゝそぢに□

たらひたまへる．たゞなほやはあるべき．とてゆくさきいのる心ばへを．みづからもよみ．人にもよませて．ことぶきせんとにぞありける―

そも〳〵．松がえのときはの言のはも．世にふるめかしく．ちひろの竹のためし．はためづらしきふしもなかめればとて．時につけたる木艸の中に．のこるよはひの遠山櫻．風しづかなる花のさかりによそへたる．浅からぬあるじの心の色香をそへて．よものこのめも．はるのよのさかづき．めぐる月日の．かぎりなく．ちよにやちよに栄えいませと．おいたるわかき．もろこゑにうちあげつゝ．あくるもしらで．あそぶまとゐのたのしさを．かたはしかきつゞくるも．ゑひのまぎれは．いかにひがことおほからん」

はひたらひ給へる．たゞなほやは有べきとて．ゆくさきいのる心ばへを．みづからもよみ．人にもよませて．ことぶきせむとにぞ有ける．

そも〳〵松がえのときはの言の葉も．世にふるめかしく．千ひろの竹のためしはた．めづらしきふしもなかめればとて．時につけたる木草の中に．のこるよはひの遠山櫻．風しづかなる花のさかりによそへたる．浅からぬあるじの心の色香をそへて．よものこのめも．はるの夜のさかづき．めぐる月日のかぎりなく．千世にやちよに栄えいませと．おいたるわかきもろ聲にうちあげつゝ．あくるもしらで．あそぶまとゐのたのしさを．かたはしかきつゞくるも．ゑひのまぎれは．いかにひがことおほからむ．

たらひ給ふなる

たゝなほやは有べきとて行さきをいのる心はへをみつからもよみたまひ人にもよませて古きこと〳〵なくてゐ（本ノマゝ）はんとなりけり

そも〳〵．まつかえのときはのことのはも世にふるめかしく千尋の竹のためしはためつらしきふしもなかめれは□時につけたる木艸の中にのこるよはひの遠山さくら風しづかなる花のさかりによそへたる

浅からぬあるしのこゝろの色香をそへてよものこのめも春のよのさかつきめくる月日のかきりなくちよ□さかえませ〳〵とおいたるわかきもろ聲にうちあけつゝあくるもしらてるあそふ圓居のたのしさをかたはしかきつくるもゑひのまぎれは□ひかこともやあなかしこ

【教材11】

和訓栞《ノ》序　本居宣長

天つ神の御子の命を．ひさかたの天のやちまたにむかへまつりて．あまぎらふ八重棚雲をおしわけつゝ．朝日のたゞさす日向の國にあもります．玉ぼこの道のしるべと．御さきにたゝしてつかへまつりし．猿田毘《ノ》古大神の．つひにとゞまりましまして．かしこきや皇大御神の行幸をしも．まちとりまつらしゝ．此神風のいせの國におちたぎつ音高く．天のした四方に聞ゆる谷川のをぢ．かの狭長田の五十鈴の川水．清きながれをむすびあげつゝ．ひたぶるにあかずのみあぢはひて．言霊のさきはへたすくる．大御國のくすしきことわりを．うまらにさとれる心もて．石上．ふるの神杉．ふるきをはじめ．今の世のいやしきしづが．とがまにさわたる．ましばの枝のかた葉まで．こち〴〵の山の．大かひをかひのしげき

『鈴屋集』六

谷川士清和訓栞乃序

天つ神の御子の命を．ひさかたの天の八ちまたに．むかへまつりて．あまぎらふ八重棚雲をおしわけつゝ．朝日のたゞさす日むかの國にあもります．玉ほこの道のしるべと．御さきにたゝして．つかへまつりし猿田毘《ノ》古大神の．つひにとゞまりまし〳〵て．かしこきや皇大御神の行幸をしも．まちとりまつらしゝ．此神風のいせの國におちたぎつ音高く．天の下よもに聞ゆる谷川のをぢ．かの狭長田の五十鈴の河水．清きながれをむすびあげつゝ．ひたぶるにあかずのみあぢはひて．言霊のさきはへたすくる．大御國のくすしきことわりを．うまらにさとれる心もて．いそのかみふるの神杉．ふるきをはじめ．今の世のいやしきしづが．利鎌にさわたる．真柴の枝のかた葉まで．こち〴〵の山の．大かひをかひのしげ木

『扶桑残葉集』巻十九

和訓栞《ノ》序　本居宣長

天津神の御子の尊を．久かたの天の八衢にむかへまつりてあまきらふ八重な｜｜る雲をおし分つゝ朝日のたゝさす日向の國にあもります玉鉾の道のしるへと御さきにたゝしてつかへまつりし猿田彦大神のつひにとゝまりまし〳〵てかしこきや皇大御神の幸行をしもまちとりまつらして｜此神風のいせの國に落滝つ音高く天の下よもに聞ゆ谷川の老《ヲ》翁か**持**《チ》（※彼カ）狭長田の五十鈴の川水清きなかれをむすひあけつゝひたふるにあかすのみ味ひて言霊のさきはへたすくる大御國のくすしきことわりをうまらにさとれる心もていそのかみふるの神杉ふるきをはしめ今の世のいやしき賤かとかまにさわたる真柴の枝の片葉までこち〴〵の山の**ち**（※大カ）かひ**ふ**（※小カ）かひのしけ木か本をかきわけたつねていたらぬくまなくよ

が本を．かきわけたづねて．いたらぬくまなく．世にありとしある．言のはのしをりをなも物せられける」
此しをりのまに〳〵．とめつゝわけもていりてば．はやましげ山．やみのよのゆくさきしらぬ人どもゝ．今より後は．おぼ〳〵しき朝霧のまどひなく．百たらず八十のくまぢも．やすらけくふみ見んものぞと．名におはしたる谷川の．せゞのとこなめとこしへに．たゆることなく．世にながさひつたへますことの．おのづから．かの大神の道しるべのこゝろにしも．あひかなへることをし．皇大御神の大御心にも．いそしとこそおもほすらめ．かしこしとこそおもほすらめ」

【教材91】

雪の朝．友だちのもとへいひやる書になずらへてかける　本居宣長

今朝の雪．めづらしくはごらんぜずや｜冬になるより．いつしかとのみ．日ご

が本を．かき分尋ねて．いたらぬくまなく．よにありとしある．言の葉のしをりをなも物せられける．
此しをりのまに〳〵．とめつゝわけもていりてば．はやましげ山．やみのよのゆくさきしらぬ人どもゝ．いまより後は．おぼ〳〵しき朝霧のまどひなく．ももたらず八十のくまぢも．やすらけくふみみむものぞと．名におはしたる谷川の．せゞのとこなめとこしへに．たゆることなく．世にながさひつたへますことの．おのづから．かの大神の道しるべのこゝろにしも．あひかなへることをし．皇大御神の大御心にも．いそしとこそおもほすらめ．かしこしとこそおもほすらめ．

『鈴屋集』七

雪のあした．友だちのもとへいひやる書になずらへてかけるふみ

けさのけしき．めづらしくは御らんぜずや．冬になるより．いつしかとの

にありとしあることの葉のしけり｜をな｜とものせられける
此しけり｜のまに〳〵｜そめつゝ分もて入てははやましけ山闇の様（※夜カ）のゆくさきしらぬ人ともゝいまより後はおほ〳〵しき朝きりのまとひなくもゝたらす八十のくまちもやすらけくふみ見んものそと名におはしたる谷川の瀬々のとこなめとこしへに絶ことなく世になかさひ傳へます事のおのつからかの大神の道しるへのこゝろにしもあひかなへる事をし皇大御神の大御心にもいそしとこそおもほすらめかしこしとこそおもほすらめ

『扶桑残葉集』巻十九

雪のあした友たちのもとに送る文

けさの雪．めつらしうは御覧せすや冬になるよりいつしかとのみ．日こと

とにまちわたり侍りしに．きのふのゆふべ．風いたく吹きあれ．雲のたゝずまひもいみじくさえわたりて．とぶ鳥のけしきまで．必ふりぬべき空とは見たまへしかど．いとかくまで深くとは．思ひたまへかけざりきかし━

明暮心へだてぬ友どちは．かゝらぬをりだに．何事につけても．まづ思ひたまへ出らるゝわざなるを．まして．かくめづらかなる朝ぼらけを．心なき身の．ひとりのみ見侍らんことの．いとあたらしく．おもひたまふれば．よし．跡つけても．人のとひたまはましかば．こよなくをかしさもまさりぬべき物．とおもひたまふるに．「いかに」とだにおとづれもしたまはぬは．いとおもはずにうらめしくなん━

み．日ごとにまちわたり侍りしに．きのふのゆふべ．風いたく吹あれ．雲のたゝずまひも．いみしくさえわたりて．とぶ鳥のけしきまで．かならずふりぬべき空とは見給へしかど．いとかくまで深くとは．思ひたまへかけざりきかし．

明くれ心へだてぬ友どちは．かゝらぬをりだに．何事につけても．まづ思ひたまへ出らるゝわざなるを．まして．かくめづらかなる朝ぼらけを．心なき身の．ひとりのみ見侍らんことの．いとあたらしく．思ひ給ふれば．よし跡つけても．人のとひ給はましかば．こよなくおかしさもまさりぬべきものと．思ひ給ふるに．いかにとだにおとづれもし給はぬは．いと思はずにうらめしくなむ．

に待わたり侍りしにきのふのゆふへに風いたく吹あれて雲のたゝすまひもいみしくさえわたりてとふとりのけしきもかならすふりなん空とは見給へしもしるくけさの朝（※衍カ）戸おしはなちて見まし侍れはあれはてにたる庭もまかきもたゝ白妙にもてはやされて久かたいつれを雪と見わくへくもあらぬまてふりつもり侍りしに軒端のやつれさへもてかくされてなん

明暮心へたてぬ友とちはかゝらぬかゝらぬ折たに何事につけてもまつおもふ給へ出らるゝ□

□身のひとりのみ見侍らんことのいとあたらしうおもひ給ふれはよし跡つけても人のとひ給はましかはこよなくをかしさもまさりぬへきものと思ひ給ふるにいかにとたにおとつれもし給はぬはいと□うらめしくなん

此けしき．さりとも．見すぐしがたくおぼさるらんものを．とはおもひやりきこえさすれど．しろしめすやうに．いとうひ〳〵しき口には．何事もいはれ侍らず．筆のしりとるはかせだに侍らで．とりつくろひ侍らんやうも侍らねば．おもひたまふるほどの心も．たゞおしこめてなん

そこには．いかに　見どころある心ふかき言のは．おほくものしたまふらん．一ッ二ッたまはせよかし．さてなん．せばき庭の雪の光もくはゝりて．けさのさう〴〵しさもなぐさめ侍らん

いでや．かく聞えさするも．本よりあやしき鳥のあとの．けさは．いとゞ筆のさきしみこほりて侍れば．御らんじわくかたも侍らずや．あなかしこ

此けしき．さりとも．見過しがたくはおぼさるらむものをとは．思ひやり聞えさすれど．しろしめすやうに．いとうひ〳〵しき口には．何事もいはれ侍らず．筆のしりとるはかせだに侍らで．とりつくろひ侍らむやうも侍らねば．おもひ給ふるほどの心も．たゞおしこめてなむ．

そこには．いかに見どころある．心ふかき言の葉．おほく物し給ふらん．一ッ二ッたまはせよかし．さてなむせばき庭の．雪のひかりもくはゝりて．友なきけさのさう〴〵しさも．なぐさめ侍らん．

いでや．かく聞えさするも．本よりあやしき鳥の跡の．けさは．いとゞ筆のさきしみこほりて侍れば．御らんじわくかたも侍らずや．あなかしこ．

そこにもさりとも．今朝のけしきは見給てかたゝはおほさるらんものをと□思ふたまへやらうれはよしあることのはもかなかいつけて御覧せさせなは御せんさいの雪のけしきもくはふれはゝへあるさまふとや見給ひなんとはおもひたまふれとしろしめすやうにといとたと〳〵しきけに□何事もいはれ侍らす筆のしりとるはかせたに侍らねはとりつくろひ侍らんやうもなけれはおもひ給ふるほとの心もたゝおしこめてなん

なほさりのうちにそこにはすさひにても見所あめる□ことの葉ともおほくものし給ふらんをひとつふたつたまはせよかしさてなんせはき庭の雪のひかりもくはゝりて友なきけさのさう〳〵しきもなくさめ侍りなん

いてやかく聞えさするもとよりあやしき鳥の跡のけさはいと、筆のさき□こほりて侍れは御らんしわくかたもなくやあなかしこ

右の比較から、『扶桑残葉集』や『文苑玉露』よりも『鈴屋集』のほうが『本朝文範』に近いと言える。叢書や注釈書を教材選択の参考にしたとしても、本文は元の出典にあたっていることがうかがえる。『鈴屋集』は、『本朝文範』とほぼ共通の本文であると言えるが、教材3「述懐といふことを題にてかける」についてのみ異なる箇所が多いため、ここで比較したものとは別の本を参照したことが考えられる。なお、この箇所は、『鈴屋集』と『文苑玉露』が、ほぼ同一本文である。

以上のように、『源氏物語』教材は近世注釈書を校合し、本居宣長教材は選材について叢書や注釈書をしながら本文は元の出典にあたっている。この違いは、原著を確定できるかどうかによるものであろう。可能な限り正しい本文を採ろうという方針で編集されたことがうかがえる。

第二節　教材化にともなう改訂

一　『本朝文範』の『枕草子』教材と依拠本文

『本朝文範』の頭注には、教材本文の底本について言及したものがある。（傍線筆者）

教材29「枕草子の跋　清少納言」頭注「枕草子數本を校へ合せて引けり」

教材38「土佐日記　紀貫之」頭注「異本いと多くて．よき．あしき．互にあれど．此には．塙保己一が羣書類從に収れたる本．岸本由豆流が考証本に從ひて引出たり．なほあらゆる異本どもをも．とり出て．物せまほしけれど．所狭くて．えせず．」

教材62「四季の評　枕草子　清少納言」頭注「枕草子は．異本いと多くて．よきあしき互にあれど．此一段は．塙保己一が群書類従に収れたる本によりて引出でたり．其は此邉は塙本よき所多ければなり．但しよからぬ所も．なきにはあらねど．かれこれとり合せて引改んも．なか〳〵に．物ぞこなひなることあるべく．はた．初学の人のまどひともなりなんとて．今は．諸本のたがへる所をもしるしいでず」

教材65「淵は　枕草子　清少納言」頭注「此一段は．全く季吟法師が春曙抄の本によりて引けり」

教材68「傍いたきもの　枕草子　清少納言」頭注「此も．春曙抄のまゝをひきたり」

右の諸本の異同を検討しつつ叢書や注釈書から採ったとの記述は、人口に膾炙した中古の文章について付されたものである。『土佐日記』の冒頭は塙保己一『群書類従』と岸本由豆流『土佐日記考証』を、『枕草子』「春は曙」は『群書類従』を、同「淵は」及び「傍いたきもの」は北村季吟『春曙抄』を、同跋文は複数の異本を底本としたとあり、教材によって丸本の諸本の他『群書類従』や注釈書を使い分けている。底本が明示されているため、底本と教材との相違点が、教材化による改変点であると考えられる。『本朝文範』教材62「四季の評　枕草子　清少納言」及び教材65「淵は　枕草子　清少納言」と『群書類従』（国文学研究資料館高乗勲文庫本）とを、教材68「傍いたきもの　枕草子　清少納言」と『春曙抄』（寛永六、国文学研究資料館蔵本）とを比較したのが表4である。

【表4　『本朝文範』における『枕草子』教材と、『群書類従』、『春曙抄』の本文】

※『本朝文範』の └ は大段落の末、━ は小段落の末の標。

※『群書類従』の本文は、『本朝文範』に合わせて改行し、原本の改行箇所に「└」の標を加えた。

※『春曙抄』における空白は□の標で示した。『春曙抄』本文は、国文学研究資料館蔵本のものを使用し、本による差異は取り上げない。

『本朝文範』【教材62】四季の評　枕草子　清少納言

春は曙．空はいたく霞みたるに．やう〳〵しろくなりゆく山きはの．すこしづゝあかみて．紫だちたる雲の．ほそくたなびきたるなどいとをかし━

夏はよる．月のころはさらなり．やみもなほ．螢おほくとびちがひたる．又たゞひとつふたつなどほのかにうち光りてゆくも．いとをかし．雨のどやかに降りたるさへこそをかしけれ━

秋は夕暮．夕日のきはやかにさして．山のはちかう見えわたるに．烏のねにゆくとて．三・よつふたつなど．とびゆくも　あはれなり．まして．雁のおほくとびつらねたる．いとちひさく見ゆるは．いとをかし．日入りはてての ち．風のおと．虫の聲．はたいふべきにもあらずめでたし━

冬はつとめて．雪のふりたる．さらにもいはず．霜のいと白きも．又さらねど．いとさむきに．火などいそぎおこして．炭持てありきなどするを見るも．いとつき〴〵し．晝になりぬれば．やう〳〵ぬるびもてゆきて．雪きえ．すびつ．火をけの火も．白き灰がちになりぬれば．わろし┗

『群書類従』第拾八輯　巻四百七十九　雑部三十四

枕草紙

春はあけぼのそらはいたくかすみたるに。やう〳〵しろくなりゆく山きはの。すこしつゝあかみてむらさきたちたる雲のほそくたな引たるなといとおかし。└

夏はよる月のころはさらなりやみもなをほたるおほくとひちかひたる又たゝ一二なとほのかにうちひかりてゆくもいとおかし└

雨のとやかにふりたるさへこそおかしけれ└

秋は夕暮夕日のきはやかにさして山のはちかう見えわたるにからすのねにゆくとて三四二なとゝひゆくもあはれなりまして雁のおほく飛つらねたるいとちいさく見ゆるはいとおかし日いりはてゝ後風のをと。虫の声はたいふべきにもあらすめてたし└

冬はつとめて雪のふりたるさらにもいはず霜のいとしろきも又さらねといとさむきに火なといそきおこして炭もてありきなどするを見るもいとつき〳〵しひるになりぬれはやう〳〵ぬるひもてゆきて雪もきえすひつ火おけの火もしろきはひかちになりぬれはわろし

『本朝文範』【教材65】淵は　枕草子　清少納言

かしこ淵．いかなる底の心を見えて．さる名をつきけん．といとをかし━
ないりそのふち．誰にいかなる人の　をしへしならん━
あをいろのふちこそまたをかしけれ．くらうどなどの身にしつべくて━
いなぶち．かくれのふち．のぞきの淵．玉淵．

『春曙抄』淵は

かしこふちいかなるそこの心を見えて。さる名をつきけんといとおかし□
ないりそのふち。たれに。いかなる人のをしへしならん□
あをいろの淵こそまたおかしけれ。蔵人などの身にしつべくて□
いなぶちかくれのふち□のそきのふち□玉淵

『本朝文範』【教材68】傍いたきもの　枕草子　清少納言

まらうどなどにあひて物いふに．奥の方にうちとけごと人のいふを．せいせで聞くこゝち━
おもふ人の．いたくゑひておなじことしたる━
聞きゐたるをもしらで．人のうへいひたる．それは．何ばかりならぬつかひ人なれども．かたはらいたし━
旅だちたる所．近きところなどにて．げすどもの．ざれかはしたる━
にくげなるちごを．おのがこゝちにかなしと思ふまゝに．うつくしみ遊して．これが聲のまねにて．いひけることなど語りたる━
ざえある人の前にて．才なき人の．物おぼえがほに．人の名などいひたる━

『春曙抄』かたはらいたきもの

まらうどなどにあひて物いふにおくのかたにうちとけごと人のいふを。せいせできくこゝち□
おもふ人のいたくゑひて。おなじことしたる□
きゝゐたるをもしらで人のうへいひたる。それは何ばかりならぬつかひ人なれどかたはらいたし□
旅だちたる所ちかき所などにてげすどものざれかはしたる□
にくげなるちごを。をのがこゝちにかなしとおもふまゝに。うつくしみあそばし。これがこゑのまねにて。いひける事などかたりたる□
ざえある人のまへにてざえなき人の。物おぼえがほに人の名などいひたる□

ことによしとも覚えぬわが歌を．人に語りきかせて．人のほめし事などいふも傍いたしー 人のおきて物語などする傍に浅ましううちとけてねたる人 ー まだねもひきとゝへぬ琴を心一《ッ》にやりて．さやうの方しりつる人の前にてひくー いとゞしう．すまぬ聟のさるべき所にてしうとにあひたる L	ことによしともおぼえぬ我うたを人にかたりきかせては人のほめし事などいふもかたはらいたし□ ひとのおきて物がたりなどするかたはらに。あさましううちとけてねたる人□ まだねもひきとゝのへぬ琴を。心一つやりてさやうのかたしりつる人のまへにてひく□ いとゞしう。すまぬむこのさるべき所にてしうとに逢たる

以下、右の表をもとに、教材化による改変点を、「本文校訂」、「段落」、「仮名表記・漢字表記」、「仮名遣い」、「句読点」について検討する。

1　本文校訂

表5のように本文が底本と異なる箇所が見受けられる。

【表5　『本朝文範』、『群書類従』、『春曙抄』の本文相違点】

	『本朝文範』	『群書類従』
教材62	「雪きえ」	「雪も消え」
	『本朝文範』	『春曙抄』

教材65	※一致	※一致
教材68	「つかひ人なれども」 「おのれこゝち」 「うつくしみ遊して。」 「語りきかせて．」 「ひきと、へぬ」 「心一《ッ》にやりて」	「つかひ人なれど」 「おのれがこゝち」 「うつくしみあそばし。」 「かたりきかせては」 「ひきとのへぬ」 「心一つやりて」

教材62の「雪きえ」が、『群書類従』では「雪も消え」となっていることについては、異本に「も」の無いものはなく、ここは誤植である可能性がある。

教材68は頭注に、「春曙抄のまゝをひきたり」とあったが、助詞の異同が四箇所ある。早稲田大学蔵本には「かたりきかせては」の「は」の字がないなど、底本にした『春曙抄』本に拠る差異と考えられる。「ひきと、へぬ」は、「調」の字が左に付してあり、「の」字の脱字であると考えられる。

基本的には校正はせずに底本からそのまま使用していることがうかがえる。『本朝文範』緒言には、本文校訂の基本姿勢について次のように述べている。

> 本文に字の脱《オチ》たりとおぼしき処には．□《脱カ》としるし．加へたるには□《補》としるし．衍《アマ》れりとみゆるには□《衍カ》としるし．誤ならんとおもはるゝには．右の傍に何カとしるして．煩しく其故をばことわらず．これいとおふけなきわざなれど．つぎ〳〵うつしもてゆく間に．何となく寫し非《ヒガ》めたるもあるべく．はた作者のふと思ひ誤られたるもあるべく．かにかくに．本のまゝにては．意の聞えぬ処には．さてあるべきにもあらねばとてなり．また思ひえがたき所は．さながら寫し．本ノマヽとしるしおきて．後の人の考をまつ．

先の「四季の評　枕草子　清少納言」の頭注にも「かれこれとり合せて引改んも．なか〱に．物ぞこなひなることあるべく．はた．初学の人のまどひともなりなんとて」とあり、学問的見地から良い本文を作るという考えはあるけれども、後学の妨げとならないように原文を尊重する配慮がなされている。ただし、『枕草子』教材では見られなかったが、明治の時代に書く文章の手本として提示したものであるから、誤りは注記で修正している。

2　段落

『本朝文範』の「━」の標は、「一事の暫竟《ク》たる処に此標を附く」とある段落の切れ目を示すものである。その標の付けられた箇所は一部の例を除いてほぼ同一箇所が、『群書類従』では改行されており、『春曙抄』では空白が入れられている。『群書類従』や『春曙抄』を参考にしつつ、段落の標を付すことで、文章構成を明確に示している。

段落構成の相違が見られるのは、教材62において、『群書類従』は「雨のどやかに降りたるさへこそをかしけれ」を一つの段落としているが、『本朝文範』はこれを夏の段落に入れており、四季それぞれを内容のまとまりとして段落を構成する工夫が行われている。『本朝文範』で、新たな段落構成解釈が行われた例である。

『春曙抄』の「いなぶち　かくれのふち　のそきのふち　玉淵」は語の間も空白だが、ここは『本朝文範』では「．」が付されており、『春曙抄』のこの場合の空白は読点の働きをしていると考えられるので、段落構成は同一と言える。

3　仮名表記・漢字表記

教科書編集の際に、工夫されたと考えられることの一つに、漢字・仮名の表記の問題がある。表6及び表7

は、『本朝文範』と底本との漢字・仮名表記の差異を取りだしたもの。

【表6　『群書類従』・『春曙抄』から『本朝文範』へ、平仮名表記の漢字表記への変更】

	『本朝文範』	『群書類従』
教材62	「曙」	「あけぼの」
	「空」	「そら」
	「霞」	「かすみ」
	「紫」	「むらさき」
	「螢」	「ほたる」
	「うち光て」	「うちひかりて」
	「烏」	「からす」
	「日入り」	「日いり」
	「白き」	「しろき」
	「炭持て」	「炭もて」
	「晝」	「ひる」
	「灰」	「はひ」

	『本朝文範』	『春曙抄』
教材65	「かしこ淵」「のぞきの淵」	「かしこふち」「のぞきのふち」
	「底」	「そこ」
	「誰に」	「たれに」
教材68	「傍いたき」	「かたはらいたき」
	「奥の方」	「おくのかた」
	「聞く」	「きく」
	「近き」	「ちかき」
	「思ふまゝに」	「おもふまゝに」
	「うつくしみ遊して。」	「うつくしみあそばし。」
	「聲」	「こゑ」
	「語りたる」	「かたりたる」
	「前」	「まへ」
	「才なき」	「ざえなき」
	「物おぼえ顔に」	「物おぼえがほに」
	「覺えぬ」	「おぼえぬ」
	「わが歌」	「我うた」

	「語りきかせては」	「かたりきかせては」
	「傍いたし」	「かたはらいたし」
	「人の」	「ひとの」
	「物語」	「物がたり」
	「傍に」	「かたはらに」
	「浅ましう」	「あさましう」
	「さやうの方」	「さやうのかた」
	「前」	「まへ」
	「聟」	「むこ」

【表7　『群書類従』・『春曙抄』から『本朝文範』へ、漢字表記の平仮名表記への変更】

	『本朝文範』	『群書類従』
教材62	「たなびきたる」	「たな引たる」
	「ひとつふたつ」	「一二」
	「三・よつ　ふたつ」	「三四二」
	「とびつらねたる」	「飛びつらねたる」
	「のち」	「後」

	『本朝文範』	『春曙抄』
教材65	「くらうど」	「蔵人」
教材68	「所ちかきところ」	「所ちかき所」
	「いひけること」	「いひける事」
	「わが歌」	「我うた」
	「あひたる」	「逢たる」

教材62・教材65・教材68を通じて、平仮名表記を漢字表記に改めたのは三九文字、漢字表記を平仮名表記に改めたのは一三文字である。傾向として、仮字の多い文を意味が取りやすくなるように改良している。漢字と仮名

のどちらで表記するかということは、明治に展開された「普通文」論の中でも論点の一つであった。向後通用させる文章の手本を示すにあたって、この点も重要な編集の要点であったと考えられる。なお、平仮名を漢字に改めた箇所は、仮名で意味が取れる所である。その他、『本朝文範』は、本文の左側に漢字表記が付した箇所が多く存在するが、これについては、次章で取り上げる。

4　仮名遣い

『本朝文範』と底本とは、表8のように仮名遣いが違っている。この点も、教材化に際して行われた工夫の一つと考えられる。

【表8　『群書類従』・『春曙抄』から『本朝文範』へ、仮名遣いの変更】

	『本朝文範』	『群書類従』
教材62	「をかし」「をかし」「をかしけれ」「をかし」 「なほ」 「ちひさく」 「火をけ」	「おかし」「おかし」「おかしけれ」「おかし」 「なを」 「ちいさく」 「火おけ」
	『本朝文範』	『春曙抄』
教材65	「をかし」「をかしけれ」	「おかし」「おかしけれ」
教材68	「おのが」	「をのが」

変更は、歴史的仮名遣いに則って改訂されている。仮名遣い統一の問題については、次節で詳述する。

5　句読点

『本朝文範』は、底本から、句読点に相当する標を付す箇所を、表9及び表10のように変更している。教材68では、各文末に小段落の標が付されており、句点は見られないが、『本朝文範』では句点と読点の区別はない。

【表9　『群書類従』・『春曙抄』から『本朝文範』へ、句読点に相当する標を加える変更】

	『本朝文範』	『群書類従』
教材62	「やみもなほ・｜螢おほく」 「うち光りてゆくも・｜いとをかし」 「など・｜とびゆくも」 「まして・｜雁の」 「虫の聲・｜はた」 「冬はつとめて・｜雪の」 「火をけの火も・｜白き灰がちに」	「闇もなを螢多く」 「うち光りてゆくもいとおかし」 「などとびゆくも」 「まして雁の」 「虫の聲はた」 「冬はつとめて雪の」 「火をけの火も白き灰がち」
	『本朝文範』	『春曙抄』
教材65	「かしこ淵・｜いかなる底の心を見えて」 「さる名をつきけん・｜といとをかし」 「いなぶち・｜かくれのふち・｜のぞきの淵・｜玉淵・｜」	「かしこふちいかなるそこの心を見えて」 「さる名をつきけんといとおかし」 「いなぶち　かくれのふち　のそきのふち　玉淵」※

教材68	「まらうどなどにあひて物いふに・｜奥の方に」 「おもふ人の・｜いたくゑひて」 「聞きゐたるをもしらで・｜人のうへいひたる」 「それは・｜何ばかりならぬつかひ人なれども・｜かたはらいたし」 「旅だちたる所・｜近きところなどにて・｜げすどもの・｜ざれかはしたる」 「ざえある人の前にて・｜才なき人の・物おぼえがほに・｜人の名などいひたる」 「ことによしとも覺えぬわが歌を・｜人に語りきかせて・｜」 「心一《ッ》にやりて・｜さやうの方しりつる人の前にてひく」	「まらうどなどにあひて物いふにおくのかたに」 「おもふ人のいたくゑひて」 「きゝゐたるをもしらで人のうへいひたる」 「それは何ばかりならぬつかひ人なれどかたはらいたし」 「旅だちたる所ちかき所などにてげすどものざれかはしたる」 「ざえある人のまへにてざえなき人の。物おぼえがほに人の名などいひたる」 「ことによしともおぼえぬ我うたを人にかたりきかせては」 「心一つやりてさやうのかたしりつる人のまへにてひく」

※教材65の「いなぶち　かくれのふち　のそきのふち　玉淵」の空白は、読点と同じ機能と見ておく。

【表10　『群書類従』・『春曙抄』から『本朝文範』へ、句読点に相当する標を削除する変更】

	『本朝文範』	『群書類従』
教材62	「ひとつふたつなどほのかに」 「雨のどやかに降りたるさへこそをかしけれ」 「はたいふべきにもあらずめでたし」	「一二など。｜ほのかに」 「雨のどやかに。｜ふりたるさへこそ。｜おかしけれ」 「はたいふべきにもあらず。｜めでたし」

	『本朝文範』	『春曙抄』
教材65	「誰にいかなる人のをしへしならん」	「たれに。いかなる人のをしへしならん」
教材68	「いたくゐひておなじことしたる」 「人のおきて物語などする傍に浅ましううちとけてねたる人」 「まだねもひきとゝへぬ琴を心一《ツ》にやりて」	「いたくゐひて。おなじことしたる」 「ひとのおきて物がたりなどするかたはらに。あさましううちとけてねたる人」 「まだねもひきととのへぬ琴を。心一つやりて」

教材62について、『本朝文範』『群書類従』共に句点・読点の区別はないが、句点に相当する文末については両本とも異なりがない。

教材62・教材65・教材68を通じて、句読点に相当する標が加えられのは二二箇所（表9上段傍線部。教材65の「いなぶち　かくれのふち　のそきのふち　玉淵」を含まず）、削除されたのは八箇所（表10下段傍線部）で、加えた方が多くなっている。これは意味の取りやすい本文を作る方向で編集された結果と考えられる。削除された箇所は、すべて読点に相当するもので、編者の語勢についての判断が加えられた結果であろう。

以上のように、『枕草子』のような中古文を教材にする際には、本文は基本的に底本を尊重しながら、段落の標を付すことで文章構成を明確に示し、意味が取りやすくなるように漢字仮名の表記を改め、歴史的仮名遣いに統一し、句読点を意味が取りやすいようにまた編者の解釈を加えて施している。

『本朝文範』では、和漢混淆文（漢字仮名交じり文）を、教材59「荘子見《テ》二畜類《ノ》所行《ヲ》一走逃《リル》、語　今昔物語　源隆國」一編のみ採録しているが、ここにも加工の跡が見られる。

※読み仮名、送り仮名、訓点以外の注記や記号は省略。（ ）内は、京都大学付属図書館蔵本との相違（虫食い箇所を除く）。

今昔《ハ》．震旦《シダン》ニ荘子ト云フ人有《リ》ケリ．心賢《サカシ》クシテ悟廣シ．此ノ人．道ヲ行ク間．澤ノ中ニ一ノ鷺有《リ》テ．者《モノ》ヲ伺《ヒ》テ立テリ．荘子此（レ）ヲ見テ．竊ニ鷺ヲ打ムト思ヒ（ヒなし）テ．杖ヲ取リ（リなし）テ．近ク寄ルニ．鷺不《ズ》レ逃《ゲ》（ズ）．荘子此ヲ怪《ミ》（ム）テ．弥〻（ヨ）近ク寄《リ》テ見レバ．鷺一《ハッ》ノ蝦《カヘル》ヲ食《クハ》ムトシテ立テル也ケリ．然レバ．人ノ打ムト為ルヲ不《ザ》レ知《ラ》（ザ）ル也ト知《リ》ヌ．亦其ノ鷺ノ食ムト為ル蝦ヲ見レバ．不《ズ》レ逃《ゲ》（ズ）シテ有リ．此《モ》（レ）亦．一ノ小虫ヲ食ムトシテ．鷺ノ伺（フ）ヲ不《ズ》レ知（ズ）．其（ノ）時ニ．荘子杖ヲ棄テ、逃《ゲ》テ．心ノ内ニ思ハク．鷺蝦．皆我（レ）ヲ害セント為ルヲ不《ズ》レ知《ラ》（ズ）シテ．各〻他ヲ害セム事ヲノミ思フ．我（レ）亦鷺ヲ打《タ》ムト為ルニ．（我レニ）増ル有《リ》テ．我（レ）ヲ害セント為ルヲ不《ズ》レ知（シ）．然レバ．不《ジ》レ如《シカ》（シ）我（レ）逃《ゲ》ナムト思《ヒ》テ走リ去《リ》ヌ．此《レ》（レ）賢《コ》キ事也．人如レ此《ノ》可レ思《フ》シ」…（以下略）

『今昔物語集』の原文では送り仮名は漢文のように小書きで注記されるが、『本朝文範』では本文に組み入れられている。その他、基本的に原文の記述を使いながら、原文に記されている送り仮名を除いたり、「不」をルビで読んだり、「よみやすからんために」「傍らに小く片假字して書たる」と頭注にあるように新たに送り仮名を小書きで加えている。このような加工は、漢字仮名交じり文を仮名漢字交じり文へ一歩近づけようとする試みと見ることもできよう。

第三節　仮名遣いの統一

明治における仮名遣い使用の様態については、山田孝雄『假名遣の歴史』（昭和四　寶文館）が教育の状況も交えて伝えているので、少し長くなるが引用する。

契沖出でゝ復古假名遣の基礎確立し、楫取魚彦の古言梯出でゝ、その假名遣を大成してより天下の勢はこゝに一定して、これより後、多少之を増訂せしものありしかど、著しきもの出でざりしことは既に説ける如くなるが、かくして假字遣の世界は平穏の状態に歸し、これに關する論議は稀なるさまになれり。かくの如くして世は改まりて明治の王政復古となりしが、その政府に於いて用ゐし假字遣はもとよりこの復古假字遣たりしことといふまでもなく、新聞雜誌諸種の報告著述すべて之によりて天下眞に統一せられたる觀を呈せり。

されば學校を興し、教育を普及せしめらるゝに及びても、その教科書はもとより一切この假字遣によりて行ひしことなるが、これらの爲に、夙に書をあらはせるものは物集高見氏なり。氏は明治十五六年の頃東京大學、東京師範學校、華族女學校に於いてかなづかひを教授せられしが、その教授草案は明治十八年十二月にかなづかひ教科書といふ名を以て出版せられたり。この書は清音、濁音、音便の三項に分ちて假字遣をあげ、同異を辨ずべきものにつきて、少き語を記憶し、他を類推する法卽ち黑澤翁滿の發明せし方法に則りて之を教へられしなり。氏は又「かなのしをり」といふ書を著して明治十七年九月に出版せり。これは小なる假字遣の辭典なり。これより後、かなづかひの教科書、便覽、及び辭典等の類屢々出版せられ又多くの文典中にも之を説きたるが、今一々それらを枚擧する遑を有せず。而してこれらはいづれも、契沖及び宣長の主義を奉せしものにあらざるはなし。

さてこの時代に於いて假字遣につきて異論の起りしは何時頃よりなるか、未だ之を明かにすること能はずといへども、その事の著しく見ゆるは、明治十六年に「かなのくわい」の起れる時に、その會員中に、正しき假字遣を守らむと主張するものと、正しき假字を守らず、發音の實際に近き形に書き出さむと主張するものとの爭の生ぜし時なるべく思はる。かくてその「かなのくわい」は月雪花の三部に分れ月の部は正しき假字遣により、雪の部は發音の實際に近き形に書くを主義とし、花の部は五十音の原を正して假字の數を増さむとし、各その主義によりて純假字文をものして世に廣めむとせしが、これらの運動も明治二十年頃より漸次に消滅せる姿になれり。かくてかの正しき假字遣は益々弘く行はれたり。

明治期の当初、揖取魚彦『古言梯』の仮名遣いが広く用いられ、公的文書はもとより新聞雑誌などの著述「すべて之によりて天下眞に統一せられたる觀を呈せり」という状況であったという。学校の教科書も一切この仮名遣いに倣ったとある。『古言梯』は、『古言梯　再校』（文化九版）、『古言梯　再校増補標注』（寛政七　村田春海・享和二　清水浜臣増注、文政三刊）、『古言梯　標注』（村田春海・享和二　清水浜臣増注、山田常助増補　弘化四刊）など増補や改訂を重ねたもので、明治になってからの出版もなされており、これをこの時代に流通した仮名遣いの標準と見て良いだろう。『本朝文範』が出版された明治一四年の頃は、未だ国家による仮名遣いの規範策定は形を見せておらず、すぐ後に物集高見が仮名遣いの教科書や辞典を出版し、続いて仮名遣いの教科書・便覽・辞典などが多く出版されるようになり、また仮名遣いのあり方をめぐって議論も盛んになったという。大槻文彦が『言海』を歴史的仮名遣いで著したのが明治二四年のことである。仮名遣いに関する文部省の最初の動きとして、文部大臣井上毅が文科大学及び第一高等学校に仮名遣いに関する意見書を諮問したのが明治二六年頃のことである。このような時代にあって、『本朝文範』は、歴史的仮名遣いを正しく示すという段階の教科書と位置付けられよう。

『本朝文範』における仮名遣いがどのような基準のものかを確認するため、『本朝文範』教材の内『源氏物語』を教材としたものを取り上げて、『源氏物語』青表紙系統本（「桐壺」「初音」は池田本、その他は大島本）と仮名遣いが異なる用例を取り出し表11に示した。表中下欄には、『古言梯　再校増補標注』（寛政七　村田春海・享和二　清水浜臣増注、文政三刊　国文学研究資料館蔵本）の用例を掲載した。

【表11　『源氏物語』から『本朝文範』へ、假名遣いの変更】

※『本朝文範』において漢字表記の傍注がある場合、（　）内に示した。
※『古言梯』における漢字表記は、（　）内に示した。
※『本朝文範』の仮名遣いが『古言梯』と異なる場合は、「▼」を付して記した。

『源氏物語』→『本朝文範』	『古言梯』
いひをき→いひおき（教材64）、をきて→おき（置）て（教材48）、 みたてまつりをきつる→見たてまつりおき（置）つる（教材82）、 みたてまつりをき→見たてまつりおき（置）（教材82）	おき、おく（置）
をし・あけたる→おしあけたる（教材48）、をしはかりて→おし（推）はかりて（教材100）	おし、おす（押、推）
をくれじ→おくれじ（教材52）、をくれたる→おくれ（下）たる（教材105）	おくる、おくれ（後）
をろさせ給に→おろさせたまふに（教材52）	※おろし（卸）
をきて給ふなれ→おきて（掟）たまふなれ（教材81）	おきて（掟）

御をくりの→御おくりの（教材56）	おくり、おくる（贈、送）
をのづから→おのづから（自然）（教材78）	おのづから（自）
心はへ→心ばえ（教材47）※教材4・教材32「心ばへ」・教材76・教材90「こゝろばへ」	▼こころばへ、はひ（延）
すわうかさね→すはうがさね（教材55）	※ナシ
心つかいして→心づかひ（用）して（教材81）	つかひ（使）
うちよろほいて→うちよろぼひて（教材48）	よろぼひ（透迤）
おいたたむ→おひ（成）たたん（教材78）	おひ、おふ（生）
おほしたてむ→おふしたて（成長）ん（教材78）、	
おほしたてけむ→おふしたて（生育）ん（教材83）	
いとおしう→いとほしう（教材92）	いとほし（労）
なを→なほ（教材78）（教材82）	なほ（猶）
ゐなかいゑたつ→ゐなかいへだつ（田舎家如）（教材47）	いへ（家）
けとをく→けどほく（氣遠）（教材81）	とほし（遠）
こゝろあはたゝしう→心あわたゞしう（教材51）、	あわて（惶急、周章）
あはたゝしけれは→あわたゞしけれ（周章）ば（教材53）	
なきよはりて→なきよわりて（教材51）	よわし（弱）
こはつかひ→こわ（聲）づかひ（教材54）	こゑ（聲）
まいらせよ→まゐらせよ（教材48）、まいりはへらす→まゐらず（教材100）	まゐる（参）

おりて→をりて（教材48）、おりから→をりから（時節）（教材51）	をり（折）
おかしけなる→をかしげなる（美）（教材48）、おかし→をかし（教材49）	をかし（可咲）
おしまぬ→をしまぬ（教材49）、くちおしう→口をしう（遺憾）（教材56）、 くちをしかるへき→くちをしかるべき（教材83）	をしみ（愛、惜ハ轉也）
おさめ→をさめ（葬）（教材56）	をさむ（治、修）
かほり→かをり（薫）（教材44）	かをる（薫）
ゆへある→ゆゑある（教材44）、ゆへ→ゆゑ（藝）（教材81）	ゆゑ（故）
うへたり→うゑたり（教材47）	うゑ（殖）

教材47の「心ばえ」は、教材4、教材32、教材76、教材90に「心ばへ」「こゝろばへ」の用例があることから、誤表記と考えられる。教材45「夕ばえ（栄）」・教材63「夕はえ（映）」などに引かれたものか。

右の表に見て取れるように、一部『古言梯』に用例がない語や誤記と判定できるものがあるものの、ほぼ『古言梯』通りに仮名遣いが行われている。『古言梯』の仮名遣いを使用するということについては、『枕草子』など他の中古教材でも、近世の教材でも同様である。

このような歴史的仮名遣いへの統一的改訂を行うのも、向後通用させる文の重要な規範の一つであったと考えられる。

なお、書体については、『本朝文範』は、すべて「くずし字」である。同じ稲垣の編になる明治一五年出版の『和文読本』も「くずし字」の版本であるが、連綿ではなく一文字一文字が独立しており大きさも揃っていて『本朝文範』と比較すれば読みやすいものになっている。なお、後の読本教科書では、消息文のみ、「くずし字」で記すものが見られる。

本章で取り上げた教材本文ということについてだけでも、どの本文を底本として採用するのかという問題や、段落構成・句読点・漢字仮名表記・仮名遣いをどうするのかという問題が検討された形跡がうかがえた。そこにも、近代教科書としての創意があったと言える。次章からは、本文以外に付された種々の工夫を対象に、近代教科書として生成するために行われた内実をさらに検証する。

（1）三省堂、一九七九年、初版一九六一年。
（2）中央公論社、一九五三年。
（3）『源氏物語古注釈大成第10巻』（誠進社、日本図書センター復刻、一九七八年）所収の『絵入源氏』による。
（4）阿部秋生・岡一男・山岸徳平編著『増補　国語国文学研究史大成4　源氏物語下』三省堂、一九七九年、初版一九六一年。
（5）承応三年版本国文学研究資料館古典選集本文データベース。

第四章　『本朝文範』教材化の創意1

――「読むこと」を教える教科書として

『本朝文範』は読むことを通して書くことを教える読み書き一如の教科書であるが、本章では、本教科書における近代教科書としての創出を明らかにする手順の一環として、読むことを教えるという側面に焦点を当てて教材化の工夫を検討する。

第一節　文章理解のための「標」の工夫

一　『源氏物語評釈』の標

『本朝文範』の特徴的な工夫の一つに、各種の「標」つまり本文の傍らに付された記号がある。『本朝文範』緒言において、標の凡例の前に、「物語の注釈」を参考に新たに設けたとある。

さて．其標《シルシ》と名稱《ナ》とは．強《アナガチ》彼とも此とも．よりどころを定めず．漢文の評の称をとれるがあり．物語の注釈に．ふるくよりもちゐ来たる例にならへるがあり．またいまあらたにつくり設けたるもありて．たゞ初學のさとり易からんことを旨とせり．一方に泥みて此をないぶかしみそ．さて文理をしるせる標の例は、…

（以下略）

左記は、「物語の注釈」のうち直接参考にされたと考えられる萩原広道『源氏物語評釈』総論下「本文譯注凡例」に示された標である。『本朝文範』との比較は、後述するが、標の全体を示すために掲載する。

※『本朝文範』でも用いられている標の表題は、記号の相違に拘らずゴシック体にした。

一　本文に脱《オチ》たる語ありと見えて．とにかくに義《ココロ》の貫《ツラヌ》かぬ所には．かりに□かくのごとき標《シルシ》をいれて．釋に其ゆゑをことわりつ．又衍《アヤマ》りて加はりたりと見ゆるもじにはしばらく〔　〕かくのごとき標《シルシ》を圏《カコ》みて．さながらに其字を省き．又かならずなくてはえあらぬ語の．脱《オチ》たりと見ゆる所には．試に其《ノ》語を補ひて．（　）かくのごとき圏《カコミ》の中に記しつこれら皆やむことをえぬしわざ也．（中略）

一　此《ノ》物語の文章は．みづからさかしだちたるをいとひて．よろづおほどかにものせられたる故にや．彼《レ》と此《レ》と．事のかはりたる所に．きはやかなるけぢめなくして．ふと見ては一つゞきなる事のやうなる所あり．またその文《ノ》語も．うらうへに打かへして．語《ノ》勢《ヒ》をあやなされたる所々多く．なほざりに見ては．意の聞えかぬることゞもあり．又かならず前にいふべき事を．いつも〳〵後へまはして．其《ノ》事と聞ゆるさまにかゝれたる所おほく．甚しき所は．紙一ひら二ひらを過ても．猶何事ともさとりがたき事どもおほし．これらあだし物語どもとは．こよなくすぐれたる所にて．文章の法《ノリ》とするにたれり．然れども．初學の輩のこうずることなれば．今假《カリ》にその標《シルシ》をつけて．其おもぶきを示さんとす．これはた漢文の例にならひたる事多けれど．はやく新釋に物せられたるにしたがひて．事をましくはへつ．其例どもここに擧るがごとし．

』　**大段落の標《シルシ》**　一事を全く語り竟《ハテ》たる界に．此《ノ》標《シルシ》をものしつ．

｢　**小段落の標**　一事のしばらく竟《ハテ》たる所の界《ヒ》などに．此《ノ》標をものしつ．されども皇國言のふみは．漢文のごとく．きはやかに分《カ》るゝことなき所もあれば．これはたゞ大かたの標と心得べし．次なるも同じ．

◎　**彼《レ》と此《レ》と事を分つ標**　彼《カレ》と此《コレ》と．自《ワレ》と他《ヒト》と．事のかはる所．又問《ヒ》答《ヘ》のまぎらはしき所．また此《ノ》事をしばらくさしおきて．彼《ノ》事を挿《サシハサ》みたる所などの界《ヒ》に．かゝる點を加《ハ》へて標とす．

◎◎◎◎　**眼目の語の標**　これは漢文に．字眼などいへるにひとしく．其《ソ》所《コ》にむねとある語．或は殊更に多くつかひて．けしきをあやなしたる語．または伏線の脈《スヂ》を綻《ホコロ》ばしたる語などの右《ノ》旁に．かゝる點を用ゐて標とす．委しくは其所々の釋に．さる故をばことわるべし．

。〻　**語の清濁の標**　**濁《ニゴ》るかたの點**は常のごとし．必清《ススミ》てよむべき語を．俗に濁り來れる語には．。点をほどこして．其清《スム》べきよしを示しつ．

●●　**助辭發語の標**　助辭發語《ヤスメコトバオコシコトバ》のまぎらはしきには．左《ノ》旁にかゝる點をしるす．

〚〛　**弖爾乎波の首尾の標**　これはいはゆるてにをはの係《カカリ》と結《ムスビ》との標也．結びたる所の紛らはしきは．かやうの點を右《ノ》旁にしるす．これに依て語脈《コトスヂ》を見明らむべし．これいと要あること也．

——　——‖——‖　**語脈轉倒の標**　語《コトバ》の脈《スヂ》を上下に轉倒《ウチカヘ》して．文《ノ》勢《ヒ》をなしたる所の．まぎらはしきには．かくのごとき點を右《ノ》旁に引て．其語の脉を示す．この點のきれたる所を繼《ツギ》て心得べし．たとへば．桐壺《ノ》巻のはじめに．母北の方なん‖．いにしへの人のよしあるにて㊥．おやうちぐし．さしあたりて世のおぼえはなやかなる．御かた〴〵にもおとらず．何事のぎしきをも㋡．もてなし給ひけれど‖云々．とある處などは．いにしへの人のよしあるにて．何事の儀式をもてなし給ひけれど．とつゞく語脈なる中に．おや打ぐし云々の事を挿《ハサ》みて語る法なり．されば此《ノ》點をつぎて其《ノ》意をさとるべし．又北《ノ》方なんとあるなんは．もてなし給ひけれど．とある所結《ビ》にて．つねにはけるといふべきを．れと轉じ．どゝうけてつゞけたる也．されば〚〛かゝる點をつけて．其《ノ》首尾を知しむ．又よしあるにてとある．にての辭は．正しくはもてなしへ係《カカ》る脉《スヂ》なる事を．知しめんとて．㊥㋡の點を左《ノ》旁に標《シル》しつ．餘はこれに准へてしるべし．猶語脉のまぎらはしき所には．‖かく二筋の點を引そへて．そのすぢを詳《ツバラ》にす．此は殊に心をつけて見わかつべし．大かた此《ノ》物語の聞えにくき所々は．此《ノ》法をしらずして．よのつねの書《フミ》をよむがごとく．たゞにおしつゞけてよまんとするからに．事の意の辨へがたきぞかし．されば殊によく心得おくべき也．

(甲)(乙)(丙)(丁)　**隔句《ノ》文脈の標**　これはいはゆる隔句《ノ》法の遠く係《カヽ》りたる所にて上より受《ケ》たる文脈《ノ》をしらしめんために．係《カヽ》りて斷《キレ》たる下に(甲)をしるし．受て繼たる所に(乙)をしるしつ．この點を引合せて．其文の係《カヽ》りたる意を解《サト》るべし．二重《フタヘ》にも三重にも句を疊《タタ》みたる所には．(丙)(丁)(戊)(己)など丶記して．其《ノ》脈を分つ．

△U　**語意を補ふ標**　いひ切たる語の末に．含《フク》めのこしたる意．又今《ノ》世の語にては．必《ス》意を加《ハ》へてきくべき所などに．其《ノ》意を左《ノ》旁に注するに．他の譯語《ウツシコトバ》と紛れじがために．か丶る點の中にしるしつ．この中なる語の意を挿《ハサ》み補ひて．そこの文を解《サト》るべし．いと長き意の含《フク》まりたるは．別に頭書の釋に其故をいへり．右の外にも．聊《カ》づ丶の注例あれど．そは准《ラ》へてもさとるべし．舊印本などに．人々の心詞の所には．某《ノ》心．某《ノ》詞としるし．草子地には．地としるす類は．いづれも改めず．**引歌の所に．㇏かかる點をかくる事も．**湖月抄の例にならへる事ども．上《ノ》條にいへるがごとし．

『源氏物語』の文章について、主語が変わるところが不明であるところ、言葉の前後が逆になっているところ、和文のリズムが修辞として凝らされているところ、切れ続きに続いて主述の関係が分りにくいところなどを取り上げ、「なほざりに見ては．意の聞えかぬることゞもあり．」、「猶猶何事ともさとりがたき事どもおほし．」と述べていることから、江戸末期に和文と現今通用する文との違いが具体的に意識されていたことが分かる。「初學の輩のこうずることなれば．今假《カリ》にその標《シルシ》をつけて．其おもぶきを示さんとす．」とあるように、標は、初学者が困ることだからとして、和文の通用文との違いを越えて文章を理解するために工夫されたものである。この事情は、明治の教科書でも引き続き変わらなかったのであり、ここで使われた標について、『本朝文範』でも記号を換えながらそのほとんどが用いられている。また、こうした通用文との違い自体は、「これらあだし物語どもとは。こよなくすぐれたる所にて。文章の法《ノリ》とするにたれり。」（傍線筆者）とあり、欠点とはとらえられていない。こうした規範意識も『本朝文範』に引用されていると見られる。

二 『本朝文範』の標

こうした「標」（記号）は、『本朝文範』以前に、漢文教科書や漢文訓読教科書で使用されている。漢文訓読文（片仮字文）教材を掲載した亀谷行『育英文範』（明治一〇年、亀谷行）は、「━ 小段落小節」「┗ 大段落大段」「◎ 字眼篇中ノ要字」「○○ 結句」の四種を使用している。漢文教科書では、石川鴻斎『日本文章軌範』（明治一二年、稲田佐吉）(1)が、「────── 緊要處或一篇主意」、「、、、、、、 佳境」、「○○○○◎◎◎ 妙境」、「○◎ 字母字眼或主意」「『 』 段落及枝節」、「□ 删字」「○ 添字」を使用している。『本朝文範』は『源氏物語評釈』（以下『評釈』）を直接参照したと考えられるが、教科書における標の使用は、漢文系統の教科書での使用が下地としてあったと言える。

和文教科書では、『本朝文範』出版後に出た小中村清矩・中村秋香編『日用文鑑』（明治一七年、福田仙蔵）にも同種の記号使用が見られ、「主旨」の標二種、段落の標二種、会話部及び引用の標二種。典拠を示す標一種がある。『本朝文範』では、これらの他、さらに表現構造を示す「標」が数種加わる。

次は、『本朝文範』の標について、それが何を教えているのかという観点からまとめたものである。

※『評釈』にはない標は囲み。

※注記なきものは、緒言からの引用。

1　内容のまとまりを示す標

・句読点の標

・・一句の終．また一句の小別の處に此標を附く

句点も読点も共に、小さな丸点を右寄せで付されている。原文では句読点の付かない近世以前のテキストを教材に使い、これを読みやすくする工夫であると同時に、これを書く際に使うことで普く通用しやすい文を書くことになる。なお、「たてさま・よこさま」などのような並列の語の間は「・」（中点）を入れている。

・**引用部の標**

「」彼と此と．自と他とをわくるところにて．即他の歌．物語．或は他の人の語など挿し入れたるなど．例へば枕艸子に（内の大臣の奉り給へりけるを．「これに何をかゝまし．上のおまへには．史記といふ書をなんかゝせたまへる．」などのたまはせしを．）とある．これにより．給へるまで．后の御詞なり．かゝるところに此標を附く．

『』は．人の物語の中にて．また他の語をひきていふ処の標なり．こは巻の首に．いふべかりしを．おとしたれば．こゝにいふ（下巻・教材72「われから　濱ゆふ　本居宣長」頭注）

この標によって、地の文との区別が容易になる。このような理解のための工夫が、分かりやすい普通文の書き方を形作っていくことにもなる。

・段落の標

└　事の全く竟たる処に此標を附く

ー　一事の暫《ク》竟たる処に此標を附く

「└」は大段落、「ー」は小段落の後端を示している。

これらの標を付すことで、段落ごとに意味をまとめながら文章を理解することが容易になるだけでなく、書くことの指導として、大きな意味のまとまりを集めて文章が構成されることを教えることになる。段落を意識させることも、普く通用しやすい文章を書かせることに寄与するものである。

2　表現の構造を示す標

・並列表現における係り受けの関係を示す標

［　數項に別れたるが．言を隔てゝ．下の一の詞に續く處に此標を附く

］　數項に別れたるを．一の言にて受くる處に此標を附く

〚〛　上の類の中にて．また數項に別れて下の一の詞に續く處．また下の一の詞にて受くる處に此標を附く

並列に数項続く文節では、先の文節を後の文節がまとめて受けることを示している。日本語の文節の続き方の特性を示している。

［　［　［　］

かれ．これ．しるしらぬ．おくりす．（教材38「土佐日記　紀貫之」）

［　］［　］

よる．ひる．しぐれ．あられふりみだれて．（教材39「更級日記　菅原孝標女」）

・離れて係る句の関係を示す標

△　言を隔てゝ下へ續く詞に．此標を附く

▽　言を隔てゝ上より受る詞に．此標を附く．此二の標の間を漢文にては斜挿などいへり．但し此例には．上より．三《ッ》四《ッ》も重りつゞきて．下は一にて受るもあり

△▽　上の二の類の二重になりたる中の續き受くる處に此標を附く

挿入句等をはさんで離れて句が続く場合、係る句の末に△、受ける句の頭に▽を付す。ただし、▽は、述部に付くとは限らず、文構造というよりは、意味上の関係を説明しているものも見られる。

殿もうへもあなたにわたらせたまうて△．月ごろみすほう．どきやうにさぶらひ．昨日今日めしにてまゐりつどひつる▽僧のふせたまひ．▽くすし．▽おんやうじなど．みち〳〵のしるしあらはれたる．

（教材37「上東門院御座の條　紫式部」）

・**対になる表現の標**

◐◑　二事の．互に交錯して續き受くる處に此標を附く　又交錯せるには◐◐◑◑を附く

対になる構造を教えている。

・**語順・句順の倒置を示す標**

一———二———三———　語脈の倒になりたる處に．此標を附く．たとへば．枕草子に．（人なみ〳〵なるべき耳をも．きくべきものかは．とおもひしに．はづかしきなども．見る人は．のたまふなれば．）といへる類．一二の字を附けたる線のままに．語の次第をかへて見るべき類なり．か丶るところには．皆此標をつけたり．なほ初学のために．上に擧げたる例ども．一二《ツツ》しるしつけて．文の大體のさまを．圖して示すべし．紫式部日記に．此文本文にも出せり

午の時に．空はれてあさ日さしいでたるこ丶ちす．たひらかにおはしますうれしさの．たぐひもなきに．男にさへおはしましけるよろこび．いかゞは．なのめならん．昨日しをれくらし

三けさ朝霧におほゝれ」四つる女房

など、みなたちあがれつゝやすむ。

五御前には、二〇〇うちねびたる人々の　一かゝるをりふし

つきぐしき。さぶらふ。

六殿も「

七上も」八あなたにわたらせ給うて。△九月ごろ　十みすほう「

十一どきやう　十二」に

十四昨日「

十五今日　十六」めしにて、ま

十八▽くす師「

十九▽陰陽し　廿」などみ

十三さふらひ。「

又十六ゐり集ひ　十七」つる僧▽のふせたまひ。「

廿二」せ

又廿ちみちのしるしあらはれたる。一人々二禄たまは

廿三」たま

廿二うちには、御湯殿のぎしきなど、まうけさせ

又廿三ふべし

この中に「二うちねびたる人々の、一かゝるをりふしつきぐ」という例があるが、これについては、同格の

「の」という概念がなかったことから、このような説明がなされたものと考えられる。

こうした標が必要であったのは、語順・句順を順を変えなくては、当時の日用的な表現として理解しにくかったという事情によるものであろう。ここから発展して普く通用しやすい文にするには、語順を入れ替えて表現することになる。

・係り結びの構造を示す標

⊓⊔　てにをはの．繫結となる処に附く．例へば．（史記といふ書をなん書せ給へる．）（涙せきあへずこそなりにけれ）などの類．これなん　こそは繫にて給へる　けれはその結なり．かかる処に此標を附く．

⊓⊔⊓⊔　てにをはの．繫結の二重にとゝのひたる詞の．其中の處に附く．例へば後撰集の歌に．（しのゝめに．あかでわかれし．袂をぞ．露やわけしと．人のとがむる．）とある類．上のぞは．下のとがむるにて結び．中のやは．つぎのしにて結べるなり．かゝるところに．此標を附く．ただし．（聲きく時ぞ．秋はかなしき．）の類は．ぞも．はも．繫るてにをはなれど．結は．重き方のぞに．のみ従ひて．はをば結ばぬ格なれば．かゝる類の軽き方には．此標を附けず

係り結びの全箇所に、標が付けられている。これが、当時の日用的な表現からは遠いものであったということの現れである。

語句の係り受けや文中の語句の並列関係を示す際に、意味が二重に掛かっている修辞の技法も示すことになる。

3　省略語句を補う標

・語句を補う標

─、、、、、　語を補ひて意を現したる処に此標をつく

この記号を使って、次のような係助詞「は」の補充がなされている例が多い。

雪のふりたる。《─ハ》さらにもいはず。（教材62「四季の評　枕草子　清少納言」）

ただし、本文にあるべき文字の欠落と考えられたとおぼしきものは、次のように表記される。

いさゝかつれ〴〵まぎるゝなん[は]《補》ありける（教材46「閑中五月雨　藤井高尚」）

係助詞「は」を補充して学習の助けとするということは、当時の日用的表現としては省略しないことが通用していたということ。

省略部の補充は、文意から推測できる語句も、明示していった方が分かりやすい文になることを示している。

補充によって、長く続く文を出来事の単位で切って読ませる場合がある。次の例では、連体形で接続している「ものせらる、」と名詞「ほど」との間に「しかものせらる、」を補っている。

此しきしまの道にいりたちものせらるゝ、《─シカモノセラル、》ほどなれば。望月のまとゐは、かくることなく、ありしまゝになんありける（教材1「八月十五夜。稲掛棟隆の會に。そこにてかける　本居宣長」）

この部分は内容が省略されているわけではなく、補充の必要があるとは言えない。それを敢えて補充することによって、修飾部で一端出来事がまとめられることになる。この処置は、長く切れずに続く文を出来事のまとまりごとに文を切ったほうが、普く通用しやすい文章になるという気づきにつながるものである。

補充によって、掛詞などの修辞を教える例がある。

又ふもとにはや川といふ川あり。《─名ノ如ク》まことにはやし。（教材40「十六夜の日記　阿佛尼」）

補充の少ない文章と多い文章がある。省略内容を補充して学習の助けとするということは、当時の日用的表現から見て、教材文には省略が多いということ。これは、今日の古文読解の方略知識である。省略部を補った方が分かりやすいということは、「普通文」を作っていくときの改良点となる。

4　表現の要となる語句を示す標

・表現上の要語の標

◎◎◎◎◎　一篇の旨趣とあるところに此標をつく

●●●●●　一篇の旨趣を助けなす種子《クサハヒ》．或は旨趣につぎて要ある詞に此標をつく

、、、、、　（※この標は凡例に説明がない）

『評釈』にも「◎◎◎◎　眼目の語の標」が使われているが、『本朝文範』がこの標の種類を増やしたことは、表現の要語を重視したことの現れである。なお、この標の機能については、改めて次章で検討する。

5　和歌の修辞を教える標

・本歌取りの標

乁　本歌ある詞にて．古歌．古語等の意詞をとりて．あやをなしたる処にて．其本のよりどころとしたる歌・詞をしらでは．意味の暁りがたきところに此標をつく．例へば．枕草子に．（清うかくしたりと思ふを．なみだせきあへずこそなりにけれ．）などある．これ古今集なる．枕より．またしる人も．なき恋を涙せきあへず．もらしつるかな．といふ歌を本にとりて．洩らしたりといふ意をきかせたるなり．かゝる處に此標をつく．

・枕詞・序詞の標

――――　冠詞・序詞の処に此標をつく．二重《ッ》りたるところには‖をつけ．三重《ッ》りたる処には⦀を付けたり

・掛詞の表示

掛詞の使用は和歌に限らないが、傍注にかけられている意味の漢字表記を併記している。これは、読み方を教える標である。

「たち（發　裁）て」（教材5「青木美行ぬしの越前にかへるをおくる　鵜殿よの子」）、「はる（春　張）」（教材7「山路孝正が父の七十賀の．まとゐの詞　本居宣長」）、「ふれ（降　継）」（教材46「閑中五月雨　藤井高尚」）、「たれまつ（松　待）むしのね」（教材71「松虫．鈴虫．蛬　富士谷成章」）、「はるをつみ（積　摘）しかば」（教材85「阿闍梨より．中の君に　源氏物語　紫式部」）、「しら（白　不知）萩の」（教材87「久米子にこたふる書　加藤千蔭」）

和歌の修辞を教育内容として重要なものと位置づけていることがうかがえる。なお、『本朝文範』中、和歌を含む教材は、辭類五、和歌序二、和歌小序一二、記類七、消息類八、計三四である。

6　音読上の読み方を示す標

・読み方を補助する標

○○○○○　發聲・語助の処に此標をつく

〝　音の濁る處に此標を附く

これらの標は、音読することを想定しての工夫である。

以上各種の標が、本文を中心に傍注として配置される。具体的な使用例は次の通り。（教材62）

枕草子は．異本いと多くて．よきあしき互にあれど．此一段は．塙保己一が群書類従に収れたる本により て引出でたり．其は此邉は塙本よき所多ければなり．但しよからぬ所も．なきにはあらねど．かれこれとり合せて引改んも．なかくに．物ぞこなひなることあるべく．はた．初学の人のまどひともなりなんとて．今は．諸本

評類

四季の評　枕草子　清少納言

春は曙．—ノケシキヲカシ　空はいたく《甚》霞みたるに．やうやう《漸》しろ《白》くなりゆく山ぎはの．すこしづゝあかみて．紫だちたる雲の．ほそくたなびきたるなど—サマ　いとをかし《甚有興》　夏はよる．—ノサマヲカシ　月のころはさらなり．—イフモ　やみ《闇》もなほ．螢おほくとび《飛》ちがひ《乱》たる—サマヲカシ　又．たゞ—シカラズシテ　ひとつ．ふたつ　など．ほのか《幽》にうち光りてゆくも．いとをかし．雨のど《閑》

のたがへる所
をもしるし
いでず

綺語抄　夕ま
ぐれ．ねにゆく
からす．うち
むれて．いづれ
の山の．みねに
とふらん

やかに降りたるさへ —アルヨ こそ をかしけれ」 秋

は夕暮．—ノケシキアハレナリ 夕日のきはやかにさして．山のはちかう《端近》
見えわたるに．—トキ 烏のねにゆくとて．—シ 三・よつ《四》 ふた《二》
つなど．とびゆくも —サマ あはれなり．まして《況》．雁
のおほくとびつらねたる《飛連》．—ガ いとちひさく《小》見ゆ
るは．—ナド いとをかし．日入りはてゝのち．風のおと．虫の
聲．はたいふべきにもあらずめでたし —サマ 冬
はつとめて《詰朝》．—ノケシキオモシロシ 雪のふりたる —ハ さらにもいはず．—オモシロシ
霜のいと白きも．—オモシロシ 又さらねど《然不雖》．いとさむきに．—ツキテ

火などいそぎ《急》おこし《熾》て．炭持てありき《歩》
などするを見るも．いとつき〴〵し．書に
なりぬれば．やう〳〵ぬるび《温》もてゆきて．雪き
え．すびつ《炭櫃》．火をけ《桶》の火も．白き灰がち《多》になり
ぬれば．わろし《悪》

以上の標は、概括すれば、次のようなことを教えるものである。

・「１　内容のまとまりを示す標」で、段落を教える。
・「２　表現の構造を示す標」で、文構造を教える。
・「３　省略語句を補う標」で、文脈によって書き手と読み手に言外に共有される意味があることを教える。
・「４　表現の要となる語句を示す標」で、優れた表現例を教える。
・「５　和歌の修辞を教える標」で、和文の修辞を教える。
・「６　音読上の読み方を示す標」で、書記言語の音声言語との差異を教える。

『本朝文範』の標は、近世の注釈書『源氏物語評釈』で使用された「標」を基盤としつつ、文章を教える機能

をもった標を施した。ここに、作品の解説から変容して新たに加えられた性質、学習事項を示した近代教科書としての創出を見ることができる。

学習者は、これらの標に従って教材本文を読んでいくことで、省略の意味等の情報を組み込んだり、係り結びの表現を括弧で括ったり、語順を入れ替えたり等、再構成を行いながらテキストを認識する。この時、認識上に再構成されたテキストこそが、当時にあって通用する文を作っていくための基盤となり得たものであると言える。教科書編者が意識するとしないとにかかわらず、この再構成されたテキストは、当時にあって普く通用する「普通文」に向かう過程の試みだと位置付けることが出来る。頭注の文章は、これに近い文体と考えられる（ただし、係り助詞については、教材9頭注「此大徳にとりては．小瑕といふばかりもなくこそ．」のように一部使われる例もある）。

第二節　漢字を利用した注

『本朝文範』には、傍注で付された漢字表記（以下、傍注漢字）がある。これを通観すると、漢字仮名交じり文を作る際の慣例的漢字表記と、もとの和文表現の意味を解釈して漢字表現に翻訳したものがあることに気付く。さらに漢字で意義を示した表記の中には、特定の漢詩文など典拠に結びついた漢字傍記と言えるものも見出せる。本節では、この傍注漢字の工夫について検討する。

一　『本朝文範』の傍注漢字の機能

ここでは、「漢字仮名交じり文を作る際の慣例的漢字表記」であるかどうかの認定は、同時代の表記を伝えると見なせる大槻文彦『言海』（明治二一～二四年）および石川雅望著・中島広足増補『増補　雅言集覧』（明治一六年版権免許、二〇年版）を参照した。『言海』は、「普通用」、「和漢通用」、「和用」、「漢用」の別を記しているため、「普通用」、「和漢通用」、「和用」としてある場合がこれに該当し、また『増補　雅言集覧』に漢字表記が付されている場合もこれに該当するものとした。これら二種の辞書のいずれかにおいて右に該当するものを、Ａ「漢字仮名交じり文を作る際の慣例的漢字傍記」とした。そして、これに該当しない表記を、Ｂ「漢字で意義を示した傍記」とし、そのうち特に人口に膾炙した漢詩文の用例に基づくと考えられるものを、Ｃ「特定の漢詩文など典拠に結びついた漢字傍記」とした。教材62「四季の評　枕草子　清少納言」・教材65「淵は　枕草子　清少納言」・教材68「傍いたきもの　枕草子　清少納言」を例に、それぞれの用例を取り出すと、次のようになる。

※（　）内は、傍注漢字。『増補　雅言集覧』は『雅言』と表記。なお、『大言海』を併せて参照した箇所もあり、その場合『大言海』と表記。

Ａ「漢字仮名交じり文を作る際の慣例的漢字傍記」

教材62　○やう〳〵（漸）…『雅言』漢字表記無し、『言海』「漸」。　○しろく（白）…『雅言』「白」、『言海』「白」。　○いと（甚）…『雅言』「万　わきも子かやどの橘甚近うゐて」、『言海』語義に「甚《イタ》ク」、『大言海』「甚」。　○やみ（闇）…『雅言』漢字表記無し、『言海』「闇」。　○とび（飛）…『雅言』「飛」、『言海』「飛」。　○は（端）…『雅言』「端」、『言海』「端」　○ちかう（近）…『雅言』「近」、

『言海』「近」。　○よつ（四）…『雅言』「四」、『言海』「四箇」。　○ふたつ（二）…『雅言』「二」、『言海』「二箇」。　○まして（況）…『雅言』漢字表記無し「増しての意」、『言海』「況」。　○つらね（連）…『雅言』漢字表記無し、『言海』「連」。　○ちひさく（小）…『雅言』漢字表記無し、『言海』「小」。　○さ（然）…『雅言』漢字表記無し、『言海』「然」。　○ね（不）…『雅言』漢字表記無し、『言海』「不」。　○ど（雖）…『雅言』漢字表記無し、『言海』「雖《ども》ニ同ジ」、『大言海』「ども」の和漢通用「雖」。　○いそぎ（急）…『雅言』「急」、『言海』「急」。　○ありき（歩）…『雅言』漢字表記無し、『言海』「歩」。　○ぬるび（温）…『雅言』漢字表記無し、『言海』「微温」。　○すびつ（炭櫃）…『雅言』「すみ」の項に「炭」、「ひつ」なし、『言海』「炭櫃ノ略ト云」。　○をけ（桶）…『雅言』「桶」、『言海』「桶」。　○わろし（悪）…『雅言』漢字表記無し、『言海』「悪」。

教材65　○な（勿）…『雅言』「莫」、『言海』「勿」。　○いり（入）…『雅言』「入」、『言海』「入」。　○あを（青）…『雅言』「青」、『言海』「青」。　○いろ（色）…『雅言』「色」、『言海』「色」。　○くらうど（蔵人）…『雅言』「蔵人」、『言海』「蔵人」。　○し（為）つべく…『雅言』「為」、『言海』「為」。

教材68　○まらうど（客人）…『雅言』漢字表記無し、『言海』「客人」。　○いたく（甚）…『雅言』漢字表記無し、『言海』「甚」。　○ゑひ（酔）て…『雅言』「酔」、『言海』「酔」。　○聞きゐ（居）たる…『雅言』「居」、『言海』「居」。　○つかひ（仕）人…『雅言』「仕」、『言海』「仕」。　○かたはらいたし（傍痛）…『雅言』「傍痛」、『言海』「傍痛」。　○にくげなる（悪）…『雅言』漢字表記無し、『言海』「悪」。　○まね（真似）…『雅言』漢字表記無し、『言海』「真似」。　○ざえ（才）…『雅言』「才」、『言海』「才」。　○ことに（殊）…『雅言』なし、『言海』「殊」。　○ほめ（誉）し…『雅言』「褒」「万将誉《ホメン》ともあらず」、『言海』「誉」。　○おき（起）て…『雅言』項目なし、『言海』「起」。　○まだ

（未）…『雅言』漢字表記無し、『言海』「未」。○ね（音）…『雅言』「音」、『言海』「音」。○ひき（弾）…『雅言』漢字表記無し、『言海』「弾」。○と、のへ（調）…『雅言』「調」、『言海』「調」。○さやう（然様）…『雅言』漢字表記無し、『言海』「然様」。○いとゞしう（甚）…『雅言』漢字表記なし、『雅言』語義に「いよ〳〵甚しきこゝろ也」、『言海』漢字表記無し、『大言海』「深甚」。

Ｂ「漢字で意義を示した傍記」

教材62　□「ほそくたなびきたるなど　いとをかし（甚有興）」…『雅言』漢字表記無し、『言海』「可笑」。『花園天皇宸記』「五日庚午　晴、關白進菖蒲藥玉、有和哥二首、其躰**甚有興**、」(2)など漢文日記で使われている。※「有興」の項参照。□のどやかに（閑）…『雅言』漢字表記無し、『言海』漢用「長閑」。□「冬はつとめて（詰朝）」…『言海』漢用字「明朝、明旦」、「つとハ夙ナリ、めてハ向ヒテノ約カト云」。『徂徠集』巻二十二　與服子遷「**詰朝**促裝。忽忽別去」(3)。『大言海』□おこし（熾）…『雅言』漢字表記無し。『言海』漢用「熾」。□がち（多）…『雅言』「（和名）廿周易説卦云其於木也爲二堅多一レ心、師説多心讀奈賀古可遲　○是多の字を訓せり」、『言海』「勝」。

教材65　□「さる名をつきけん、といとをかし（有興）」白居易『白氏文集』六十八「雪朝乘興欲詣李司徒留守先以五韻戯之（雪の朝、興に乗じ李司徒留守を詣でんと欲し、先づ五韻を以て之に戯むる）梁園應**有興**何不召鄒生（梁園應に興有らんとす　何ぞ鄒生を召さざる）」(4)など漢詩文の表現で用いられるものであるが、百首歌合建長八年・八一三・八一四判「左歌、詞雖似有興体甚似通俗」、千五百番歌合・一二三一四・一二三一五判「左歌、おもしろくそへくだされて、**有興**てきこえ侍り」(5)など歌合の判詞で使われており、記録的漢文の他に和文にも用いられている。

教材68　□「うちとけごと（情話）」…『雅言』「うちとけ」の項に漢字表記無し、『言海』「うちとけ」の項に

「打解」。陶潜・歸去來辞「悦親戚之情話、樂琴書以消憂（親戚の情話を悦び、琴書を樂んで以て憂を消す）」⑥など漢詩文の用例もあるが、徳冨蘆花『おもひ出の記』「親子の間にどんな情話があったか、それは知らぬ」⑦などの使用例もあり「情話」のこの意味での使用は一般的なものと言える。□せいせ（制止）で…『雅言』「制す」、『言海』「制」。□ここち（心）…『雅言』「心地」、『言海』「心地」。□「旅だちたる所（旅宿）」…『雅言』「たびだち」なし、『言海』「たびだち」の項に「旅立」。『和漢朗詠集』三月盡「今宵旅宿在詩家（今宵《こんせう》の旅宿は詩家に在らん）」⑧などの漢詩文の用例もあるが、『千載和歌集』巻八・四九八・四九九の詞書「月前旅宿といへるこころをよめる」など歌題において通用した語である。□げすども（下人輩）…『雅言』「下衆、下種」、『言海』「下司、下種」。『雅言』「ども」なし、『言海』「共」。□ざれかはし（狎合）たる…『雅言』漢字表記無し、『言海』「戯」、『雅言』「交」、『言海』「交」。□ちご（乳児）…『雅言』「兒」「（和名）二七赤子和名知子今按云含乳之義也」、『言海』「兒」、語義に「乳子の義」。□かなし（可愛）…『雅言』漢字表記無し、『言海』「可憐、悲、哀」、『大言海』「沖縄ニテハ今モ可愛《カハユ》しヲかなしト云フ」。□うつくしみ（寵）…『雅言』漢字表記無し、『言海』「美、愛」。□よし（優）…『雅言』「善」、『言海』「好、佳」。□うちとけ（放心）て…『雅言』「打ちとけ」、『言海』「打解」。□心一《ツ》にやり（滿）て…『雅言』「遣」、『言海』「遣」。□すまぬ（不通）聟…『雅言』「すむ」の項に漢字表記無し、『言海』「住」

C「特定の漢詩文など典拠に結びついた漢字傍記」

教材62 ■「螢おほくとび（飛）ちがひ（乱）たる」…『雅言』「違」、『言海』「交」とあり「ちがひ」に「乱」の字は当てない。『和漢朗詠集』夏螢「螢火乱飛秋已近辰星早没夜初長（螢火乱れ飛んで秋已に近し　辰星早く没して夜初めて長し）」⑨など、漢詩文において螢の飛び交う表現に使われている。

■「ほのかに（幽）うち光りてゆくも」…『雅言』「仄」「彷彿」「側」、『言海』「万髣髴《ホノカニ》だにも」とあり「ほのかに」に「幽」の字は当てない。『言海』「ほの」の語義に「幽《かす》かに」とあり、「幽」の字で意味は通する。『新撰朗詠集』上・十五夜付月・二二五「螢火幽光消不見、鷺糸寒色混難尋（螢火の幽光は消えて見ず、鷺糸《ろし》の寒色は混じて尋ね難し）」[10]など、漢詩文において螢の光の表現に使われている。

いずれも、ねらいは、意味の取りやすさのためであると考えられる。特にB「漢字で意義を示した傍記」があることからは、これらが表意文字を使って視覚的に意味を了解するためのものであると言える。原文を音読しながらも目で漢字を参照しながら意味を取るという読み方が想定されていると言える。B「漢字で意義を示した傍記」には、和歌の詞書や判詞で使われる漢語表現が使われていることから、和歌世界で使われる漢語は学習の対象としていると考えられる。

Bの用例は、「萬にいたり（造詣）すくなく」・「ゆゑ（藝）づけて」「あいなだのみ（妄憑）」（教材３「述懐といふことを題にてかける　本居宣長」）など漢字表現に訳すことで本文の注釈となっている。「なしらせそや（勿令知）」（教材30「荷田在満家の歌合の跋　岡部真淵」）などは、漢文的表現である。また、B類には、「言のはよし・あしいはん（評）」（教材30「荷田在満家の歌合の跋　岡部真淵」）、「考へたる中にもよきこと（説）どものあるを」（教材31「紀の國人長原忠睦がこへる今案名蹟考のしり書　本居宣長」）、「ものし（参内）たまへ」（教材107「桐壺の更衣うせたまひて後．帝より．更衣の母の御もとへ　源氏物語」）など、「いふ」・「こと」・「ものす」といった語の文脈から解釈された具体的内容を表したものが見られる。

C「特定の漢詩文など典拠に結びついた漢字傍記」の「特定の漢詩文」とは、『和漢朗詠集』等人口に膾炙したもので、「まだよごもれる（富春秋）やうなる身も」（教材３「述懐といふことを題にてかける　本居宣長」）…

『和漢朗詠集』祝「長生殿裏春秋富　不老門前日月遅[11]」も、その一つ。ただし用例も少なく、教科書編者の素養が顔を出したものか。

「明治四十一年五月二十九日臨時假名遣調査委員會委員長及委員文部大臣官邸ニ参集ノ際ニ於ケル牧野文部大臣ノ演説筆記[12]」には、明治初期において漢字を初学から学んでいた実態が記されている。

抑モ假名遣問題ノ起リマシタノハ維新ノ結果トシテ百般ノ制度文物革新致シマシテ教育法モ大ニ變更セラレタ際ニ胚胎シタモノト存ジマス、從來ハ就學ノ初カラ直チニ漢字ヲ教フルノガ慣例デ字音モ字訓モ假名ヲ借ラズ、直チニ其漢字ヲ見テ之ガ發音ノ暗誦ヲサセマシタ、ソレデスカラ書クトキハ漢字ガ主トナリ假名ハ客トナツテ字音モ字訓モ漢字ニ隠レテ居ツタタメニ假名遣法ガ餘リ問題ニナラナカツタノデアリマス、

明治一四年五月交付の「小学校教則綱領」には「中等程ニ於テハ近易ノ漢文ノ讀本若クハ稍高尚ノ假名交リ文ノ讀本ヲ授ケ高等科ニ至テハ漢文ノ讀本若クハ高尚ノ假名交リ文ノ讀本ヲ授クヘシ」とある。修学の初めから漢字で学んでいたという事情があり、『本朝文範』では、漢字による仮名の説明という方法が成立している。また漢詩文を併行して学んでいるのであるから、結果として和漢文をつなぐ連携がなされているとも言え、この時代に特有の現象である。国学者が作った和文の教科書であるが、漢文を借りた工夫がなされている。

二　『本朝文範』と『源氏物語評釈』の傍注漢字

『本朝文範』以前に、傍注形式の漢字表記は、四辻善成『河海抄』（南北朝時代）、北村季吟『源氏物語湖月抄』（延宝元）、萩原広道『源氏物語評釈』（嘉永七・『源氏物語余釈』文久元）などの『源氏物語』注釈書に見られ

るものである。このうち『源氏物語評釈』は、前述のように『本朝文範』緒言で編集の際に参考にしたことが明言されているものである。傍注漢字の工夫は「其総論にいへる事ども」にはないが、「初學の便となることおほければ．おのが此書には．それに倣ひて物しつ」という「倣った」ものの一つであったと考えられる。表１は、『源氏物語評釈』と『本朝文範』の同文で傍注漢字を比較したものである。

【表１『本朝文範』と『源氏物語評釈』の傍注漢字】

※『源氏物語評釈』は、『校正譯注源氏物語評釋』国文学研究資料館初雁文庫本による。『源氏物語評釈』は、傍注漢字に加えて、『本朝文範』で傍注漢字が施された箇所の傍注訳を表記。

※『本朝文範』と『源氏物語評釈』との傍注漢字の使われ方について、次のように標を付けた。

『源氏物語評釈』の傍注漢字が付された箇所について、『本朝文範』で同じ漢字で傍注表記されている場合はゴシック体で、別漢字の場合はさらに傍線を、漢字意義訓の場合は二重傍線を加えた。『源氏物語評釈』の傍注漢字が意義訓の場合はこれにも二重傍線を加えた。

『源氏物語評釈』で傍注漢字が付された箇所について、『本朝文範』本文で仮名表記されている場合は波傍線。

『源氏物語評釈』で傍注漢字が付された箇所について、『本朝文範』本文で同じ漢字表記されている場合はゴシック体、別漢字の場合は傍線、それが漢字意義訓の場合は二重傍線。

『源氏物語評釈』で傍注漢字が付されていない箇所について、『本朝文範』で傍注漢字が付されている場合は傍線。それが漢字意義訓の場合は二重傍線。

『源氏物語評釈』でカタカナで傍注訳が付された箇所のうち、『本朝文範』で傍注漢字が付されている場合は文字囲み。それが漢字意義訓の場合は二重文字囲み。

『源氏物語評釈』でカタカナで傍注訳が付された箇所のうち、『本朝文範』の本文及び傍注の漢字表記がなされていない部分は、掲載していない。

『本朝文範』

【教材47】納涼

「紀の守にて、したしくつかうまつる人の、中河のわたりなる家なん、

この頃、水せき《堰》いれて、涼しきかげ《蔭》に侍る、」と聞ゆ《白》—

中略

しんでん《寝殿》の東おもて《面》、はらひ《掃》あけ《明》させて、かりそめの御しつらひ《修設》したり—

水の心ばえなど、さるかたにをかしくしなしたり、ゐなか《田舎》いへ《家》だつ《如》柴垣して、前栽など心とゞめてうゑたり—風すゞしくて、そこはか《許多》となき虫のこゑ〴〵聞え、ほたるしげくとびまがひ《乱》て、をかしきほどなり—

『源氏物語評釈』

はゝき木

きのかみ《紀伊守》にてしたしくつかうまつる人の。なか《中》川のわたりなる家なん。

このごろ水せきいれ《入》て。すゞし《涼》きかげ《蔭》に侍る。と聞ゆ。

（※中略）

しんでん《寝殿》のひんがし《東》おもて《面》はらひ《拂》あけ《明》させて。かりそめの御しつらひしたり。

水の心ばへなど。さるかたにをかしうしなし《為成》たり。ゐなか《田舎》家だつ《メク》柴がきして。

前栽などこゝろとゞめてうゑたり。風すゞしくて。

そこはかとなき《ドコトモナキ》むしのこゑ〴〵聞え。ほたる《蛍》しげくとび《飛》まがひ《乱》て。をかしきほどなり。

人ゝ．渡殿より出でたる泉にのぞきゐ《臨居》て．酒のむ―

【教材48】夕顔

きりかけだつ《如》物に．いと青やかなるかづら《葛》の．ここちよげ
にはひかゝ《延繫》れるに．
白き花ぞおのれひとりゑみ《笑》のまゆ《眉》ひらけたる．「をちかた《遠方》
人に物申す．」とひとりごち《獨言》たまふを．みずゐじん《御随身》つい《急》
ゐて《跪》．「かの白くさけるをなん．夕顔と申し侍る．花の名
は人めきて．かう《如此》あやしき垣根になんさき侍りける」と
まうす《白》― げにいと《實甚》小家がち《多》にむつかしげ《陋》なるわたり《邉》の．
このも《此面》．かのも《彼面》．
あやしううちよろぼひて．むねゝしから《儼然》ぬ軒のつま《端》ごと
に．はひまつ《延纏》はれたるを．「くちをし《憾》の花のちぎり《宿契》や．

人ゝ渡殿よりいでたるいづみ《泉》にのぞきゐてさけのむ《酒飲》。

夕かほ

きりかけだつ物《メク》に。いと青やかなるかづら《葛》の。こゝちよげ
にはひ《蔓》かゝれるに。
白き花ぞおのれ《己》ひとりゑみのまゆひらけ《獨咲眉開》たる。をちかた人
に物まうす。とひとりごち《獨言》給ふを。みずゐじん《御随身》つい《跪》ゐて。
かの白くさけるをなん夕がほと申侍る。花の名は人めき
て。かうあやしき《ヘンナ》かきね《垣根》になんさき侍りける。とまうす。
げにいと小家がちにむつかしげ《ムサクロゲ》なるわたりの。このも《アチラ》
かのも《コチラ》
あやしう打よろぼひ《ヒヨロツキ》て。むねゝしからぬ軒のつまごと
に。はひまつは《蔓纏》れたるを。くちをしの花のちぎり《シアワセ》や。

一ふさ《英》をりてまゐれ《参》」とのたまへば、このおしあけ《開》たる門に入りて折る、さすがにざれ《風流》たるやりどぐち《遣戸口》に、黄なるすゞし《生絹》のひとへ《単》ばかま《袴》、長く着なしたるわらは《女童》のをかしげ《美》なる、いでき《出来》てうち招く、白き扇のいたう《甚》こがし《燻》たるを、

「これにおき《置》てまゐらせよ、えだ《枝》も、なさけ《情》なげなめる花を」とてとらせたれば、門あけ《開》て、惟光の朝臣のいできたる《使》して奉らす—

一ふさ《英》をり《折》てまゐれ。とのたまへば。このおしあけ《開》たる門にいり《入》てをる《折》。さすがにざれ《シヤレ》たるやり戸ぐちに。き《黄》なるすゞし《生絹》のひとへ《単》ばかま《袴》。ながくき《着》なしたるわらは《女童》のをかしげ《ウツクシゲ》なるいできてうちまねく。しろ《白》きあふぎ《扇》のいたう《細》こがしたるを。

これにおき《置》てまゐらせ《サシアゲ》よ。えだ《枝》もなさけ《情》なげなめる花を。とてとらせたれば。かど《門》あけ《開》て惟光の朝臣のいできたるして奉らす。

【教材56】喪事　桐壺の更衣の葬の処　源氏物語

限りあれば、例のさほう《作法》にをさめ《葬》奉るを、母北の方、おなじ煙にも登りなん、となき《泣》こがれ《悲慕》《焦》たまひて、御おくりの女房の車に、

きりつぼ

かぎりあれば。れい《例》のさほう《作法》にをさめたてまつるを。はゝ《母》北のかた。おなじけふり《煙》にものぼりなん。となきこがれ給ひて。御おくりの女房のくるま《車》に。

慕ひのり《乗》給ひて．おたぎ《愛宕》といふところ《地》に．いと《甚》いかめしう《厳重》其さほう《作法》したるにおはしつきたるこ丶ちいかばかり《何許》かはありけん．空しき御から《骸》を見る〳〵．「なほおはする物と思ふが．いとかひなければ．はひ《灰》になり給はんを見奉りて．今はなき人とひたぶる《一向》に思ひなりなん」とさかしう《賢》のたまひつれど．車よりおちぬべうまどひたまへば．さは《然》思ひつかし．と人〻もてわづらひ聞ゆ」うち《内裡》より御使あり．三位のくらゐ《位》おくり《贈》たまふよし．勅使きて．その宣命よむなん．悲しき事なりける」女御とだにいはせずなりぬるが．あかず《慊然》口をしう《遺憾》おぼさ《思》るれば．今ひときざみ《一階》の位をだにと贈らせたまふなりけり」

した《慕》ひのり《乗》給ひて。おたぎ《愛宕》といふ所に。いといかめしう《厳重》そのさほうし《作法為》たるに。おはしつき《着》たるこ丶ち。いかばかりかはありけん。むなし《空》き御から《骸》をみる〳〵。猶おはする物とおもふが。いとかひなければ。はひ《灰》になり給はんを見奉りて。今はなき人。とひたぶるに《ヒトスヂニ》思ひなりなん。とさかしう《カシコウ》のたまひつれど。くるま《車》よりおちぬべうまどひ給へば。さは思ひつかし《サウハオモウタコトヨ》。と人〻もてわづらひ《煩》聞ゆ。うち《内裡》より御つかひあり。三位のくらゐおくり《贈》給ふよし。勅使きて《来》その宣命よむ《讀》なん。かなしき《悲》ことなりける。女御とだにいはせずなりぬるが。あか《飽》ずくちをしう《ザンネンニ》おぼさるれば。いまひときざみ《一階》のくらゐ《位》をだに。とおくら《贈》せ給ふなりけり。

【教材107】桐壺の更衣うせたまひて後．帝より．更衣の母の御もとへ

ほどへ《間経》ば．すこしうちまぎる《慰》ゝ事もや．と待ち過す月日にそへて．

いとしのび《耐》がたきは．わり《理》なきわざになむ― いはけなき《幼》人も．いかに．

と思ひやりつゝ．諸ともにはぐゝ《育》まぬが《補》おぼつかなさを．

今はなほ．昔のかたみ《記念》になずらへ《擬》て．ものし《参内》たまへ」

宮城野の．露ふき結ぶ．風のおとに．小萩がもとを．おもひこそ　やれ」

更衣の母御返し

いと《甚》もかしこき《忝》は　おき所も侍らず．かゝるおほせごとに

きりつぼ

ほどへ《間経》ば。すこし《少》うちまぎるゝ事もや。とまちすぐ《待過》月日にそへ《添》て。

いとしのび《コラヘ》がたきは．わりなき《ダウリナキ》わざになん《ナサケナキ》。いはけなき《幼》人もいかに。

と思ひやりつつ。もろとも《諸共》にはぐゝ《育》まぬおぼつかなさを。

いまは猶むかしのかたみ《形見》になずら《准》へて。もの《マヰリ》したまへなど。（※中略）

みやぎの丶露ふきむすぶ風のおとにこ萩がもとを思ひこそやれ。

（※中略）

いともかしこき《アリガタキ》は。おき《置》所も侍らず。かゝるおほせごと《勅命》に

つけても．
かきくら《昏》すみだりご、ちになん―
あらき風．ふせぎ《防》しかげの．枯れしより．こはぎがもと《小萩本》
ぞ．しづごゝろ《静心》なき」

つけても。
かきくら《昏》すみだりごゝちになん。
あらき風ふせぎ《防》しかげ《陰》のかれ《枯》しよりこはぎがうへぞしづ《静》心
なき。

両者対応本文の傍注漢字表記比較から判明するのは次の四点である。

ａ．『源氏物語評釈』で傍注に付された漢字が、『本朝文範』の本文の方で使われている場合（表中本文ゴシック体部）については、すべて和語であり、和語でも漢字表記した方が分かりやすい所を示している。

ｂ．『源氏物語評釈』で傍注漢字部が『本朝文範』で傍注無く本文で平仮名表記のままの場合（表中本文波傍線部）もすべて和語であり、これらの和語は平仮名で表記して意味が通ずるものである。

ｃ．傍注で付す漢字が別字に変更される場合（表中傍線部）は漢字意義訓であることが多く、「あ（飽）かず」を「慊然」とするなど通用表記を漢語に置き換えている例がある。

ｄ．『源氏物語評釈』でカタカナで傍注訳が付されてる箇所については、『本朝文範』では傍注漢字に換えている箇所（表中囲み部）もあり、訳は付けずに傍注漢字だけに意味を表す役割を担わせている。

『源氏物語評釈』の漢字意義訓（表中二重傍線部および二重囲み）は七箇所で、そのうち六箇所は『本朝文範』と共通。これに対して『本朝文範』は三二箇所とより積極的に使われている。

右ｄの『源氏物語評釈』のカタカナ傍注訳を『本朝文範』で傍注漢字に換えている例は一九箇所で、そのうち一三箇所が漢字意義訓である。この例は、解釈が必要な和語も漢字表記によって簡潔に言い表せるということの気づきによってなされていると言える。

『本朝文範』では、仮名に傍注で漢字を付すばかりでなく、漢字表記の「聞ゆ」に「白」をあてる例（教材47）があり、傍注漢字が別表現への言い換え（訳）の働きを有していることの証である。

なお、『本朝文範』では、「こがれ」に対して「焦」に加えて「悲慕」を付している例（教材56）があることから、傍注漢字により踏み込んだ解釈（意訳）を加えようとしている姿勢がうかがえる。

三　『本朝文範』と『源氏物語湖月抄』の傍注漢字

『源氏物語湖月抄』でも傍注漢字が使用されている。表2は、『本朝文範』『源氏物語湖月抄』との比較。

【表2『本朝文範』と『源氏物語湖月抄』の傍注漢字】

※凡例は、表1に準ずる。

『本朝文範』	『源氏物語湖月抄』
【教材47】納涼 「紀の守にて．したしくつかうまつる人の．中河のわたりなる家なん．	はゝき木 『きのかみ《紀伊守源氏の家人、伊與介が男、空蝉の継子也》にてしたしくつか《仕》うまつる人の中河《なかがは》のわたりなる家なん

この頃、水せき《堰》いれて、涼しきかげ《陰》に侍る。」と聞《白》ゆ― 中略 しんでん《寝殿》の東おもて《面》、はらひ《掃》あけ《明》させて、かりそめの 御しつらひ《修設》したり― 水の心ばえなど、さるかたにをかしくしなしたり。ゐなか《田舎》 いへ《家》[如]だつ柴垣して、 前栽など心とゞめてうゑたり―風すゞしくて、そこはか[許多] となき虫のこゑ〴〵聞え、ほたるしげくとびまがひ《乱》て、を かしきほどなり― 人〻、渡殿より出でたる泉にのぞき《臨》ゐ《居》て、酒のむ―
この頃水せきいれ《入》てすゞしき《冷》かげに侍る』ときこゆ（※中 略） しん殿《でん》殿のひんがし《晴のかた也》《東》おも《面》てはらひあけさせて《紀伊守の傍輩ども取持てしたるさま也》かりそめの御 しつらひしたり 水《泉水也》の水の心ばへなどさるかたに《納涼などのかた也》をかしくしなしたりゐ中家《なかや》《田舎》 だつしばがき《柴垣》して 前栽《せんざい》などこゝろ《心》とゞめ《留》てうゑ《植》たり風すゞしくてそこはかと なきむし《蟲》のこゑごゑ聞えほたる《蛍》しげくとびまがひてをかし き程なり ひとびと《御供の人人也》わた《渡》殿より出たるいづみ《泉》にのぞき《臨也》ゐてさけ《酒》のむ。

『源氏物語湖月抄』の傍注漢字は、通用表記（Ａ類）に限られ、使用数も『源氏物語評釈』よりも少ない。『本朝文範』の傍注漢字は、『源氏物語湖月抄』よりも『源氏物語評釈』の方が近似している。

漢語で和文の注をつけるということ自体は、近世までに伝統的にあった方法である。吉森佳奈子（二〇一四）[13]

によれば、漢字をあてて意味を理解するというかたちの和語の注は、『河海抄』を通路として『源氏物語』注釈書や古辞書類に広がり、『首書源氏物語』『源氏物語湖月抄』など本文と注の一覧型のテキストにも流れ込んでいったという。注釈の付け方の史的展開の中では、傍注という形式自体は原初的な形である。『源氏物語評釈』総論「頭書評釈凡例」には、傍注を付すことについて次のように述べている。

一　本文の左旁《ノ》に訳語《ウツシコトバ》をものせることは．いと〳〵俗《サト》びたるしわざにて．識者《モノシリビト》のおもはんこともかゞやかしけれど．此《ノ》物語をよむ人ごとに．雅言《ミヤビゴト》の耳遠くて．事の意を弁へがたしといふによりて．此《ノ》書を講ずるをりなどに．いさゝめに其《ノ》語の意を．本文の旁に記しつけたるを見て．かくてはいとたよりよし．といふ人のおほかるゆゑに．其本のまゝに彫《エラ》せつるなれば．もとより識者《モノシリビト》に見すべきものにはあらず．たゞいとうひ學びの輩．さては女童などの．ふと見てやがて解《サト》りつべきくさはひにもと思ふばかり也．…（中略）さて又漢字《カラモジ》をも交へて譯したるは．いと逆《サカシマ》なることわりなれど．今世《ノ》は．なべてこの漢字のこゝろもて．よろづを通ずる事多ければ．大かたに知らるべきかぎりは．約《ツヅマ》やかなるをせんとして．かつ〴〵注しつけたる也．これはたなべて俗《ヨ》に用《ツカ》ひなれたるもじして注せれば其字の本義《モトノココロ》には．たがへる所々なきにしもあらねど．正しく相當《ヒタ》る字して注する時は．却《リ》て初学のさとりがたき事も多ければ．これもやむ事を得ずしてなん．されど餘りにたがへることゞもは．いさゝか心しらひして記しつ．

和文を読むために漢字で表すことを、その目的から言って「いと逆《サカシマ》なることわり」としながらも、「通ずる」ために「かつがつ」使うとしている。「今世《ノ》は。なべてこの漢字のこゝろもて。よろづを通ずる事多ければ」という記述からは、近世末期、物語を読む者の教養レベルにおいては、漢字をあてて理解する方が分かりやすいという言語状況が表れている。『本朝文範』においても、傍注を漢語で行うということは、この教科書を使う者がこれらの漢語を知っていることが前提であり、傍注から本文を理解するという行為は、それらの漢語を和文ではこのように表現するということを示していることになる。近世の注釈書の考え方と方法の延長に、『本朝文範』教材化に際して行われた傍注漢字の工夫がある。ただし、「俗《ヨ》に用《ツカ》ひなれたるもじして注せれば其字の本義《モトノココロ》には。たがへる所々なきにしもあらねど。正しく相當《ヒタ》る字して注する時は。却《リ》て初學のさとりがたき事も多ければ。」という『源氏物語評釈』に対して、より積極的に漢字意義訓を使った『本朝文範』は、より高度な知識レベルを想定した教科書編集を行ったのであり、漢文学習との接点がより強固なものになっている。

『本朝文範』は『評釈』との漢字傍注箇所が多く一致することからを直接参照したと考えられる。Ａ「漢字仮名交じり文を作る際の慣例的漢字傍記」は、『評釈』の範囲内のもの（『湖月抄』も同じ）。Ｃ「特定の漢詩文など典拠に結びついた漢字傍記」も、教材47「納涼　源氏物語　紫式部」の「ほたるしげくとびまがひ（乱）て」が、『源氏物語評釈』に「ほたる（蛍）しげくと（飛）びまがひ（乱）て」に見られるように、近世に既に行われていたことではある。しかし、Ｂ「漢字で意義を示した傍記」が『本朝文範』でより広範に行われていることは、『本朝文範』独自の教材化の方針をうかがわせている。『本朝文範』において、通用表記を漢語に置き換えていることや、『源氏物語評釈』のカタカナ傍注訳を傍注漢字に換えて意味を表していることなどは、漢詩文学習との接点を持たせるという意図によって加えられたことと考えられる。同時に、和語を漢語に仮名を漢字に置き換えることで注になるということは、漢語・漢字の使用によって通用しやすい文をつくることができるという気付きがなされたということでもある。

学習者に文章を理解させやすくするための工夫は、何が理解しがたいのかへの気付きがもとになっている。この気付きは、編者の意図とは関わりなく、理解しやすい文をつくるための発想に結びつく可能性を秘めたものである。こうした意味で、『本朝文範』における「標」や傍注漢字の工夫は、近世注釈の方法を資源としたものであるが、近代教科書として「普通文」への歩みを内包していると考える。

（1）文部省普通学務局『明治十六年二月二十八日　調査済中学校師範学校教科書表　第二号』の「中学校及師範学校教科書ニ採用シテ苦シカラサル分」に、『本朝文範』や『和文読本』と共に掲載されている。
（2）文保元年五月。笹川種郎編『資料大成　花園天皇宸記』（昭和一三）による。
（3）明治三年刊。国文学研究資料館蔵本による。
（4）岡村繁編『新釈漢文体系108　白氏文集十二上』（明治書院、二〇一〇年）による。
（5）『新編国歌大観』（角川書店、一九八三年〜一九九二年）による。
（6）釈清潭註解『淵明・王維全詩集』（日本図書センター、一九七八年）による。
（7）明治三三年から翌年にかけて「国民新聞」に連載。
（8）貞享元刊、国文学研究資料館蔵本による。
（9）前掲、国文学研究資料館蔵本による。
（10）前掲『新編国歌大観』による。
（11）前掲、国文学研究資料館蔵本による。
（12）文部省『臨時假名遣調査委員會議事速記録』文部大臣官房図書課、明治四二年一月一八日。
（13）吉森佳奈子「漢字による和語の注の空間と『河海抄』」『國語と國文學』第1092号、東京大学国語国文学会、二〇一四年。

第五章　『本朝文範』教材化の創意2

――「書くこと」を教える教科書として

『本朝文範』の読むことを教える側面に焦点を当てた前章に続いて、本章では、『本朝文範』における書くことを教えるための工夫を取り上げて、その機能と創意を検討する。

第一節　要語への注目――近世から明治教科書へ

『本朝文範』は、文章の要となる表現に次のような三種の標を付している。

◎◎◎◎◎　一篇の旨趣とあるところに此標をつく

●●●●●　一篇の旨趣を助けなす種子《クサハヒ》．或は旨趣につぎて要ある詞に此標をつく

、、、、、　（※この標は凡例に説明がない）

この標の機能を分析し、『本朝文範』の文範教科書として指導しようとした内容をうかがう。

まず、『本朝文範』の〝旨趣の標〟が、近世までのどのような文化を基盤にしたものかを確かめ、同時に明治の教科書としてどのような創意を加えたのかを明らかにしたい。『本朝文範』緒言で「其総論にいへる事どもは．ことにまめやかにて．初學の便となることおほければ．おのが此書には．それに倣ひて物しつ．」と直接参看に言及している萩原広道『源氏物語評釈』（嘉永七、『源氏物語余釈』文久元。以下『評釈』）にも、〝旨趣の標〟が使われている。

◎◎◎◎　眼目の語の標　これは漢文に．字眼などいへるにひとしく．其所《ソコ》にむねとある語．或は殊更に多くつかひて．けしきをあやなしたる語．または伏線の脉《スヂ》を綻《ホコロ》ばしたる語などの右《ノ》旁に．か丶る點を用ゐて

標とす．…（以下略）[1]

『評釈』は、これを漢文の「字眼《じがん》」と同じと言う。「字眼」について、『國文學　解釈と教材の研究　古典文学レトリック事典』掲載の堀川貴司による解説[2]には、中世以降日本でも広く読まれた宋代の詩論『詩人玉屑《ぎょくせつ》』や祇園南海『詩学逢原《ほうげん》』（宝暦一三、一七六三）の例を、近世和文では北村季吟『徒然草文段抄』（寛文七、一六六七）の「○ひとりともしびのもとに　此獨といふ詞字眼也」（一三段）の例を挙げている。堀川が挙げた例以外にも、明治における漢詩文指南書では、木山槐所『初學詩法軌範　上』（明一五、奥吉五郎他）、島津木公（松治郎）『作文法』（明二四、大華堂）、大橋又四郎『詩學捷径』（明二八、少年園）などに「字眼」の項が見える。これらの書では、『詩學捷径』に「巧に之を用ふれば、通篇の文字までも、引き立ち見ゆる者なり」とあるように、文章論の立場から、表現効果上の要語として「字眼」が取り上げられている。「字眼」から「眼目の語」、そして「旨趣」へ、『評釈』と『本朝文範』は、こうした要語への注目が、漢文世界から和文の近世注釈世界へ、そして近代和文教科書へという脈絡で受け継がれた事例と位置づけられよう。

　しかし、『本朝文範』における〝旨趣の標〟使用は、近世注釈書『源氏物語評釈』からの方法を受け継ぎながら、理解の補助から表現指導の補助へと、そのねらいを変容させており、どういった語句に標を付けるかの差異にその跡を見ることができる（表１参照）。

【表1『本朝文範』〝旨趣の標〟と『源氏物語評釈』〝眼目の語の標〟】

※〝旨趣の標〟のみを表示。『校正譯注源氏物語評釋』（国文学研究資料館初雁文庫本）による。

『本朝文範』夕顔	『源氏物語評釈』夕かほ
きりかけだつ物に．いと青やかなるかづらのここちよげにはひかゝれるに．白き花ぞおのれひとりゑみのまゆひらけたる．	きりかけだつ物に。いと青やかなるかづらの。こゝちよげにはひかゝれるに。白き花ぞおのれひとりゑみのまゆひらけたる。
「をちかた人に物申す．」とひとりごちたまふを．みずゐじんついゐて．「かの白くさけるをなん．夕顔と申し侍る．花の名は人めきて．かうあやしき垣根になんさき侍りける」とまうす━	をちかた人に物まうす。とひとりごち給ふを。みずゐじんついゐて。かの白くさけるをなん夕がほと申侍る。花の名は人めきて。かうあやしきかきねになんさき侍りける。とまうす。
げにいと小家がちにむつかしげなるわたりの．このも．かのも．あやしううちよろぼひて．むね〴〵しからぬ軒のつまごとに．	げにいと小家がちにむつかしげなるわたりの。このもかのもあやしう打よろぼひて．むね〴〵しからぬ軒のつまごとに。
はひまつはれたるを．「くちをしの花のちぎりや．一ふさをりてまゐれ」とのたまへば．このおしあけたる門に入りて折る．	はひまつはれたるを。くちをしの花のちぎりや。一ふさをりてまゐれ。とのたまへば。このおしあけたる門にいりてをる。
さすがにざれたるやりどぐちに．黄なるすゞしのひとへばかま．	さすがにざれたるやり戸ぐちに。きなるすゞしのひとへばかま。
長く着なしたるわらはのをかしげなる．いできてうち招く．	ながくきなしたるわらはのをかしげなるいできてうちまねく。
白き扇のいたうこがしたるを．「これにおきてまゐらせよ．	

えだも・なさけなげなめる花を●」とてとらせたれば・門あけて・惟光の朝臣のいできたるして奉らす━

しろきあふぎのいたうこがしたるを。これにおきてまゐらせよ。えだもなさけなげなめる花を。とてとらせたれば。かどあけて惟光の朝臣のいできたるして奉らす。

『評釈』は、全編を通して〝眼目の語の標〟が付されている箇所はごく稀で、『本朝文範』と共通する本文範囲では、右の「あやしき」「あやしう」に付している。『評釈』が「あやし」(賤し)を「眼目の語」とするのは、「夕かほ」帖冒頭の「六条わたりの御しのびありきの」について「帚木《ノ》巻の脉《スヂ》なるべし」と注している点とかかわる。「帚木《ノ》巻の脉」とは帚木帖の雨夜の品定めに取り上げられた女性の類型「世にありと人に知られず、さびしくあばれたらむ葎の門に、思ひの外にらうたげならむ人の閉ぢられたらむこそ限りなくめづらしくはおぼえめ」(「帚木」雨夜の品定め)からの〝文脈〟にかかわる話題であるとの見解を示したもの。その文脈を「さびしくあばれたらむ葎の門」にかかわる要語「賤し」に着目してとらえることを促しているのが『評釈』の〝標〟なのである。

一方、『本朝文範』は、この文章を「記類　雑記」に収める、「夕顔」の咲く景を描くことを主題としたものとして教材化したと考えられる。この教材には「◎◎◎◎◎　一篇の旨趣とあるところ」が使用されていない。そして、物語上の旨趣ではなく、場面の情景性にかかわる表現に〝標〟を付している。そのことは教材文中のすべての「花」に「●」が付されている点からも明らかである。「一篇の旨趣を助けなす種子《クサハヒ》」(花)、そこを取り立て、「青やかなるかずら」「白き」「白く」に、そしてそれを「白き扇」に置いて持つ童の姿「黄なるすゞし」にも注意は向けられる。さらに「、」は、この場面を情景化する効果を担う形容詞・形容動詞などの語彙の全てに付されている。

『本朝文範』における、これらの標の使用法は他の教材でも同様で、〝旨趣の標〟は、文章法にかかわっている。『本朝文範』が〝旨趣の標〟を『評釈』よりも詳細に三種に分けて取り上げたのは、この文章法を重視したことを示している。

『評釈』の「眼目の語」がどのような場面として読むのかということを提示しているのに対して、『本朝文範』における〝旨趣の標〟は、何を取り上げてそれをどのようなものとして表現するかという具体例を取り立て、表現について教える機能を持ったものである。こうした〝旨趣の標〟の機能にも、近世の言語文化を継承しながら近代教科書として変容した様相を見出すことができる。

第二節　書くための要語――同時代教科書との位相

一　漢文教科書における〝旨趣の標〟

『本朝文範』〝旨趣の標〟と同種の標は、早くから漢文系統の教科書に見られる。漢文教科書の石川鴻斎『日本文章軌範』（明治一二年、稲田佐吉）[3]には、「―――　緊要處或一篇主意」、「、、、、、　佳境」、「○○○○◎◎◎　妙境」、「○◎　字母字眼或主意」が使われている。使用例は、次の通り。

陪㆓游笠置山㆒記　齊藤拙堂

文政十年九月。我公撫レ封《ヲ》移㆓鎮上野城㆒。因巡㆓上笠置山㆒修㆓故事㆒也。山屬㆓城洲㆒。爲㆓後醍醐帝蒙塵處㆒。今係㆓我藩封域㆒。在㆓上野城西五里㆒。…（中略）…此鐘亦當時所レ造。及㆓元弘兵燹後《ニ》㆒。不レ能レ復レ舊。獨、此鐘為二古物一。命レ僧鼓レ之。數杵。聲鏗鏗然。杵止響騰。曰黄鐘調也。…（中略）…其右隨二金剛一。東面者。鐫二虚空藏一。石高濶略等二二石一。佛身專レ之。鑱刻分明。尤為二奇偉一。此皆僧侶黠者所レ設。當時不レ能下護二王法一伏中賊魔上。眞不靈頑物耳。又北數十歩。得二石門一。門石長六丈餘。兩傍盤石。疊起承レ之。其下空濶可二數人竝行一。左傍一小洞。入二數十歩一。得二一竇一。纔《ニ》出。如三兒離二母體一。呼曰二胎内竇一。…（中略）…謙為レ公指二東北一村《ヲ》一。曰。此為二明日香路村一。係二柳生氏之封《ニ》一、當時其民實導二賊将一。經レ此襲二陷行營一。本邑之民醜レ之。至レ今五百餘年。不レ通二婚嫁一。言及レ之唾罵。臣嘗質二之士人一。且問曰今尚然耶。其人瞋レ目扼レ腕曰。萬刼如レ是爾臣以レ此知三民心之好レ義出二於天性一也。昔者先君祐信公。來觀喜レ之。稱《シテ》為二義郷一。親製二古風一篇一。為レ公誦レ之公竦聽者久レ之。」…（中略）…巖上有二一圓石一。高及二人頷一。可二重數千斤一。以レ手撼《セハ》レ之。則兀兀動揺。而終不レ可レ轉也。號為二揺巖一。遂《ニ》從登《ル》二行在舊止一。為二中峯最高處一。帝之夢二楠公一。楠公之上謁陳レ策。蓋皆在レ此。今唯見二老樹鬱蔥一。榛莽蕪穢耳。為《メニ》レ之慨然。…（中略）…謹按太平記當時官軍護《ル》二行在一者三千餘人。皆伊賀伊勢之兵也。今我公撫二二伊一而有レ之。今日所レ從士卒數百人。其中必多二義軍之裔一。且行在之受レ圍在二元弘元年九月一。此行正値二其時一。追二撫往事一。感念殊深。夫為二人臣子一者。常則勤恪。變則仗レ義授レ命。無二古今之異一。謙職《ス》忝二風教一。從二游豫一。飽二飲食一。而徒然無レ述焉。臣所レ懼也。因謹記《スルヿ》如レ此

凡例に各標の説明が付されていないため、それぞれの相違は明らかでないが、「―――　緊要處或一篇主意」は重要な話題内容や要旨を記した箇所、「、、、、　佳境」は巧みに叙した箇所、「○○○○◎◎◎◎　妙境」と「○◎　字母字眼或主意」は主情を表現するのに重要な効果を上げている箇所に付されていると考えられる。「妙境」と「字母字眼或主意」とは標の個数以外に相違なく、句単位か語単位かの違いであると考えられる。

こうした漢文訓読系統の教科書に見られる「字眼」等の標は、もともと漢文の文章学で使われたものである。特に「佳境」「妙境」「字母字眼或主意」と精緻に表現上の要語をとらえているところには、『本朝文範』における〝旨趣の標〟と通ずるものがあり、この時期、教科書に於いて文章学的分析への注視があったことが分かる。

漢文訓読文である「片仮名文」を教材とした亀谷行『育英文範』（明治一〇年、亀谷行）[4]では「一　小段落小節」「└　大段落大段」「◎　字眼篇中ノ要字」「〇〇　結句」の四種の記号が使用されている。次のように、一字下げの行では、文章学的解説を述べている（ゴシック体の箇所）。

紀二青砥藤綱事一　皇朝史略

青砥藤綱嘗テ夜行キテ滑河ヲ過ク、誤リテ錢十文ヲ水ニ墜ス、一第一節

　錢ヲ堕スヲ叙ス、

藤綱、乃五十文ヲ出シテ、炬ヲ買ヒ、夫ヲ雇ヒ、水ヲ照シテ捜索シ、竟ニ之ヲ獲タリ、└第二節

　炬ヲ買ヒ、錢ヲ索ムルヲ叙ス、此ヲ前段トス、凡二節、

或人、其得ルコトノ失フ亅ヲ償ハザルヲ笑フ、藤綱ノ曰ク、爾ラス、十錢ハ小ナリト雖、失フトキハ永ク世ノ寶ヲ損ス、五十錢ハ布キテ民間ニ在リ、彼此六十錢、終ニ一錢ヲ失ハズ、其利亦大ナラズヤ、一第一節

　藤綱ノ問答ヲ叙ス、此一節ハ叙事中ノ議論ナリ、其利亦大ナラズヤノ一句ハ、此文ノ關鍵ナリ、上文ノ意ト上文ノ勢ト、共ニ此一句ヲ得テ、始テ収束アリ、

聞者歎服ス、└第二節

　一句一節、總テ上文ヲ結ブ、此ヲ後段トス、凡二節、

「└第二節」で受ける段落が二つ、それぞれが「一第一節」で二つの小節で構成されているということを示して

おり、文章の構造を分析的に教えている。「結句」は、「一句一節、總テ上文ヲ結ブ」とあるようにそれまで述べたことをまとめる部分を示す。この文の「字眼」は「此文ノ關鍵ナリ」（※「關鍵」＝門のかんぬきと扉のかぎ）とあり、文意・文勢ともに収斂した表現上の要とされている。こうした記号や解説は、文章学的な理解を教えるものになっており、『本朝文範』の〝標〟と通ずる。

二 和文教科書における〝旨趣の標〟

和文教科書では、「第一章第二節三 中学校読本教科書における「普通文」」で取り上げた小中村清矩・中村秋香編『日用文鑑』（明治一七年、福田仙蔵）[5]に同様の〝標〟が認められる。大段落や小段落の切れ目・句読点・引用符など文章構造理解への便宜となる〝標〟の他、「○○○○○ 主旨又は要旨とする處の標」「、、、、、 主旨要旨を助けなす處、又は照應する處の標」の二種が使用されている。これは『本朝文範』〝旨趣の標〟と類似しているが、その使われ方に相違がある。両教科書には同一教材があり、比較が可能である。『本朝文範』の「旨趣」と『日用文鑑』の「主旨」は表現が異なるのであるが、当面、『本朝文範』の「◎」が『日用文鑑』の「○」に、『本朝文範』の「●」及び「、」が『日用文鑑』の「、」にそれぞれ相当すると見ておく。なお、『本朝文範』の「、」には凡例に説明がないのであるが、その役割は後ほど述べることにして、一先ず「●」に準ずるものと考えておく。

【表2 『本朝文範』〝旨趣の標〟と『日用文範』〝主旨要旨の標〟】

『本朝文範』下巻　説類 古よりも．後世のまされる事　本居宣長	『日用文鑑』下巻　論説類　卌一 後世の事物古代にまされる論　本居宣長
古よりも．後世のまされること．萬の物にも．事にも多し．其ひとつをいはんに．古は．橘をならびなき物にしてめでつるを．近き世には．蜜柑といふ物ありて．此みかむにくらぶれば．橘は．數にもあらずけおされたり━　其ほか．かうじ．ゆ．くねんぼ．だい〳〵などの類多き中に．蜜柑ぞ味殊にすぐれて．中にも橘によく似て．こよなくまされる物なる．此一にておしはかるべし━　或は．古には．なくて．今はある物も多く．古はわろくて．今のはよき類多し┗　これをもて思へば．今より後も．又いかにあらん．今に勝れる物多く出で来べし．今の心にて思へば．古は萬に事たらずあかぬ事多かりけん．されど其世には．さは思はずやありけん．今より後．また物の多くよきがいでこん世には．今をもしか思ふべけれど．今の人．事たらずとはおぼえぬがごとし┗	古へよりも後世のまされること、萬の物にも事にも多し━其一つを言はむに、古へは橘を、ならびなき物にして、愛でつるを、近き世には、蜜柑といふ物ありて、此蜜柑に較ぶれば、橘は數にもあらず、けおされたり、その外柑子、柚、九年母、だい〳〵などの、たぐひおほき中に、蜜柑ぞ味ことにすぐれて、中にも橘によく似て、こよなく優れる物なる、此一つにて推測るべし┗一轉　或は古へにはなくて、今はある物も多く、いにしへは悪くて、今のは善きたぐひ多し、これをもて思へば、今より後も又いかにあらむ、今に優れる物多く出来べし┗再轉　今の心にて思へば、古はよろづに事足らず、あかぬ事多かりけむ、されどその世には、さはおぼえずやありけん、今より後また物の多く善きがいでこん世には、今をもしか思ふべけれど、今の人事たらずとはおぼえぬが如し、玉勝間

『日用文鑑』は、「┗」大段落、即ち一旨趣の大結するところの標」で区切られた各段落の末文に「主旨要旨」に関連した標が付く。『日用文鑑』の「一轉」までの段落では、古の橘と今の蜜柑についての記述を例とし

て承けて論を導く「此一つにて推測るべし」に「、」が付く。「推し測」った結論はこの段落にはなく、「主旨要旨を助けなす處」の標のみ使われている。「主旨要旨を助けなす處」とは、主旨・要旨そのものではないが、それを導く有力な記述を指している。続く「再轉」までの段落は、古と今の比較を承けて「今より後も又いかにあらむ」と転換する問いに「、」が付き、その問いに導かれた「今に優れる物多く出来べし」という発見や考え（結論）の部分に「○」が付く。最終段落は、古と今の関係のまとめを承けて話題を今と後の世の関係のまとめに転じる「今より後また物の多く善きがいでこん世には、今をもしか思ふべけれど」に「、」が付き、「今の人事たらずとはおぼえぬが如し」という発見・考え（結論）を表す部分に「○」が付く。

以上のように、『日用文鑑』では、結論の中心部分に「○」が付き、それを導く論の展開の要所に「、」が付く。「、」の部分と「○」の部分とを合わせて、文章題の「後世の事物古代にまされる論」と同義になり、文章全体の要旨を表した文となる。

『本朝文範』の「◎」は、「まされる」「こよなくまされる」「わろくて」「勝れる」「よき」で、優劣に関する語句に付いている。説類という文種は、例えを用いて正しい筋道や可否是非を説くものであり[6]、優劣を論じること自体、「説」という文種の本来の用である。つまり、この標は、文種としての用を表した語句に注目させる働きをしているのである。「●」は、「古」「近き世」「今」「後生」「後」に付いている。これらを対比して論じるという、この文章のテーマ設定にも関わる文章構想の枠組みに注目させる働きをしていると考えられる。

『本朝文範』では、「◎」と「●」と併せて、文種とテーマに即した書き方を構成する要語を示しており、こうした要語という点から文章の書き方のモデルを示していると言える。「、」は、「ならびなき物」「めでつる」「数にもあらずけおされ」「たらず」「あかぬ」に付く。これらの語句は、価値判断を含む表現で、可否是非・優劣を表す際の補助的な語句として位置付けられたと考えられる。優劣を別様に表現する言葉であるとも言える。

以上の標の使われ方は、両書とも他教材でも同様である。『本朝文範』と『日用文鑑』とは、「旨趣」と「主旨」という同種の標を使いながら、それぞれが編集の際にねらいとした所に相違がある。『日用文鑑』の「主旨」の標は、現在言うところの段落の内容をまとめた部分という意味での要旨を示し、文章を理解するための補助としての標である。『本朝文範』の「旨趣」の標は文章のテーマに則した中心となる概念を示して読みの技法を教えると共に、この文種でこの用向きの文章を書く際には、このような言葉で事象をとらえて書くという表現上の要となる語句を示して、表現の技法を教えるものである。

『本朝文範』〝旨趣の標〟の機能については、全体の使用例を通観して、次のようにまとめることができる。

・「◎◎◎◎◎　一篇の旨趣とあるところに此標をつく」…『本朝文範』は「類」「しなわけ」と呼ばれる文種（文章ジャンル）別に編集されている。この標は、文種の用向きと主たる話題に即した、その文章が書かれる目的をよく表象する語句に付けられていると考えられる。どの文種で何のテーマについて書くという用途に応じて、どのような側面から表現するかという発想を表す語句である。文章を面白くしている語句ということもできる。書くことのための補助という観点から言えば、どういうふうに世界（モノやコト）を見て書くのかという枠組みを示す言葉の具体例となる。教材によっては、「●」は示されているが、「◎」は示されないという場合もある。

・「●●●●●　一篇の旨趣を助けなす種子《クサハヒ》。或は旨趣につぎて要ある詞に此標をつく」…この標は、先の例のように「◎」と合わせてテーマをとらえるような補完的な概念を表す語句に付される場合がある。補完的な概念を表す語句には、教材6の「◎」の「みやび」に対する「●」の「あやしきからな」など、対抗する概念の場合もある。また、教材16の「月」「雲」などのように、「◎」と比較してより具体的なモノやコトを表す語句や象徴的な素材を表す語句に付けられることもある。書くことを教えるという観点から言えば、こういうことを話題にする際は、こういう言葉を種（切り込み口）として書けばよいというキーワードの具体例である。

・「、、、、」…この標は、凡例に説明はないが、当該テーマが表れている形象の評価（形容）を表す語句に付けられている例も多い。この場合、情調（トーン）を作る、あるいは情趣性（気分）を支える働きをしている語句である。教材文の読解においては、書き手の規範を読み取る手がかりとなる語句である。書くことのための補助という観点から言えば、どのようなものとして表現するかという表象の具体例である。どのような言葉に置き換えるかということの中で自ずから価値判断（価値規範）を表出する語句である。

以上、この時代、和文、漢文両系統の教科書において、教材を文章学的に分析することが行われている相を、〝標〟の使用を中心に確認した。『育英文範』は漢文をもとにした文章学化を、『本朝文範』『日用文範』は和文をもとにした文章学化を試みた。そうした文章学の試みが「普通文」の創出の土台になっていったと考えられる。

第三節　文章ジャンルに即した要語

前節で取り上げた三種の〝旨趣の標〟のうち、特に「◎◎◎◎◎　一篇の旨趣とあるところに此標をつく」は、その文章を巧みなものにしている効果的な表現に付けられており、「文類」[7]の特徴を踏まえたものになっている。なお、「●」と「、」については、「◎」に選定された語句を補完するものであるが、文種との関係性は見い出せなかった。

以下、「◎◎◎◎◎　一篇の旨趣とあるところ」が付された箇所について、文種の用との関係を検討した。可能な限り正確な傾向を示すことを期して、分量が多くなるが、全用例を掲載している。

1　「辭類」の「◎」標

「辭類」とは、漢文の文類では韻をふまえた文章であるが、和文では、平文であっても、文題を掲げて思いを美文調で述べた文章をこの類に含めている。『本朝文範』の「辭類」教材も思いを述べていることに加えて、韻を踏んだり五音七音を基底にしていなくとも、近似した意味の語句の繰り返しでリズムを作っている修辞的な文章である。「辭類」の「◎」は、テーマに応じて表現したいねらいを表す語句に付されており、それらの同語や同義語の繰り返しでリズムを作っている。

【教材1　八月十五夜、稲掛《ノ》棟隆《ガ》家の會に、そこにてかける　本居宣長】「ほとけのみちに心をよせて」、「ただそなたざまの心をのみなんふかくたどりつゝ」「清くおもひすてられたる」「おもひすつらむ」▼会の挨拶文で主催者の人となりを表現することをねらいとして想定して、仏道に励む心を表す語句に付されており、近似した意味の語句を重ねることでリズムを作っていることに注目させている。

【教材2　手習に、物にかきつけゝる　岡部真淵】「いきとしいけるもの、中に、人ばかりかしこき物はあれど、人みなのかしこければ、かたみにかしこあらそひするほどに、世の中うつろひかはり、心しらびは、よこしまにのみなんなりゆくめる」「かしこめきたる人ぞ、鳥・けものにはおとれりける」▼述懐の文章を書くことをねらいとして想定して、繰り返し使用される「かしこし」という語に付されており、同語の反復使用によってリズムを作っていることに注目させている。

【教材3　述懐といふことを題にてかける　本居宣長】「きのふはけふのむかし」「すぎにすぎゆく世のなか」「なかばすぎぬるよ」「なにすとしもなくあかしくらしつゝ」「何ごとをしりてかは．世の人にもかずまへられ．なからん後のよに．くちせぬ名をだにとゞめまし」「何事にまれ．おこたりなく．わが心にいれて．つとめたらんに．つひに．ひとつゆゑづけて．なのめにしいづるふしもなどかなからん」▼これも述懐の文章を書くことをねらいとして想定して、時と人の営みを表すに語に付されており、近似した意味の語句を重ねることでリズムを作っていることに注目させている。

【教材4　せみのは　富士谷成章】「色あひうすはなだなるが．所〻に紫に．にほひて．おなじいろなるすぢの．たてさま・よこさまに．ほそうあやおれるやうにつきて．めでたし（※「くカ」の注あり）おもしろき」「そへさせたる石のさまの．世になくめづらかなるを．名さへをかしう．またさばかりの人の．わざとすゑおきて．さる名をしもつけられけん．とりあつめていみじうをかしければ」▼ものの魅力について述べる文章を書くことをねらいとして想定して、素晴らしいということを表す様々な語句に付されており、近似した意味の語句を重ねることでリズムを作っていることに注目させている。

【教材6　稲掛太平が家の業のみかべの詞．又その長うた　本居宣長】「あぢはひあはくてみやびたれば」「みやび名の聞えこずて」「たゞ何とはなしに．ふるめきたるこそ．みやびてはあれと」▼対象を称える文章で、繰り返し使用される「みやび」という語に付されており、同語の反復使用でリズムを作っていることに注目させている。

【教材7　山路孝正が父の七十賀の．まとゐの詞　本居宣長】「父ぬしの今年七十のよはひたらひたまへる．たゞなほやはあるべき．とてゆくさきいのる心ばへを．みづからもよみ．人にもよませて．ことぶきせんとにぞありける」「ちよにやちよに．栄えいませと」▼祝いの文章で、様々な言祝ぐ語句に付されており、近似した意味の語句を重ねることでリズムを作っていることに注目させている。

【教材8　橘常樹をかなしむ詞　岡部真淵】「しれりともなく」「酒のめれどのめりともなく」「たのしめれどたのしともなく」「したしめれどしたしともなく」「うれへれどうれふともなく」「まづしけれどまづしともなく」「またよめるうた．つくれる文らも．ぬすびとにかどはされてなし」「むなしのをぢとこそなづけつべけれ」「なやめることもなく」「魂さへなんなくなりにける」「あるじてふこともなく」「むなしのよや」「みながらなし」▼故人の人となりを表す追悼文で、繰り返し使用される「なし」という語句に◎が付されており、同語を反復使用でリズムを作っていることに注目させている。

【教材9　弔㆓立因喪㆒㆑子詞　僧契沖】「母のかなしび」「いたづらに歎きてもなきがためにやくなし」「此二人のぼさちにすくせありて．すくはれまゐらすべきにこそはあらめ」「そのほど．かつはなげく心をやり．かつはくどくにもこそはなれとて」「なもふたりのぼさち．なきをたすけてあるをもすくひたまへよ」「しるべしあらば．なにかまよはん」▼近親者を亡くした人を慰める弔いの文章で、親の心を表す語句に◎が付されており、近似した意味の語句を重ねることでリズムを作っていることに注目させている。

※「辭類」中、【教材5　青木美行ぬしの越前にかへるをおくる　鵜殿よの子】には、〝旨趣の標〟がないが、これは、この教材が、同語や同義語の繰り返しではなく、「玉河にさらすてつくり．たもと．ゆたかにたちておはしぬ」のように五音や七音の多用でリズムを作っているためと考えられる。

2　「序類」の「◎」標

「序類」とは、述作の前書きの類。緒言には「文のしなわけ」の「序類」に「序　和歌序　同小序　後序」と付されている。「序類」の「◎」は、対象となる述作の価値や性質を意味付けたり著作者や主催者及び話題の中心となる人物を紹介するという文種の用に即して、対象の価値・性質・意義または相手への思いを表す語句に付けられている。

【教材10　清田絢所蔵源氏物語序　富士谷成章】「源氏はいみじけれど．なほおもひはつまじき」「人げなき木かげのよこぶえは．こがらしまよひ」「雨ちかき夜の夕がほは．うたて手ふるまじき」「松風・夕霧の巻は物おもはしき」「常夏・かゞり火の詞は．なやめることば」「若菜下の巻などは．今すこしいかにおもひなせど．えもよみやられず．あらぬおもひのそふこゝちする」「すべて．末の世のますらをにこゝろをつくさせんとしおけるわざ」▼対象となる書の価値、具体的にはそれが読者に催させる心のありようを表象した語句に付されている。

【教材11　和訓栞序　本居宣長】「玉ぼこの道のしるべ」「言のはのしをり」「此しをりのまに〳〵．とめつゝわけもていりてば」「かの大神の道しるべのこゝろ」▼書名にもなっている対象書のねらいを表す語句に付されている。

【教材12　消息文例序　本居宣長】「今の世のうたよみは．おしなべて．歌よむことも．文かくことも．いとつたなくして．言葉づかひ．ひがひがしく．心しらびあやしくさとびなど．すべていにしへにたがへるふしのみおほかるうちに．文かくことは．ことにつたなくして．さらに古のみやびぶみのさまをばえしらぬなかにも．せうそぶみなどはしも．たど〳〵しきさまにて．皆いとをさなき口つきなるを．おのがじゝは心をやりて．さすがに．えんだちけしきはめることうちまぜたるなど．なか〳〵に．いとしなく．こちなくかたはらいたきわざになんありける」「さるを．この藤井の高尚といふ人は．きびの國人にて．吉備津宮の宮人なるを．明暮神につかうまつるひまには．古のみやびをわざと好みて」▼対象となる書を価値付ける語句と、これと対比されるものを批判する語句に付されている。

【教材13　會二千足ノ真言ノ家一歌ノ序　岡部真淵】「家にうま酒をかみて．ちゞにたらはぬことなく．心にまことありて．はたみやびたることを好めり」「うま酒の．もたひかず〳〵すゑて」▼歌会の序として、主家を称える意を表す語句に付されている。

【教材14　伴ノ峯行をおくる歌の序　岡部真淵】「青によし奈良の宮の大御時．大伴宿祢のぬし．越の道の中に．まけて．萬葉集の末つかたをばかきあつめられたり」「今伴の峯行は．其道の口より．鳥がなくあづまの都にまゐづるごとにわが篶の戸をとはる．かの萬の言の葉の．ふりにしことをもとむること．やゝ年たつれば．大かた心に得つとなり」「此古道たづねてん人は」「むかしのあとを．とめばとめなん」▼送別の歌の序として、送る人の業績を称えるべくその仕事の本質を表す語句に付されている。

【教材15　青木美行が．越前へゆくをおくる歌の序　岡部真淵】「よくゆきてよくかへりますよしゆきのぬしなん．もとより．其君によく．いそしみ．そのおやによくしたがひ．書をもよくよみてよく友にまじらひ．薬をとりてよく人をやしなひける」「天の原ふじの峯の雪のゆきの、まにまにゆきて」「三越ぢのたむけよくして．あらちの関とゞこほる．つゝみなく．よくゆきてよくかへり見ん日は．おいにしなずのくすりもて．よくやしなひよくしたがはば．白山のしらがも．かへる山わかがへらざらめや」「こん年の此月は．よくここまできたまひなんものと」▼旅立つ人をおくる歌の序として、前途の順調であることを祈るというテーマに即しながら「美行（よしゆき）」という名の音を繰り返し使用するという趣向に注目させている。

【教材16　み田の尼君の．肥前にゆきたまふをおくるうたの序　岡部真淵】「ちかくてとほく聞えたまひし御わたりの．まことに雲ゐのよそにうつろひたまふべしときくに」「玉島の玉のことのは．かずつもりたまはゞ．なか〳〵に天つ日影のとほくてちかき風のたよりにつたへさせたまはんとなん」▼遠方へ赴く知人におくる歌の序として、その距離を越えて思いやる気持ちを「遠く」「近く」の反復で表すという趣向に注目させている。
【教材29　枕草子の跋　清少納言】「此そうしは．目に見えぬ心におもふ事を．人やは見んとすると思ひて．つれづれなるさとゐのほどに．かきあつめたるを」「只心ひとつにおのづからおもふことを．たはふれにかきつけたれば」▼自著の跋として、何をどのように書いたのかという執筆態度を表す語句に付されている。
【教材30　荷田在満家の歌合の跋　岡部真淵】「おのがじゝ、のこのめるさま．いづれをよしとし．いづれをあしとかせん．ただことわる人．はた其心づからいへば．つひにさだまれるふしあることなし」「されども柳・櫻は萩すゝきをくらぶべきにあらず．菊・紅葉は．花・山吹になずらへんかは．きはことなるものにいたりては．誰かわかざらん」「おろかなる心には．霧・霞たちまどはれて．いろめもわきがたかれど．これは．花・紅葉よにちるべきならねばとて．露も心おかでなすわざなり」▼跋文に書くべき謙辞として、自分の仕事の至らなさや難しさを表す語句に付されている。
※【教材31　紀の國人長原忠睦がこへる今案名蹟考のしり書　本居宣長】は、「よき考」「よきこと」に●の標があるが、◎の標は使用されていない。『今案名蹟考』の紹介や評価に相当する語句が文章中に不在であったためか。
※和歌小序には、〝旨趣の標〟無し。

3　「記類」の「◎」標

「記類」とは、出来事や事物を記す記事文の類。「記類」はさらに「記　日記　紀行　雑記」に分けられている。「記類」の「◎」は、それぞれの記の種類と記事対象の本質に即して表現上の要であると判断されたと考えられる語句に付されている。
【教材32　臨瀛閣の記　富士谷成章】「ひんがし山の春の曙．さがのゝ秋の夕ぐれはえんなるこゝちして．たわやぎたるさまこそしたれ．近きほどに．難波わたり．しがの辛崎などきこゆれど」「まいてけしきある山のすがた．ゆほびかなる海のうへなどは．西の國にこそ多かれときくを遠きをもしるといふなれ．もろこしもちかくなる夢路も．ひたすらに見ぬかたにはかよふことなし」「あるは．をかしうよみおけるふることをも見．おのづから．人のゆかしからんとかたりなすを．きゝおきて．ながめがちなる春の菅のね．夢路にうとき秋のよごろ．ゆくへなくたましひあくがれ心かゝらぬ山なきに．いまも見てしがとおもふをり〳〵おほかり」「繪にかけるは．今すこしありさまわかれ．見るかひあるこゝちぞなる」「安藝の人浅野なにがしのぬし．すむ所におもしろき高どのをつくりかさねて．りえいかくとなづく．そのほとり見やらるゝ山のあるやう．海の心ばへ．林のたちど．水のながれまで．こまやかな繪につくりて．此ありさま記につくるべきよしいひおこせたるを見るに．しるべなくおもひやられつるよりはこよなうめうつりて．かつがつ其さかひに遊ぶらんこゝちぞする」「闇は南に向ひて．ゆたかなる海原のさま．ふりさけ見るたよりあらんかし」「何のうら．くれのくまなど．なほおほく見ゆれど．しらぬことを．さのみはとてなん」「なごやかなる入江の波．かゝらん所に世をつくさばや．といたづらに心をうごかすわざこそ．なほ貫之のぬしにはもどかれぬべけれ」「をりにつけたるながめは．げに．すみがきの筆かぎりあるなるべし．今この記に．たぐひても．くはしきさまは．かゝまほしげなり」▼訪問記を記す際に中心となる、見た・聞いた・感じたということを表現する語句に付されている。

【教材33　筑後國山門郡本郷馬場記　富士谷成章】「弓と馬とをしもむねとせることは．遠きにおよびあたをほろぼさむには．弓にしけるものなく．さかしきをわたりかたきをくだかんには．馬にしけるものなければなり」「やつをふみこゆるひづめのいきほひは．そのもゝちの軍をもやぶりつべければ．なほ馬はするわざを先としてこそ．もろもろのつはものゝとさもまさるべかめれ」「馬はするみちをなんとりわきておもくさせたまふ」「おほかたもの、ふの道いやさかえて．遠つみおやの御いさをしも．あらはれひろき御さかひのうち．たひらかにおさまりなんことを．みこころゆきて．おぼしめしよろこばせたまふことかぎりなし」▼事蹟や来歴を記す際に中心となる、古人の志を表す語句に付されている。
【教材34　知足庵の記　村田春海】「たかきいやしきしないとことなりといへども．おのがじゝ心ゆくばかりなるはまれにて．たゞたらはぬをのみぞおほかりける」「こゝに．中村のぬしなん．よく塵のよのけがしきをのがれて．萱が軒・松のとぼそに．心の月をすましめ．花をつむ夕．あかをくむ暁．御佛につかふるいとまあるときは．氷をくだき．雪をにて．栂の尾のむかしをしのぶめる業にしも．心をなんなぐさめける」「これや此．よに求むべきはぢをもわすれ．又人をうらやむべきふしをおもはで．おのが心から事たる業にしもあれば．かの古人のいひけんことわりにこそかなはめ」「いでや．うつせみの世のかぎりなき求あるきはとは．日をならべてあげつらふべくもあらざりけり．うべなうだに．此すみかをしもたることをしるとは名づけしこと」▼記す事柄の本質的な特徴（ここでは閑居の境地）を表す語句に付されている。
【教材43　雑記　初春　源氏物語　紫式部】「なごりなくくもらぬうらゝけさは」「見所おほく．みがき給へる御かたがたのありさま．まねびたてんも．言の葉たるまじうなん」▼初春の情景を記す際に、その中心となる情趣を表す語句に付されている。
【教材44　雑記　梅　源氏物語　紫式部】「ゆゑあるたそがれ時の空に．花は．こぞのふる雪おもひいでられて」▼梅の頃の情景を記す際に、その中心となる、情趣を表す語句に付されている。
【教材45　雑記　暮春　狭衣物語　大貳三位】「池のみぎはの八重山吹は．井手のわたりにことならず見わたさるゝ夕ばえのをかしさを」▼暮春の情景を記す際に、その中心となる情趣を表す語句に付されている。
【教材46　雑記　閑中五月雨　藤井高尚】「むぐらのやどは．さらぬ時だにさびしきならひなるを．さみだれの日をふれば．いとゞいぶせさもまさりて．たけきことゝは．空をのみうちながめつゝはれまなしやといふぞ．

此頃のことぐさなりける」「草も高くなり．柴垣などもうちよろぼひて．たゞ．軒にかけたる蜘のいとに玉をぬきとめたるのみぞ．はかなきやどの光にて．いさゝかつれづれまぎるゝなん」▼閑中五月雨の情景を記す際に、その中心となる情趣を表す語句に付されている。

【教材47　雑記　納涼　源氏物語　紫式部】「水せきいれて涼しきかげに侍る」「水の心ばいなど．さるかたにをかしくしなしたり」「ゐなかいへだつ柴垣して．前栽など心とゞめてうゑたり」「風すゞしくて．そこはかとなき虫のこえごえ聞え．ほたるしげくとびまがひてをかしきほどなり」▼納涼の情景を記す際に、その中心となる情趣を表す語句に付されている。

【教材49　雑記　虫　源氏物語　紫式部】「鈴虫のふりいでたるほど花やかにをかし」「松虫のなんすぐれたる」「鈴虫は．心やすく今めいたるこそらうたけれ」▼虫の鳴く情景を記す際に、その中心となる情趣を表す語句に付されている。

【教材51　雑記　暮秋　小野山のさま　源氏物語　紫式部】「野・山のけしきは．ふかく見らぬ人だに．ただにやはおぼゆる」▼暮秋の情景を記す際に、その中心となる情趣を表す語句に付されている。

【教材52　雑記　冬月　源氏物語　紫式部】「風のいとはげしければ．蔀おろさせたまふに．四方の山の鏡と見ゆる汀の氷．月かげにいとおもしろし」▼冬月の情景を記す際に、その中心となる情趣を表す語句に付されている。

【教材53　雑記　雨風　源氏君須磨にて御祓の處　源氏物語　紫式部】「俄に風吹出でゝ．空もかき暮ぬ」▼風雨の情景を記す際に、その中心となる情趣を表す語句に付されている。

【教材54　雑記　文學　源氏物語　紫式部】「かゝるたかき家に生れ給ひて．世界の榮花にのみ戯れ給ふべき御身をもちて、窓の蛍をむつび．枝の雪をならしたまふ志のすぐれたるさまを．萬の事によそへ・なずらへて．

心〻に作り集めたる．句毎におもしろく．もろこしにも．もて渡り伝へまほしげなるよの文どもなりとなん．其頃世にめでゆすりける」▼文学について記す際に、その中心となる文の情趣を表す語句に付されている。

【教材55 雑記 音樂 住吉浦にての處 源氏物語 紫式部】「ことごとしき．こまもろこしの樂よりも．東遊びの耳なれたるは．なつかしくおもしろく．浪風の聲に響きあひて．さる木高き松風に．吹立たる笛のねも．外に聞くしらべにはかはりて身にしみ．ことにうち合はせたる拍子も．つゞみをはなれてとゝのへたるかた．おどろおどろしからぬも．なまめかしくすごうおもしろく．所からは．まして聞えけり」「見るかひ多かる姿どもに．いと白く枯れたる萩を高やかにかざして．たゞひとかへりまひて入りぬるは．いとおもしろくあかずぞありける」▼音楽について記す際に、その中心となる楽の情趣を表す語句に付されている。

【教材56 雑記 喪事 桐壺の更衣の葬の處 源氏物語 紫式部】「母北の方．おなじ煙にも登りなん．となきこがれたまひて．御おくりの女房の車に．慕ひのり給ひて」「空しき御からを見る〳〵．なほおはする物と思ふが．いとかひなければ．はひになり給はんを見奉りて．今はなき人とひたぶるに思ひなりなんとさかしうのたまひつれど．車よりおちぬべうまどひたまへば」「うちより御使あり．三位のくらゐおくりたまふよし．勅使きて．その宣命よむなん．悲しき事なりける．女御とだにいはせずなりぬるが．あかず口をしうおぼさるれば」▼喪事ついて記す際に、その中心となる哀惜の情を表す語句に付されている。

【教材57 雑記 常行大将の山科宮に石奉れる時のこと 伊勢物語 在原業平】「宮仕のはじめに．たゞなほやはあるべき三條のおほみゆきせし時．紀の國の千里のはまにありける．いとおもしろき石たてまつれりき」「此名聞きしよりは．見るはまされり．これを．たゞに奉らば．すゞろなるへしとて．人〻に歌をよませたまふ」「あかねども．いはにぞかふる．色みえぬ．心を見せん．よしのなければ」▼忠義の出来事を記す際に、その中心となる忠心を表す語句に付されている。

【教材58　雑記　亭子帝に、黒主歌奉りしこと　大和物語　不知作者】「近江守、いかに聞召したるにかあらん、と嘆きおそれて、又むげにさて過し奉りてんやとて、歸らせ給ふ打出濱なるよのつねならずめでたき假屋どもを作りて、菊の花のいと面白きを植て、御設仕なりけり」「さゝら波、まもなく岸を、洗ふめり、渚清くば、君とまれとか」▼これも、忠義の出来事を記す際に、その中心となる忠心を表す語句に付されている。

【教材59　雑記　荘子見テ二畜類ノ所行ヲ一走リ逃ル、語　今昔物語　源隆國】「今昔、震旦に荘子ト云フ人有ケリ、心賢クシテ悟廣シ」「荘子杖ヲ棄テ、逃テ、心ノ内ニ思ハク、鷺蝦、皆我ヲ害セント為ルヲ不知、各他ヲ害セム事ヲノミ思フ、我亦鷺ヲ打ムト為ルニ、増ル有テ、我ヲ害セント為ルヲ不知、然レバ、不如、我逃ナムト思テ走リ去ヌ、此賢キ事也。人如此可思シ」「荘子此ヲ聞テ云ク、汝ハ何デ魚ノ心ヲバ知レルゾト、妻答テ云フ、汝ハ何デ我ガ魚ノ心ヲ知リ不知ヲバ知レルゾト、其ノ時ニ、荘子ノ云ク、魚ニ非レバ、魚ノ心ヲ、不知、我ニ非レバ我ガ心ヲ不知ト、此賢キ事也、實ニ親シト云ヘドモ、人、他ノ心ヲ知ル事无シ、然レバ、荘子ハ、妻モ心賢ク悟深カリケリトナム」▼教訓的な出来事を記す際に、その中心となる賢さを表す語句に付されている。

※【教材32　臨瀛閣の記　富士谷成章】「あるは、をかしうよみおけるふることをも見」の「をかしう」が「、」の標であるのに対して、同じ記類の中の【教材45　雑記　暮春　狭衣物語　大貳三位】「池のみぎはの八重山吹は、井手のわたりにことならず見わたさるゝ夕ばえのをかしさを」の「をかしさ」、【教材47　雑記　納涼　源氏物語　紫式部】「水の心ばいなど、さるかたにをかしくしなしたり」の「をかしく」、同「風すゞしくて、そこはかとなき虫のこえごえ聞え、ほたるしげくとびまがひてをかしきほどなり」の「をかしき」、【教材49　雑記　虫　源氏物語　紫式部】「鈴虫のふりいでたるほど花やかにをかし」の「をかし」は◎である。これは、「をかし」という語が、暮春、納涼、虫といった季節の風物を表現する際の中心的な情趣を表す要語と認定されたのに対して、臨瀛閣という場所の見聞を記す際の要語とは認定されなかったということである。

※【教材35　佛足ノ石記　岡部真淵】、【教材50　雑記　月の宴　榮花物語　赤染衛門】など、〝旨趣の標〟が付されないもの

もある。日記及び紀行と小文類された教材にも、〝旨趣の標〟が付されていない。

4　「論類」の「◎」標

論類とは、あるテーマについて自分の意見・考えを述べる文章の類であると考えられる。論類の「◎」は、テーマに即して意見・考えの中心をなす語句に付されている。

【教材60　道を行ふさだ　本居宣長】「道を行ふことは．君とある人のつとめなり」「物學ぶ者のわざにあらず」「物學ぶものは．道を考へたづぬるぞつとめなりける」「道を考へ尋ぬることをぞつとむる」「そも〳〵みちは君の行ひたまひて．天の下にしきほどこらしたまふわざにこそあれ」▼道を行うというテーマについての意見・考えの中心的な語句に付されている。

【教材61　一向に偏ることの論　本居宣長】「世の物識人の．他の説のあしきを咎めず．ひたむきにかたよらず．これをもかれをも．すてぬさまにあげつらひをなすは．多くは．おのが思ひとりたる趣をまげて．世の人の心に．あまねくかなへんとするものにて．まことにあらず．心ぎたなし」「大かた．一向に偏りて．他説をばあしと咎むるをば．心狭くよからぬことゝし．一向には偏らず．他説をもわろしとはいはぬを．心ひろくおいらかにて．よしとするは．なべての人の心なめれど．必それさしもよき事にもあらず．よる所定まりて．其を深く信ずる心ならば．必ひとむきにこそよるべけれ．それにたがへるすぢをば．とるべきにあらず．よしとして依るところに異なるは．皆あしきなり．これよければ．彼はあしき理ぞかし」「しかるを．此もよし．また彼もあしからず．といふは．よる所定まらず．信ずべき所をふかく信ぜざるものなり．依る所定まりて．其を信ずる心の深ければ．それに異なるずぢのあしきことをば．おのづからとがめざることあたはず．これ信ずる所を信ずるまめごゝろなり．人はいかにおもふらん．吾は一向にかたよりて．あだし説をば．あしとゝがむるも．必わろしとは思はずなむ」▼自説にこだわることというテーマについての意見・考えの中心的な語句に付されている。

5 「評類」の「◎」標

「評類」とは、あるテーマについて善悪・可否・価値などを論じ定める文章の類であると考えられる。「評類」の「◎」は、テーマに応じて善悪・可否・価値などの中心的な評価語句もしくは対象の本質を表す語句に付されている。

【教材62 四季の評 枕草子 清少納言】「春は曙．空はいたく霞みたるに．やうやうしろくなりゆく山きはの．すこしづゝあかみて．紫だちたる雲の．ほそくたなびきたるなどいとをかし」「夏はよる．月のころはさらなり．やみもなほ．螢おほくとびちがひたる．又ひとつふたつなどほのかにうち光りてゆくも．いとをかし．雨のどやかに降りたるさへこそをかしけれ」「秋は夕暮．夕日のきはやかにさして．山のはちかう見えわたるに．烏のねにゆくとて．三よつふたつなど．とびゆくもあはれなり．まして．雁のおほくとびつらねたる．いとちひさく見ゆるは．いとをかし．日入りはててのち．風のおと．虫の聲．はたいふべきにもあらずめでたし」「冬はつとめて．雪のふりたる．さらにもいはず．霜のいと白きも．又さらねど．いとさむきに．火など急いそぎおこして．炭持てありきなどするを見るも．いとつきづきし．晝になりぬれば．やうやうぬるびもてゆきて．雪きえ．すびつ．火をけの火も．白き灰がちになりぬれば．わろし」▼四季の風情を論じ定める中心的な評価語句に付されている。

【教材63 花のさだめ 本居宣長】「花は．さくら．桜は．山桜の．葉あかくてりて．細きが．まばらにまじりて．花しげくさきたるは．又たぐふべき物もなく．うきよの物ともおもはれず．葉青くて．花のまばらなるは、こよなくおくれたり」「又今の世に、桐がやつ、八重一重などいふも、やうかはりて、いとめでたし」「すべて雲れる日の空に見あげたるは、花のいろあざやかならず、松も何も、青やかに繁りたるこなたにさけるは、色はえて、ことに見ゆ、空きよく晴れたる日、日影のさすかたより見たるは、にほひこよなくて、おなじ花ともおぼえぬまでなん」「梅は紅梅ひらけさしたるほどぞいとめでたきを、盛になるまゝに、やう〱しらけゆきて、見所なくなるこそ、いと口をしけれ」「大かた、梅の花は、小き枝を、物にさして、ちかく見たるぞ、梢ながらよりはまされる」「桃の花は、あまたさきつゞきたるを、遠く見たるはよし、近くては、ひなびたり」「山吹かきつばた・なでしこ・小萩すゝき・女郎花など、とり〲にめでたし」「菊も、よきほどにつくろひたるこそよけれ、あまりうるはしく、したゝかにつくりなしたるは、なか〱に、しなゝくなつかしからず」「つゝじ、野山に多くさきたるは、めざむるこゝちす」「かいだうといふもの、からめきて、こまやかにうるはしき花なり」▼花の風情を論じ定める中心的な評価語句に付されている。

【教材64　春秋の夜の評　源氏物語　紫式部】「春の朧月夜よ」「秋の哀、はたかうやうなる物の音に虫の聲より合せたる、たゞならず、こよなく響そふ心ちすかし」「春の空のたどたどしき霞のまより、朧なる月影に、しづかに吹合せたるやうには、いかでか笛のねなども、えんにすみのぼりはてなん、女は春をあはれむと古き人のいひおき侍りける、げにさなん侍りけり、なつかしく物のとゝのほることは、春の夕暮こそことに侍りけれ」▼春と秋との夜の風情を論じ定めるにあたって、その風情の主調を表していると認定された語句に付されていると考えられる。

【教材65　淵は　枕草子　清少納言】「かしこ淵、いかなる底の心を見えて、さる名をつけけん、といとをかし」「あをいろのふちこそまたをかしけれ、くらうどなどの身にしつべくて」▼ものの名の興を論じ定める評価語句に付されている。

【教材66　歌のさだ　僧契沖】「右のうたは．たとへば畫師ならぬ人の堪能なるが．用ある時。物にまかせてかけるがごとし．後のうたは．ゑしのかけるがごとし．よけれども．心よりおこれるはまれなり」「草もゆるがずてる日に．汗もしとゝにて．冬のゑかけるに．見る人を寒からしめ．埋火のもとに．衣を八重かさきて．夏のゑかゝむに．見る人涼しくおぼえんをば．上手といふべきかごとく．歌も其たましひをこめたらんをば．古の人につげりといふべし」▼和歌の優劣を論じ定める批評の中心となる語句に付されている。

【教材67　鎌倉右大臣の家集の評　岡部真淵】「此公の集の歌は．初学なる．中なる．末なるありと見ゆ．其初なるには．くたれる世のあかつけるあり．中頃なるしも．ひとわたりさる事と聞ゆるのみにて．たけたらず．かれこのふたつはすべてとらず．たゞ．末にいたりて．けがれたるもの皆拂ひすてゝ．清き瀬にみそぎしたらんこゝちするに．今しるしをつけたり」「およそ．後の人は．一種のふしある．たくみあるにのみ心をよせて．古の心高き歌をしることなし．いかにも一ふしいふべき所をわざとふしをすてて．たゞにいひながされたるなど．似るものなく高し．又一の巧もふしもなくて．つづけなさりたる詞どものしらべの．世に類なきどもおほし．此を見しらんこと．萬葉よくしりたらむ人ぞしるべき」▼よき和歌を論じ定める中心的な評価語句に付されている。

【教材68　傍いたきもの　枕草子　清少納言】「聞きゐたるをもしらで．人のうへいひたる．それは．何ばかりならぬつかひ人なれども．かたはらいたし」「ことによしとも覚えぬわが歌を．人に語りきかせて．人のほめし事などいふも傍いたし」▼この文章は「かたはらいたきもの」を論じ定めるのであるが、「かたはらいたし」という評価語句そのものに付されている。

「説類」とは、ものの道理や真理を説く文章の類であると考えられる。「説類」の「◎」は、それぞれのテーマについての道理や真理を説くことそのものを表す語句に付されている。

【教材69　古よりも．後世のまされる事　本居宣長】「古よりも．後世のまされること．萬の物にも・事にも多し．其ひとつをいはんに．古は．橘をならびなき物にしてめでつるを．近き世には．蜜柑といふ物ありて．此みかむにくらぶれば．橘は．数にもあらずけおされたり」「蜜柑ぞ味殊にすぐれて．中にも橘によく似て．こよなくまされる物なる」「或は．古にはなくて．今はある物も多く．古はわろくて．今のはよき類多し」「これをもて思へば．今より後も．又いかにあらん．今に勝れる物多く出で来べし．今の心にて思へば．古は萬に事たらず．あかぬ事多かりけん．されど其世には．さは思はずやありけん．今より後．また物の多くよきがいでこん世には．今をもしか思ふべけれど．今の人．事たらずとはおぼえぬがごとし」▼古と後の世の優劣というテーマで書かれた文章で、その真理を表す要として優劣そのものを表す語句に付されている。

【教材70　手かくこと　本居宣長】「萬よりも．手はよくかゝまほしきわざなり．歌よみ．がくもんなどする人は．ことに手あしくては．心おとりのせらるゝを．それ何かはくるしからむ．といふも．ひとわたり．理はさることながら．なほあかずうちあはぬこゝちぞするや」▼文字を書くことについて書かれた文章で、その真理を表す要として文字の上手下手ということを表す語句に付されている。

【教材71　松虫、鈴虫、蛬　富士谷成章】「今の人は．すゞむしを松虫といひ．松虫を鈴虫といへり．たゞ此ごろ女わらべなどのいひ違へたるにこそあらめど．と思ふに．元和のころほひ．立圃といふもの、書たる物に．「松虫．鈴虫．名をかへことにしたるが．百番の謡作りたる頃までは．昔のまゝにいひたるにや．『たれまつむしのねは．りんりんとして』といへり」とかきたり．これによりて見れば．かく言違へたることも．年久しきことぞおぼゆる」▼呼び名の変遷というテーマで書かれた文章で、その真理を表す要として、変化ということを表す語句に付されている。

※【教材72　われから　濱ゆふ　本居宣長】【教材73　ゆかた　かたびら　本居宣長】には、〝旨趣の標〟が付されていない。これらは、ほぼ事実情報のみが記述された文章である。

7　「辯類」の「◎」標

「辯類」とは、物事の真理や道理などを判別・判断する文章の類である。「辯類」の「◎」は、物事の真理や道理を判別・判断する語句に付されている。

【教材74　今の人の歌文　ひがこと多きこと　本居宣長】「近き世の人のは．歌も文も．大かたはよろしと見ゆるにも．なほひがことの多きぞかし．されど．其違へるふしを．見しれる人．はた世になければ．たゞかいなでに．こゝかしこ．えんなる詞をつかひ．よしめきて．よみえなし．かきちらしたるをば．實によしと見て．人のもてはやし．ほめたつれば．心をやりて．したり顔すめる．いと傍いたく．をこがましくさへぞおもはるゝ」「さるにつけては．かくいふおのが物することも．なほ．いかにひがことあらんと．物よく見しれらん人の心ぞはづかしかりける」「人のひがことの．よく見えわかるゝにつけては．我はよく辨へたれば．ひがことはせず．と思ひほこれど．古のことのこゝろをさとりしるすぢは．限なきわざにしあれば．此外あらじとは．いとなんさだめがたきわざなりける」▼今の歌文について真理や道理を判別・判断する語句に付されている。

【教材75　から國聖人の世の祥瑞といふもの　本居宣長】「もろこしの國に．古聖人といひし者の世には．其德にめでゝ．麒麟．鳳凰などいひて．こと〴〵しき鳥けだものいで．又くさ〴〵めでたきしるしのあらはれし事をいへれども．さる類のめづらしき物も．たゞ何となく．をり〳〵は出ることなるべきを．たま〳〵いでぬれば．徳にめで、．天のあたへたるごと．いひなして．聖人のしるしとして．世の人に．いみじき事に思はせたるものなり」▼吉兆について真理を判別・判断する語句に付されている。

8　「教諭類」の「◎」標

「教諭類」とは、教え諭す文章の類である。「教諭類」の「◎」は、教え諭すべき真理や道理（大切なこと）を表す語句に付されている。

【教材76　常に友がきにをしへさとしける　岡部真淵】「古の一言は．後の百言に別れにたれば．古の一言をえてば．後の百言をしるべし」「こゝに．歌てふものばかり．萬世経れども．よみ人の心も．詞も．またく傳はれるものなんある．古の人のよくよめる歌を．とし〲におこたらず．となへあぢはへて．おのれも．さる心をこひつゝよみならはゞ．雲井なす．遠き世の書のこゝろばへをも．すみのぼる月日の如く．ほがらにおもひ得つべきわざぞかし」▼学問をすることについて教え諭すべき真理や道理として、習得するということを表す語句に付されている。

【教材77　物學は．その道をよくえらびて．入りそむべきこと　本居宣長】「物学にこゝろざしたらむには．先師をよく擇びて．その立てたるやう．教のさまをよく考へて．従ひそむべきわざなり」「かゝる類の人は．つとめて深く学べば．学ぶまにまにいよ〱わろき事のみさかりになりて．おのれまどへるのみならず．世の人をさへに惑はす事ぞかし．かへす〲．初より師をよくえらぶべきわざになん」▼学問をすることについて教え諭すべき真理や道理として、よく考えて師を選ぶということを表す語句に付されている。

【教材78　紫上に．源氏君の御訓　源氏物語　紫式部】「女子をおふしたてんことよ．いと難かるべきわざなりけり．すくせなどいふらむものは．めに見えぬわざにて．親の心にまかせがたし．おひたたんほどの心づかひは．なほちから入るべかめり」▼女の子を育てることについて教え諭すべき真理や道理として、その難しさを表す語句に付されている。

9　「訓誡類」の「◎」標

「訓誡類」とは、物事の是非や善悪などを戒める文章の類である。「訓誡類」の「◎」は、物事の是非や善悪について心しておくべき要点を表す語句に付されている。

【教材79　弟子にいましめをく詞　本居宣長】「吾にしたがひて物学ばんともがら、わが後に、よき考のいできたらむには、かならずわが説にななづみそよ．わが悪しき故をいひて．よき考をひろめよ」「すべておのが人を教ふるは．道を明らかにせんとなれば．かにも．かくにも．道を明らかにせんぞ．われを用ゐるにはありける．道を思はで．いたづらにわれをたふとまんは．わが心にあらざるぞかし」▼学ぶ者が戒めるべき、心がけの要点を表す語句に付されている。

【教材80　新なる説を出すこと　本居宣長】「近き世．學問の道ひらけて．大かたよろづのとりまかなひ．さとくかしこくなりぬるから．とりどりに．あらたなる説を出す人おほく．其説よろしければ．世にもてはやさるゝによりて．なべての学者．いまだよくもとゝのはぬほどより．われおとらじと．世にことなるめづらしき説を出して．人の耳をおどろかすこと．今の世のならひなり」「その中には．ずゐぶんによろしき事もまれにはいでくめれど．大かたいまだしき学者の．心はやりていひいでたることは．たゞ人にまさらん．かたんの心にて．かろ〴〵しく．まへ．しりへをも．よくも考へ合さず．思ひよれるまゝにうち出るゆゑに．おほくはなか〴〵なるいみしきひがことのみなり」「すべて．あらたなる説を出すは．いと大事なり．いくたびもかへさひ思ひて．よくたしかなるよりどころをとらへ．いづくまでもゆきとほりて．たがふ所なく．動くまじきにあらずば．たやすくは出すまじきわざなり．其時には．うけばりて．よしとおもふも．ほどへて後に．今ひとたびよくおもへば．なほわろかりけりと．我ながらだに．おもひなさるゝ事の多きぞかし」▼新説を出すことについて、その是非・善悪の要点を表す語句に付されている。

【教材81　内大臣殿の．姫君を戒めたまふ詞　源氏物語　紫式部】「うたゝねはいさめ聞ゆるものを．などか．いとものはかなきさまにては．おほとのごもりける．人〻も近くさぶらはであやしや．女は．身を常に心づかひしてまもりたらんなんよかるべき．心やすく．うちすてたるさまに．もてなしたるは．しなゝきわざなり．さりとて．いとさかしく身かためて．ふどうのだらによみ．いんつくりて居たらんもにくし．うつゝの人にもあまりけどほく．物へだてがましきなど．けだかきやうとても．人にくゝ．心うつくしうはあらぬわざなり」「おほきおとゞの．后がねの姫君ならはしたまふなる教は．よろづのことにかよはしなだらめて．かど〱しきゆゑもつけじ．たど〱しくおぼめくこともあらせじと．ゆるゝかにこそおきてたまふなれ．げにさもあることなれど．人として．心にもするわざにも．たてゝなびくかたは．かたとあるものなれば．おひいでたまふさまあらむかし．この君の人となり．宮仕へにいだしたてたまはん世のけしきこそ．いとゆかしけれなどのたまひて」▼女性のふるまいについて、心しておくべき要点を表す語句に付されている。

【教材82　女二宮に．母御息所の御誡　源氏物語　紫式部】「おもはずにこゝろおさなくて．人のもどきをおひたまふべきことを．とりかへすべきことにはあらねど．今よりは．なほさるこゝろしたまへ」「数ならぬ身ながらも．萬にはぐゝみ聞えつるを．今は．何事をもおぼししり．世中のとさまかうさまの有様をも．おぼしたどりぬべきほどに．見たてまつりおきつることゝ．そなたざまは．うしろやすくこそ見たてまつりつれ．なほいといはけて．つよき御心おきてのなかりけることゝ．おもひみだれ侍るに．今しばしのいのちもとゞめまほしうなむ」▼女性の心構えとして、改めるべきことを指摘する批判の要点を表す語句に付されている。

【教材83　紫の上の思ひとりたまへるやう　源氏物語　紫式部】「女ばかり．身をもてなすさまも．ところせうあはれなるべきものはなし．物のあはれをも．をかしきことをも．見しらぬさまに．ひきいり．しづみなどすれば．何につけてか．世にふるはえぐ〵しさも．常なきよのつれぐ〵をも．なぐさむべきぞは．おほかた．物のこゝろをしらず．いふかひなきものにならひたらんも．おふしたてけんおやも．いとくちをしかるべきものにはあらずや．こゝろにのみこめて．むごんたいしとか．ほうしばらの．かなしきことにする．むかしのたとひのやうに．あしきこと．よきことを．おもひしりながら．うづもれなんも．いふかひなし」▼女性の生き方について、戒めとしての批判の要点を表す語句に付されている。

10　「消息類」の「◎」標

「消息類」は、手紙文。この文種には、〝旨趣の標〟が付されていない。

右に見たように、「◎◎◎◎◎　一篇の旨趣とあるところ」は、文種と用向きに応じて事象をどのような言葉でとらえて書くのかという表現上の要語に注目させるものである。ここに近世注釈の「眼目」から変容した近代教科書としての創意がある。

なお、これを自分の表現に取り込むことは同時に対象のとらえ方を取り込むことになる。〝旨趣の標〟が付いた語句を総合すると、特定のとらえ方をする表現が構成される。「仏道において世を捨てることと風流を捨てられないこと」（八月十五夜．稲掛棟隆の會に．そこにてかける　本居宣長）、「遠く離れ霞が隔てても月を見て思いを寄せる」（み田の尼君の．肥前にゆきたまふをおくるうたの序　岡部真淵）、「絵を見て言葉で表現する」（臨瀛閣の記　富士谷成章）などは、古典テキストで主題化されてきた伝統的な型である。

第四節　文章の方法――『本朝文範』と『源氏物語評釈』の文章法

『本朝文範』は、その緒言で、「文の義《コヽロ》のさだ」つまり文章の方法を、取り上げている。

　さてまた文の義《コヽロ》のさだといふ事．是も一わたり心得おくべきことなれば．此書にえうあることゞも．聊いふべし．されどこれもあながち先の例に泥まぬこと．上にいへるが如し

同様の「文章の批評《サダ》」ということが、『源氏物語評釈』（以下『評釈』）の総論下「頭書評釈凡例」に既に見られる。

　文章を批評《サダ》したることは．我皇國《ミクニ》の書にはをさ〳〵見えず．大かたは今始めてものすることなれば．其さまをもろこしざまにならひたり．其よしは上条《ノ》に既にいへり．其法則《ノノリ》のかりの名どもを．こゝに挙て大むねを注す．これはたゞ初學のためのみなり．さて此目《ノナ》どもは．もろこしにいへるをさながらにとれるもあり．又此《ノ》物語の注に昔よりいへるを用ゐたるもあり．又今あらたに余《オノレ》がつくれるもあれど．事のさまのさとりやすきを主《ムネ》として．あながちにもろこしの例格に拘《カヽハ》り泥《ナツ》まず．見ん人さるこゝろしていふかしむべからず．

漢文で言われてきた文章法を基として、自作のものを加えながら整理したとある。先にも述べたように『本朝文範』は『評釈』を直接参観と考えられ、ここでもその形跡が見られる。表3は、両書の記述を比較したものである。

【表3『本朝文範』と『源氏物語評釈』の文章法】

※共通に取り上げられている方法の名称はゴシック体。片方のみ取り上げている方法の名称に文字囲。説明の表現が近似している部分に傍線部。

『本朝文範』	『源氏物語評釈』総論下
主客　文に旨とある方を主といひ．これに對へる方を客といふ．これには内外の差《けぢめ》あり **正副**　一篇の主とある方を正といひ．それに屬《ツ》く方を副といふ．これには輕重の法《ノリ》あり **對**　同じほどの事を相對《ムカ》へて．優劣《マサリオトリ》なきを正對といふ．また反對あり．これは其事．其詞の．うらうへに相對《ムカ》ふをいふ **照應**　前文の意．俄に末に至りて．再あらはれて．前の趣に相應《アタ》るをいふ	**主客**　人と人と相對《アヒムカ》ひて事ある時．其むねとあるかたを主といひ．その主たる人のためにして對へる方を客といふ．これによりて．其所の文に内外《ウチト》の差《ケヂメ》あり．又其《ノ》巻其段《クダリ》につきても主客の法あり．准へて知るべし． **正副**　軍を出すに．大将軍と副将軍とあるがごとく．その主とある方を正とし．それに附屬《ツキシタガ》へる方を副とす．これにつきて文法に輕重あり． **正對**　人にまれ．物事にまれ．同じほどの事を相對へて．優《マサ》り劣《オト》りなきを正對といふ．これはたゞに對といひても有べけれど．次の反對にむかへて正《ノ》字を加へたるのみ也． **反對**　これは其事の反《ウラ》うへに相對《ヒカ》ふをいふ．たとへば．雨ふると日てると．夜と晝とのごとし．其《ノ》事同じからずといへども．表裏《ウラウヘ》に相對ふをもて反對といへり． 照對 **照應**　この二つ大かた同じさまなれど．照對は．一時の相似たるさまを再びあらはして．前の事に相照《ヒラ》し對へたるをいふ．たとへば日と月と東西に光をあらそふがごと

伏案　末にいふべき事の端を，ひそかに前にあらはしながら伏せおくをいふ．また生張本ともいふ

伏線　遠く線を伏せおきて，所ゝに聊づゝ現し，終に至りて，これを結びとぢむる時，悉く連り續くをいふ．漢文家またこれを艸蛇灰線などもいふあり．

抑揚　後を強く揚げていはんとて，殊更に前の方を抑へ，或は末を抑へんとて，わざと本を揚げていひて，文の勢をなすをいふ．

し，照應は，前に出たる事の末，あへなく消失《エセ》ずして，再び其脈《スヂ》をあらはして，前の趣《キ》に相應《ヒヾ》くをいふ．たとへば日の光をうけて，月も星も光をはなつがごとし．

間隔　一つの事を語りもてゆくに，一つらに書つゞけては，いと長く煩《ワヅラ》はしくなりて，見ん人の倦んことを思ひはかりて，暫く切断《リチ》て其間に他事《アダシ》を挟《サシハサ》み隔《ツ》るをいふ．たとへば遠く海山を見るに，所々雲霧のへだゝりて，なか〳〵にけしきをかしく見ゆるがごとし．此法《ノ》巻中《ノ》に殊に多し．

伏案　伏線　この二つおほかたは同じ事也，伏案は，末にいふべき事を思ひ構へて，ひそかに其端《ノ》をあらはしながら，伏せおく事也．伏線の線は糸すぢとよむ字にて，遠くいとすぢの端を伏置《フセ》て，をり〳〵其縫《ヌヒ》めをあらはしつゝ，末に至りて結び竟《ヲハ》る時，其糸ぐちを引ば，貫《ツラヌ》きたるぬひめ悉く動くことの如し，又結構といひたる所あるも同じ類也。結構はしたがまへの事也。

抑揚　抑はおさふること，揚はあぐることにて，文の勢《ヒ》をなす法なり，たとへば柄碓《カラウス》の頭《サキ》を揚《アゲ》んとしては，其尾《ノシリ》をつよく踏抑《フミオサ》ふるがごとく，事がらをつよく揚《ゲ》ていはんとて，前つかたを抑《サ》へてかくをいへり．

擒縦 彼方に理をもたせてさしおくを縦といひ．此方に道をとりて．彼方を従はするを擒といふ．興奪といふもおほかた同じさまにて．是もまた文の勢をなす法なり

頓挫 種々に論《アゲツラ》ひおきて．卒尒《ニハカ》に其語を判《コトワ》るをいふ

緩急 事を叙《ノブ》るに．意緩《ユル》き時は徐《ユル》やかにいひ．意急《セハ》しき時は速にいふ法なり．これは語にも．此別《ワキ》あり

反覆 思の外に事の急にうらがへりて．前の勢とたがふをいふ．見ん人を驚かす文の法なり

省筆 長かるべき事を約《ツヾ》めかき．或は人の物語の中にいはせて．作者の筆を省きなどして．前後のさまによりて．餘《ホカ》は見ん人にさとらしむる類をいふ

餘波 事を甚《イミ》じく書き終《ハテ》て後．其跡《アト》のはかなく消えんことを惜みて書そふるをいふ

緩急 字のごとく緩《ユル》きと急《セハ》しきと也．其《ノ》事を叙《ノブ》ること．緩《ユル》き時は静《シツカ》にして．ながき春日のうら〻かなるに．處女子《ヲトメコ》の野辺《ノベ》をゆくがごとく．急《セハ》しき時はすみやかにして．野分《ノワキ》の風の．梢をまきてすぐるがごとし．各其事にしたがひて書ざま異なり．

反覆 事の急《ニハカ》にうらがへりて．前の勢《ヒ》にいたくたがふを云．さるはわざとしか反覆《ウチカヘ》して見ん人におもひの外の事と驚《カ》せんため也．たとへばしづかにすみわたりける月影の．俄にかきくもりて．神いみじく鳴はためきたる夕立の雨の．たちまちに降来たらんがごとし．

省筆 事の長かるべきをいたく約《ツヾ》めて．前後《アトサキ》のさまによりて．か〻る事と見ん人にさとらしむる類《ヒ》．また他《ホカ》にてありし事を．人の物語の中にいはせて．其趣《キ》をしらしめ．或は煩《ラ》はしきをいとひて省けるなどの類《ヒ》を．すべて省筆といふ．

餘波 大《イミ》じき事を書はてたる後に．其なごりのあへなく消失ん事を惜《ヲシ》みて．其けしきなど書そへて引延《ハヘ》たる類《ヒ》をいふ．餘波はいはゆるなごりにて．大波の引去りたる跡に．

首尾　事の始と終と相かなへて結ぶをいふ

猶さゞら波しづまらず．遠浅《トホアサ》に潮の遺《ノコ》りてやう〳〵に引たるさまに譬へていへり．

種子　これかれの物語の間つきなき時に．物一《ツ》とり出て．物語の種子《クサハヒ》とする事也．若紫の雀《ノ》子．女三《ノ》宮のから猫の類ひなり．

報應　これはいはゆるもの、報《ムクイ》の應ずるをいふ．此《ノ》事の報に彼《ノ》事をあらはして．もの、道理を均《ヒトシ》くすること也．

諷諭　今の現《ウツツ》にある事に諷《ヨソ》へて．一《ツ》の事をあらはし出つゝ．もの、ことわりを諭《サト》すをいふ．この二《ツ》は。作者《ツクリヌシ》の心の中にある事なるを．推量《オシハカ》りて云也．

文脉　**語脉**　文脈とはつらねもてゆく文章のすぢをいひ．語脈は語のかゝりゆくすぢをいふ．此《ノ》すぢの續《ツヾ》きて．事の意を貫《ツラヌ》き通《トホ》すこと．人《ノ》身に脈《チスヂ》ありて．体中《ミノウチ》を貫き通れるがごとし．又伏線の條理《スヂ》を．脉といひたる所もあれど．そは別事《コトヽヽ》也．

首尾　事の始と終と也．これは首尾あひかなひて結ぶ所をいふ事なれば．正しくは首尾相應などいはではかなはぬことなれど．暫くいひならへるに随ひて．首尾とのみいふ．これより下は．舊注どもにいはれたる名《ナ》目のまゝなり．

類例　其《ノ》事其《ノ》語の比例に．他《アダ》し書の語．また哥などを引出たるを．類例といひならへり．これは注法の目《ナ》也．

此ほかにもおほかれど．さまではくだ〳〵しければあげず．かばかりのことは．誰もよくしりたるべけれど．極めて初學のいとたど〳〵しくて．まどひがちなる人のために．物しつるなり

用意　これは作者《ツクリヌシ》の意を用ゐて．事におりたちてさまよくとりなしあつかふ事を．いひならひたりたとへば．空蝉《ノ》君のさまよくもてつけたるありさまを．用意ありなどいへる．用意のごとし．

草子地　物語の中なる人の心詞ならで．他《ホカ》より評じたるごとき所を．草子地といへり．これは物語かたる人の語《コトバ》にとりなしたる作者の語也．その中に草子地ながら．しばらく其《ノ》物語の中の人の心になりていふ所あり．また物語の中なる人の詞ながら．実《マコト》は草子地よりいふ所あり．思ひわかつべし．

餘光　餘情　餘光はにほひと訓《ヨ》む意にて．文外《ノ》に打にほひて．いひしらぬ味ひあるを賞《ホメ》ていふ語．餘情は其事竟《ハテ》たるに．猶かぎりなきあはれの含《フク》まりて聞ゆるをいふ．このふたつは共に形《チ》なき事なれど．言外《ノ》ににほひ餘りたるいみじさを評ぜんために．とり出たるのみ也．

此《ノ》外にもなほあめれど．今は其大むねをのみ擧つ．他は准《ラ》へてもさとるべし．

説明の表現が近似している箇所（表中傍線部）が多いことから、これを直接参看したものと考えられる。取り

上げた文章法は、共通のもの一二項目、『本朝文範』にしか見られないもの「擒縦《きんしよう》」と「頓挫」の二項目、『評釈』にしか見られないもの一一目である。項目毎の説明の記述についても『本朝文範』の方が、簡潔にされている。『本朝文範』の項目は、『評釈』を精選する形で編集されたと考えられる。

なお、『評釈』総論下では、これらの法についでは、「此ノ物語に種々の法則ある事」の節において、『源氏物語』における例を挙げて説明している。その中で、表中で『本朝文範』にしか見られない「頓挫」についても言及されており、『評釈』も「法則」のリストに挙げなかったものの、批評には使用している。（傍線筆者）

・為章曾て其章段をあらため侍りける時．序して云．論破あり論承あり．論腹あり論尾あり．麁より細にいり．俗より雅におもむき．繁より簡に歸し．波瀾頓挫．照応．伏案．などいふ．もろこしの文法おのづから備り．…（以下略）

・又．岡部翁ノ新釋ノ物考にも．…（中略）…文義に．末にあらん事のはしを前に擧る．これを生張本とも伏案ともいへり．此二事少しの違はあれど．大かた同じければ互にしるせり．又前文後文相對へて知るを照應といふ．又其語を即時にことわるを頓挫といふ．…（以下略）

右にも述べられているように、「文章の批評《サダ》」は、『評釈』以前に、安藤為章『紫家七論』（宝永元、一七〇四）、賀茂真淵『源氏物語新釈惣考』（『源氏物語新釈』宝暦八跋、一七五八）で使用されており、『源氏物語』の注釈世界で広く使用されたものである。

さて、こうした文章法は、『評釈』中で言われているとおり、もともと漢文の文章法で使われたもの。漢文訓読文を教材とした亀谷行『育英文範』（明治一〇、亀谷行）は、「掲綱、眼目、収束、伏筆、主客、反筆、反形、反照、照応、遙接、根因、餘波、掲筆」を「評語」として使用して、教材文を意味のまとまり毎に解説している。一方、石川鴻齋『日本文章軌範』（明治一二、稲田佐吉）では、「古人撰レ文。編中。或掲《ハク》二句法章法。頓挫抑揚。轉換輕重之辨一。余今省而不レ載レ之ヲ。厭ハ二煩雜ヲ一也。」として掲載していない。
文部省が各中学校の模範として「文部省日誌」明治一五年第四十四号に掲載した大阪中学校「教授要旨伺案」の「和漢文」の規定には、こうした文章法を教えることについて言及されている。（傍線筆者）

和文ハ本邦固有ノ文章ニシテ其用極メテ廣ク漢文ハ普通ノ文材ニ資スル者ニシテ亦須要ノ科ナレハ各級ニ通シテ之ヲ課ス今其學習ノ爲メニ分チテ讀書、作文トス

讀書ノ要ハ讀法ヲ正クシ意義ヲ詳ニシ兼テ作文ニ資スルニ在リ…（中略）…殊ニ和文ハ先ツ文字、言語、文章、音韻ノ諸論ヲ教ヘ次ニ雅馴ノ文章ヲ授ケテ其例格ヲ考究セシムヘシ高等中學科ノ漢文ハ更ニ教方ヲ高尚ニシ委ク文章ノ賓主照應抑揚頓挫等ノ諸法ヲ説キ詳ニ文理ニ通暁セシメンコトヲ要ス

ここに示されているのは漢文についてであるが、この前年出版の『本朝文範』は、すでに和文の作文にも文章法の知識が有効と判断したのである。

『本朝文範』で取り上げられた文章法については、明治期の漢文作成の指南書、下森来治（子来）『作文規縄文法指針』（明治二六、松栄堂）に、「賓主法」、「正反法」、「照應法」、「帯叙」、「抑揚法」、「頓挫法」、「預伏法」、「省筆法」、「擒縦法」、「緩急法」をはじめとする九三の文章法が掲載されている。文章を作成する技法面で、和文教科書『本朝文範』は漢文教科書との接点がうかがえる。

こうした文章法は、「文話」（「詩話」に対するもの）と呼ばれる文章作成の指南書の中で扱われてきた。和田英信（二〇〇七）[8]によれば、「文話」は、江戸末期の斉藤拙堂『拙堂文話』（文政一三）や海保漁村『漁村文話』（嘉永五）から、明治期の森鷗外『鷗外文話』（明治二四、『柵《しがらみ》草子』20号）や大正期の幸田露伴『日本文話』（『婦人世界』大正九年一月・二月・三月号）などにかけて、著述の一範疇を形成していたという。『漁村文話』は、漢文

について片仮名交じりの和文で評論したもので、『本朝文範』でも取り上げられた「緩急」「抑揚」「頓挫」の法についての章がある。

教育の分野では、『尋常小学読本』を編纂した八波則吉《やつなみのりきち》の『文話歌語・鑑賞から創作へ』（大正一五、敬文館）がある。八波は、『読本中心創作本位の文章法』（大正一四、教育研究會）で、教師が文話を指導することについて述べている。『本朝文範』は文章法を『評釈』から簡略化して掲載したが、後の教科書には「文話」の文章法が作文教育（「普通文」教育）に取り入れられている。

『本朝文範』緒言で「文の義《コヽロ》のさだ」として示された文章の方法は、『評釈』総論下「頭書評釈凡例」を基にしたもので近世の言語文化を継承したものであるが、これは、後の教科書において「文話」の文章法が「普通文」の作文教育に取り入れられていく前段階のものであったと言える。ただし、『本朝文範』の「文の義《コヽロ》」という言い方には、文章の方法を文章の内容を読み取るときの手法としてとらえていることがうかがえ、あくまで「文範」として読み書き一如のものとしてある。

第五節　文章の規範

一　『本朝文範』における文章批評

『本朝文範』は、模範となる文章を提示するだけでなく、それらの文章を評価することで、規範を示そうとしている。ここでは、その規範がどのようなものかを探るため、緒言や頭注に見られる評言からその要素を探る。

緒言において、この教科書で文章の批評を行うことの意味を次のように述べている。（傍線筆者）

そも〳〵先匠をしも．とかくいひ評《サダ》するは．たやすきやうにて．いと〳〵かしこくおふけなきわざなれど．初学のまだ何よけんとも．よる方しらぬほどなるが．うちつけに．誰の集．かれの文とよみ見んに．其人〻のあるやうをも．かつ〴〵心得おかずては．なか〳〵に．いみじき物ぞこなひをもしいでなんとおもふまゝに．世のもどきもえおもはで．かくなん．

この教科書における「文範」とは、手放しに良きものとして受容するものではなく、それぞれの文章の良し悪しをふまえながらモデルとするものである。結果、教材は手放しに受容すべき「古典」ではなく、批評的に扱われる。

表4は、緒言に展開された文章批評を整理したものである。

【表4　『本朝文範』緒言における文章批評】

※規範の要素がうかがえる表現にゴシック体にして傍線を施している。

対象テキスト	問題点・注意点	優れた点
竹取物語、宇津保物語、住吉物語		とり〴〵めでたし．
伊勢物語、源氏物語		伊勢物語の**文高くてちからつよき**．源氏物語の**えんにてたらひたる**などは．めでたきが中の．いとめでたきにて．類

		なき筆なり．中世よりこなたの文にては．此二の物語の上におくべきは．たえてあらずなん．
大和物語	すこししなおくれたるやうなれど．	しかすがに古ければ．をかしきふしおほし．
落くぼの物語		ひとふしありて見ゆ．
狭衣物語	させるふしもなけれど	をかし．
栄花物語		餘《ホカ》の作物語書のおなじつらならず．文詞のすなほなると．かきざまの正しきとは．さるものにて．作者の．まのまへに見聞したる實事を．寫しとりたるなるからに．詞の学びにえうあるは．さらにもいはず．史の学するかたにも．必見ではえあるまじきふみにて．いみじともいみじきいさをし書なり．
枕草子		いとをかしき書なり．作主《ツクリヌシ》のかきけんをりの顔《カホ》つきさへおもひやられて．
今昔物語	上の諸物語とは．さまことにて．此處にならべあぐべき類ならねど．	初学の人の文かきならふに．依りよきふみなれば．一段取り出でつ．
かげろふの日記、紫式部の日記		かげろふの日記のおもひしめりたる．紫式部の日記の心づかひこまやかなるは．おの〳〵とり〴〵の筆なるべし．
土佐の日記		いひしらずめでたし．後の世の．かけてもおよぶまじき口つきにて．げに幾千歳《イクチトセ》の後までも．道の記のおや．とあふぎつべくたゝへつべき書なり．

更級の日記、いさよひの日記	やゝくだりての世のなれど	よろし．おほよそ．今の人のかくなる道の記は．多くは．此二の日記にぞならふめる．
契沖阿闍梨の文	多き中には．詞の用ゐ違へられたるなどあれど．	こまやかにて．めでたし．すべて此阿闍梨のは．心がまへのかりそめならずして．じちやうなるがめでたきなり．…（中略）…そこらの賜物を．皆貧者に施し恵まれたる人がらさへ見ゆ．
岡部の大人の文	漢《カラ》めきたる處もあれど．	すべてのすがたは．丈高く勢ありて．高峯《キ》の大空にひとり聳えたちて．村山を麓につけ従へたらんがごとし．
富士谷の翁	されど．高くおほらかなるかたは．いかゞあらん．	いみじき上手なり．かゝれたる文．さしも多かれど．これはと．とりすつべきはをさ〳〵見えず．文のさまは．よく得られたりといふべし．
よの子		はた口をしからず．岡部大人の許《モト》にて．物学べりしほど．千蔭ぬし．春海ぬしなども．此女房をば．心にくき方にいひあへりきとか．さもありけん．
本居《ノ》大人の文	されど．此書に擧げたる文等は．若き間のすさびなりけん．此大人のには．とおぼゆるが多きなり．	正しんまめやかにて．瑕なきは．本居《ノ》大人の文なり．此大人は皇國《ミクニ》の道の學は．さるものにて．詞のすぢのことをも論《アゲツラ》ひ定められたる功．世に類なくて．凡今の文かき．歌よむ人の．此大人の蔭によらぬは．をさ〳〵あるまじうなん．…（中略）…古ぶりのは．ことにめでたきが多かれど．其かたのは．こゝにとらぬおきてなれば．いと惜しけれどおきつ

千蔭ぬし	手よわし．	こともなくなだらかなれど．
春海ぬし	漢めきなつかしからぬさましたれど	筆すこしつよき所あり．
高尚の宿祢	何のふしもなけれど．	詞づかひのみだりなる所などはすくなし．
濱臣		一ふしありて見えたり．
本居《ノ》太平、萩原廣道		かける書．作れる文も多くて．めでたきも許多《コヽラ》見えしらがふなれど．
此人々のほか	詞づかひ正しからぬ．或は．始終ゆきとほりたらぬ．あるは一二《ツツ》は書きえたるがあるも．多く見もてゆくまゝに．えもいはぬ非《ヒガゴト》などいできて．むげに拙くしなゝくおもはるなどにて．これはしもと難つくまじきは．いとすくなけなんありける．	あるは．すがたはよろしきやうなるも．

また、各教材の頭注にも、文章についての評が展開されている箇所があり、表５に整理した。ここからも文章の規範とする要素が見て取れる。

【表5 『本朝文範』頭注における文章批評】

対象テキスト	問題点・注意点	優れた点
【教材2】「手習に、物にかきつけゝる 岡部馬淵」	岡部翁の文、こまかにいへば、此くにのすがたならぬふしもまじり、はた詞づかひなどには、一のくせさへあれど、	すべては、をゝしく、たかくして、中昔よりこなたに、ひとりだゝれたるさま見えて、いとめでたし、
【教材3】「述懐といふことを題にてかける 本居宣長」	されど、此文の、すこしおとりざまなるは、詞に見えたる如く、いまだ三十ばかりのをりに、物せられたるからなるべし、	本居翁の文、すべて正しく、つゞまやかにて、物の本ともしつべきは、この翁のをおきて、外にあることなし、
【教材4】「せみのは 富士谷成章」	をり〳〵からことばから心のまじれるがあかぬは兄弟の漢學するが中におひたちて、常にきゝならされたる故なるべし	富士谷の翁の文、すべてめでたし、したに漢文ざまの、こまやかなる心をとりて、はたらかし、表に此國ぶりのおほらかなるしらべを用ゐて、かゝれたるなど、げにえられたりといふべし、近古よりこなたには、此翁のごとき上手をさ〳〵あるまじうさへおもはるゝを
【教材7】「山路孝正が父の七十賀の、まとゐの詞 本居宣長」		此一篇、詞のつかひざまさとびたる所などもありて、翁の常の口つきならぬは、ことさらに、ゑひのまぎれのすさびなることを、見せられたるなるべし、
【教材9】「弔二立因	詞のつかひざまなどには、いさゝか、いふべき	契沖あざりの文、皆正しくじちやうなり、げに

喪レ子詞 僧契沖」	ふしもなきにはあらねど、そは、當時、いまだ此道のまなびのさだなかりし世のことなれば、さばかりのことは、此大徳にとりては、小瑕といふばかりもなくこそ。	此あざりは、はじめて、詞のまなびをひらかれたる、いさを人なれば、其あと見えて、當世のふりになづまず、ひとりだゝれたる姿、たかくうるはし。
【教材13】「會二千足ノ真言ノ家一歌ノ序 岡部真淵」	和歌序は、ふるく紀貫之ぬしの大井川行幸序、平兼盛ぬしの予日行幸序、源順ぬしの庚申夜序などあれど、皆漢文の法にならひてかゝれたるにて、こゝの詞づかひのさまならねば、すべてとらず。	
【教材34】「知足庵の記 村田春海」	むげに、漢意漢ことばを用ゐて、こは〴〵しく飾りたつるくせありて、中〻に々見おとりすることいと多し、此記など、寂も其癖見はれたる也。	春海ぬしは、真淵翁の弟子の中にても、指をらるゝ人にて、文も、哥も、こよなくすぐれたれど、されど、他の國の意言をとりて、かくめ易く書なせるは、しかすがに漢籍よむにも、意を用ゐて、みだりならざりしあと見えて今の世の漢學博士の、點しらぬよみ様するとは、いたくことにて、げに其かたには、くちをしからぬ口つきなりかし、哥は、今一きはたちあがりたり」
【教材59】「荘子見テ二畜類ノ所行ヲ一走リ逃ル、語	今昔は、人の物語するをきくまゝに、強に文字づかひにも拘らず、かきをかれたる書なる故	

今昔物語　源隆國」	に、真字も、假字も、しどけなきことおほかれど、此は、すべて此頃のうちとけがきのすがたなり、傍に小く片假字して、書たるは、今おのが新に、よみやすからんために物したるなれば、其意して見るべし	
【教材75】「から國聖人の世の祥瑞といふもの　本居宣長」		徳にめでゝ、いひなして、しるしとして、此の三のての字の、こと重なりて耳だつやうなれど、必なくてはあるまじき処なり、初学の人のかける文は、かゝる処をみだりにはぶきて、とゝのはぬが多きなり
【教材84】「正月ばかり、やまざとにすむ人の許へ　村田春海」	前にもいへるごとく、春海翁の文、すべて漢文ざまにて、あかぬ所おほけれど、	消息文は、やゝえられつと見えて、なだらかに見所あるがおほきなり
【教材85】「阿闍梨より、中の君に　源氏物語　紫式部」		此一篇、口ごはにて、むね〳〵しくかけるは、法師のなるからに、わざとさる心しらびせしにて、本書に歌はわざとがましく、ひきはなちてぞかきたる、とことわれるもその意なり、すべて、かゝる処まで細やかに意を用ゐて、きはやかに、書きわかてるぞ、源氏の、他の物語にすぐれて、いみじきにはありける

【教材87】「久米子にこたふる書　加藤千蔭」	千蔭ぬしは，世に聞えたる歌人ばかりありて，めやすくかきえられたる文もまゝありて，此消息など，さしていふべきふしなし，されど消息ならぬは，すべてすこしおとりざまなり	
【教材88】「月あかき夜，友のもとへ　清水濱臣」		濱臣は，世のかいなでの歌よみとは異にて，中古の書などは，ことによくよみえたる人なるから，其つくれる文，すべてちからありて，よくとゝのへるおほし
【教材90】「神無月のころ，山里より，散りたる紅葉の枝につけて　鵜殿よの子」		真淵翁の弟子の女房にては，よの子，茂子の二人をとりいづれど，文詞は，よの子なんすぐれたりける，此女房は，鵜殿孟一の妻にて，漢学の方もたど〳〵しからで，詩など，なま〳〵のはかせはづかしかりぬべき口つきなりけりとか，またの名は清瀬子といへり，
【教材91】「雪の朝，友だちのもとへいひやる書になずらへてかける　本居宣長」	本居翁の文，すべてめでたきを，此消息の，少しくだ〳〵しくて，おとりざまにおもはるゝは，若かりしほどのすさび，さらずば，會席などにてかゝれたるなるべし，大かた，此翁のは，古文，あるは論説文などの，正しくうるは	

しきにくらぶれば．消息文は．みないさゝかおとれる方なるこゝちす

二　規範の要素

表4及び表5から、文章の規範の要素を取り出すと、次の四点にまとめられる。

① 和文の正しい言葉遣いで書かれていること

「かきざまの正しき」（緒言／栄花物語）、「詞の用ゐ違へられたる」（緒言／契沖阿闍梨の文）、「詞づかひのみだりなる所などはすくなし」（緒言／高尚の宿祢）、「詞づかひ正しからぬ」（緒言／此人々のほか）、「すべて正しく．つゞまやかにて」（教材3／本居宣長）、「論説文などの．正しくうるはしきにくらぶれば」（教材91／本居宣長）、「はた詞づかひなどには．一のくせさへあれど．」（教材2／岡部馬渕）の表現に見られるように、正しい言葉遣いということが要求されている。この和文の法は、緒言で本居宣長について「詞のすぢのことをも論《アゲツラ》ひ定められたる功」とあり、「詞のつかひざまなどには．いさゝか．いふべきふしもなきにはあらねど．そは．當時．いまだ此道のまなびのさだなかりし世のことなれば．」（教材9／僧契沖）とあるように、近世における語学の考究を念頭に置いている。

「皆漢文の法にならひてかゝれたるにて．こゝの詞づかひのさまならねば．すべてとらず．」（教材13／岡部真淵）「漢めきたる處もあれど」（緒言／岡部の大人の文）や「漢めきなつかしからぬさましたれど」（緒言／春海ぬし）、「此くにのすがたならぬふしもまじり」（教材2／岡部馬渕）、「をり〳〵からことばから心のまじれるがあか

ぬは兄弟の漢學するが中におひたちて．常にき、ならされたる故なるべし」（教材４／富士谷成章）とあるなど、ここでの正しい言葉遣いとは、純粋に和文としてのものであり、漢文体の混入には否定的である。「春海翁の文．すべて漢文ざまにて．あかぬ所おほけれど．消息文は．や、えられつと見えて．なだらかに見所あるがおほきなり」（教材84／村田春海）で「なだらか」というのは和文の文体を表現したものであると考えられる。ただし、漢文の否定は文体上のことであって「したに漢文ざまの．こまやかなる心をとりて．はたらかし．表に此國ぶりのおほらかなるしらべを用ゐて」（教材４／富士谷成章）とあることから、漢文で表現されてきた内容については価値を認めている。また、今昔物語を「強に文字づかひにも拘らず．かきをかれたる書なる故に．真字も．假字も．しどけなきことおほかれど」（教材59／今昔物語）としながらも「初学の人の文かきならふに．依りよきふみ」（緒言）としていることからは、和漢混淆文が簡潔で分かりやすいとの認識があったことが分かる。「や、くだりての世のなれど．よろし」（緒言／更級の日記・いさよひの日記）や「後の世の．かけてもおよぶまじき口つき」（緒言／土佐の日記）から、中古和文の文体を最も優れたものとしていることが分かる。

具体的な表現に即して評価を行っているのは一事例だけである。教材75の頭注では、「徳にめで、て．いひなして．しるしとして．」の傍線「て」の字の必要性を説いている。これは、「初学の人のかける文は．か、る処をみだりにはぶきて．と、のはぬが多きなり」とあることから、正しい文章を書くということの具体的な事例を示したものと考えられる。

言及された回数の多さから言って、和文の正しい言葉遣いで書かれることは、最も重要な規範と言えよう。

② **趣向があること**

「をかしきふし」（緒言／大和物語）、「ひとふしあり」（緒言／落くぼの物語）、「させるふしもなけれど」（緒言／狭衣物語）、「何のふしもなけれど」（緒言／高尚の宿祢）、「一ふしありて見えたり」（緒言／濱臣）、「千蔭ぬしは．

世に聞えたる歌人ばかりありて．めやすくかきえられたる文もまゝありて．此消息など．さしていふべきふしなし．」（教材87／加藤千蔭）に見られる「ふし」とは、和歌世界で批評用語として使われるもので、際だった表現つまり趣向のある表現の意と考えられる。教材87の「めやすくかきえられたる文」とは、工夫なく無造作に書かれた文章という意味であろう。なお、この趣向の具体がいかなるものかの説明はされていないが、〝旨趣の標〟などに表れているものと考えられる。

③ 和文としての格調・情調に優れること

「文高くてちからつよき」（緒言／伊勢物語・源氏物語）、「すがたは．丈高く勢ありて」（緒言／岡部の大人の文）、「文のさまは．よく得られたりといふべし．されど高くおほらかなるかたは．いかゞあらん」（緒言／富士谷の翁）、「こともなくなだらかなれど．手よわし」（緒言／千蔭ぬし）、「漢めきなつかしからぬさましたれど．筆すこしつよき所あり」（緒言／春海ぬし）、「すべては．をゝしく．たかくして．」（教材2／岡部馬渕）、「すべてちからありて」（教材88／清水濱臣）、「げに此あざりは．はじめて．詞のまなびをひらかれたる．いさを人なれば．其あと見えて．當世のふりになづまず．ひとりだゝれたる姿．たかくうるはし」（教材9／僧契冲）からは、格調が高く大らかで力強いことを規範としていることがうかがえる。これは、「漢めき」「當世のふり」と対比されることから、「ますらおぶり」であると考えられる。「えんにてたらひたる」（緒言／伊勢物語・源氏物語）は情調が優美であることを規範としていることがうかがえる。「こともなくなだらかなれど」（緒言／千蔭ぬし）、「少しくだ〳〵しくて．おとりざまにおもはるゝは」（教材91／本居宣長）は、詞続きの自然な流れを良しとしており、優美さにつながる。「すこししなおくれたるやうなれど」（緒言／大和物語）、「むげに拙くしなゝくおもはるなどにて」（緒言／此人々のほか）の「しな」つまり品格は、「おくれ」「拙い」と対比されていることから、上手さであり洗練されていることであると考えられる。「えんなり」「しな」「ふし」「すがた」の語は、近世までの和歌世界で批評用語として使われてきたものであり、近世までの風流世界の規範が基になっていることがうかがえる。「文詞のすなほなる」（緒言／栄花物語）、「文詞は．よの子なんすぐれたりける．此女房は．鵜殿孟一の妻にて．漢学の方もたど〱しからで．詩など．なま〱のはかせはづかしかりぬべき口つきなりけりとか」（教材90／鵜殿よの子）とある「文詞」は用語についての規範であると考えられ、「むげに．漢意漢ことばを用ゐて．こは〲しく飾りたつるくせありて．中ゝに々見おとりすることいと多し」（教材34／村田春海）、「此一篇．詞のつかひざまさとびたる所などもありて．翁の常の口つきならぬは」（教材7／本居宣長）と合わせて考えると、中古の雅な和語を規範としていることが分かる。「文詞のすなほなる」、「つゞまやかにて」（教材3／本居宣長）、「まめやかにて」（緒言／本居大人の文）は、優れた和文の特徴として述べられている。

④　書き様に真情が表れていること

「作者の．まのまへに見聞したる實事を．写しとりたるなる」（緒言／栄花物語）、「作主のかきけんをりの顔つきさへおもひやられて」（緒言／枕草子）、「おもひしめりたる」（緒言／かげろふの日記）、「心づかひこまやかなる」（緒言／紫式部の日記）、「心がまへのかりそめならずして．じちやうなる」（緒言／契沖阿闍梨の文）、「すべて．かゝる処まで細やかに意を用ゐて．きはやかに．書きわかてるぞ．源氏の．他の物語にすぐれて．いみじきにはありける」（教材85／源氏物語）などは、現在言うところの叙述についてのことと考えられ、生き生きと真情が偽りなく表されることを範としている。

これらの評は、一部の例を除いて、具体的な表現に即して優れた点に言及しているのではない。表現の具体は、標によって示そうとしたと考えられる。また、これらの評に示された規範はたいへん高度な文章スキルについてのものであり、すぐに到達できるものではないが、初学の頃から優れたものを手本として提示するという考え方で編集されている。
文章の規範自体は近世までのものを基にしているが、範文をどのように評価するのかを示したところに教科書としての創出が見られる。そのことによって、近世までの和文が、明治の文章の資源として扱われている。

表現の構造を示す標、表現の要となる語句を示す標、和歌の修辞を教える標などによって、教材テキストは、名文として読解し鑑賞する対象というだけでなく、学習者の表現のために活用するものとなる。『本朝文範』出版の翌年に出された大阪中学校「教授要旨伺案」(9)では、「読書」と「作文」とに分けるのは「学習ノ爲」つまり学習上の方法だとし、「読書」は「讀書ノ要ハ讀法ヲ正クシ意義ヲ詳ニシ兼テ作文ニ資スルニ在リ」という目的で学習するとしている。読ませて書けるようにするという『本朝文範』の性格は、こうした当時の制度に合致するものであったと言える。それが後の教科書に編み込まれた要素になっていくと考えられる。

従来、『本朝文範』は、国学系譜の編者、雑纂型文章ジャンル別の教材編成、中古・近世の出典という概観の言及に留まり、和文教科書の初期の類型という枠の中でのみ意味付けられてきた。しかし、見てきたように、近世までの文化的諸材料を使いながら、それを現時の要請に組み替えていく工夫がなされている。また、そこで行われた近世までの言語文化の活用は、次章に見るように後の教科書に引き継がれていく。教科書史は、文化史的な受容と創造の動態の中でとらえることが必要であろう。

(1)『源氏物語評釈』本文訳注凡例。
(2)『國文學解釈と教材の研究』第37巻第15号、一九九二年、29頁。

（３）四方一弥『「中学校教則大綱」の基礎的研究』（梓出版社、二〇〇四年、350頁）によれば、新潟、徳島、山形で採択されている。
（４）四方前掲書353頁によれば、愛知の作文で採択されている。
（５）四方前掲書351頁によれば、東京と大分の作文で採択されている。
（６）「第二章第三節　教材の文章ジャンルと配列」⑥「説類」の項を参照。
（７）「第二章第三節　教材の文章ジャンルと配列」で示したように、『本朝文範』は「辞類」、「序類　序　和歌序　同小序　後序」、「記類　記　日記　紀行　雑記」、「論類」、「評類」、「説類」、「辯類」、「教諭類」、「訓誡類」、「消息類」という「文類」、すなわち文章ジャンルによって教材が類別編成されている。
（８）和田英信「〈文話〉について――〈文章読本〉源流小考」（「対話と深化」の次世代女性リーダーの育成：「魅力ある大学院教育」イニシアティブ平成18年度活動報告書：海外研修事業編、270～278頁、お茶の水女子大学「魅力ある大学院教育」イニシアティブ人社系事務局、二〇〇七年）
（９）「序（２）国語教育研究における『本朝文範』」参照。

第六章　『本朝文範』の位相

本章では、『本朝文範』が近代教科書として創り出したものが、後の中学校国語教科書にどのように継承、変形されていったのかを探る。また、「普通文」創出の取り組みが様々に展開された中で、本教科書がどのような位相にあるかを確認する。

第一節　稲垣千頴編集教科書の変遷――『本朝文範』から『和文読本』、『読本』へ

稲垣は『本朝文範』（上中巻明治一四年一一月、下巻同一五年一月、松岡太愿）で、中古・近世の和文を以て向後使用する文を提示しようとしたが、その後の『和文読本』（明治一五年一一月、普及舎・奎文堂）、『読本』（明治一七年一一月、同年八月訂正再版、普及舎）[1]では、編集方針を大きく変えている。

稲垣の和文主義については、甲斐雄一郎（二〇〇八）が、稲垣が東京師範学校を免官となったことやその後任となった新保磐次の述懐をもとに、東京師範学校校長の伊沢修二や高嶺秀夫が「ここ（※筆者注：『和文読本』諸言）にみられるような漢文脈の混入を排除する姿勢はかならずしも求めたものではなかったはず」[2]として、東京師範学校では受け入れられなかったことを指摘している。[3]この新保の述懐とは、次のようなものである。[4]

和文の先生は純粋の和文ばかり教へて、學校を「學び屋」洋學を「西の國の物學び」など、長つたらしいことを書かせるし…（中略）…かういふ文では文明の良導體として高等の學藝を傳へ複雜な事を記録する資格がないから、是非和漢文を合一し國語科を創設して立派な普通文を作らねばならぬ。

菊野雅之（二〇一二）は、この甲斐の指摘を踏まえつつ、『読本』が『本朝文範』や『和文読本』とほぼ同時

期に編集されながら『和文読本』から二年以上経って刊行されたことについて、『読本』凡例に「当時少しく慮る所有りて未梓《タ》行せざりき」とあることを取り上げて、ここに稲垣の葛藤を見て、『読本』の編集態度に影響したとする。[5] 菊野は、この間の稲垣の変遷を「その影響は、和文主義を保ちつつも、近世和文のみを「普通文」の「模範とするに足る可き者を選擇」した『読本』の態度に確認される。これは『本朝文範』『和文読本』の際の中古和文を頂きとする態度から考えると、大きな譲歩であり、普通文と和文との兼ね合いをいかに取り持つかを試行錯誤した、近代に生きた国学者稲垣千穎の一つの結論であったのだろう」としている。

以下、中古文・中世文・近世文という教材出典の時代区分だけでなく、教材選定方針及び教材化の工夫の実際を精査することで、稲垣の「試行錯誤」の内実を明らかにする。

一　教材選定と配列

1　『和文読本』の教材選定

『和文読本』は、『本朝文範』出版の翌年に出版されているが、その教科書編集には、種々の相違が見られる。まず、『本朝文範』が「文類」（文種）別の編集であったのに対して、『和文読本』は、教材内容によってテーマ別に編集されているのが構成上の違いである。次に示すのは、『和文読本』緒言「目録」。

巻一　歴代　儀式　軍旅
巻二　地理　動植　言行　才藝
巻三　武勇　遊戯　俳諧　羇旅（離別附）　哀傷
巻四　評（論附）　説（解附）　教訓（誡附）　諫争　勅書　院宣御請文　將軍家御教書　消息

巻三までは、内容のテーマによる章立てとなっており、教材内容（後述）から得られる知識をも学習内容としている。巻四のみ文種別の編集となっており、「評（論附）」「説（解附）」「教訓（誡附）」「消息」は、『本朝文範』の文類とも重なっている。学習が進んだ段階では、「文範」としての役割も想定していると言える。

『和文読本』は、『本朝文範』と出典時代の傾向が大きく異なる。表1と表2は、それぞれの教科書の章別・成立時代別の教材数である。

【表1 『本朝文範』章別時代別教材数】（『和文読本』との比較のため再掲）

※「消息」における返信が同じ出典によるばあい、一つの教材と見なした。

	中古文	中世文	近世文
辭類	0	0	9
序類	0	0	3
和歌序	0	0	4
和歌小序	12	0	0
後序	1	0	2
記類	0	0	4
日記	2	0	0
紀行	2	1	2
雜記	16	0	1
論類	0	0	2
評類	4	0	3
説類	0	0	5
辯類	0	0	2
教諭類	1	0	2
訓誡類	3	0	2
消息類	13	0	11
計	54	1	52

【表2 『和文読本』章別時代別教材数】

※「傳」は目録にはないが章として存在している。

※「消息」における返信が同じ出典によるばあい、一つの教材と見なした。

	中古文
歴代	0
儀式	0
軍旅	0
地理	0
動植	1
言行	0
才藝	0
武勇	0
遊戯	0
俳諧	1
羇旅 離別附	0
哀傷	0
傳	2
評 論附	0
説 解附	0
教訓 誡附	0
諫争	0
勅書	0
院宣御請文	0
將軍家御教書	0
消息	0
計	4

中世文	近世文
6	0
4	0
8	0
0	2
6	3
8	0
8	0
3	0
3	0
7	0
6	0
4	0
0	2
3	3
2	5
10	0
2	0
0	1
1	0
1	0
10	0
92	16

『和文読本』は、『本朝文範』で見られなかった中世教材が使用され、しかもその割合が教材全体の八一・三%に及ぶ。[6]『和文読本』がどのような文体を目指して中世文を多く採ったかについては、その緒言にうかがうことができる。長くなるが、稲垣の考えが明示された資料であるので引用する（傍線稿者）。

上古には．いはゆる萬葉假字伊呂波等なりこそ有つれ．平假字いろは等なり．片假字イロハ等．などいふ物とてはなかりければ．殊に意して．其の詞を誤らせじとする歌などばかりこそ．萬葉假字にても書きつれ．大方の文詞をば．萬葉假字して書かんは．徒に字面の長くなるがうへに．字畫さへ多くて煩しければ．爲ん方なくて．不便ながらに漢文をのみ用ゐて．全く假字して書く事とてはなかりつれど．中古平假字片假字といふ．最便よきもの出來てより後は．彼の不便なる漢字漢文をば．用ゐずして事足るべきを．なほ世の人．さき〴〵より讀み習ひ書き來たる癖うせずして．字としいへば漢字．文としいへば漢文にて．他には字も文もなきやうに思ひて．實事實學につきての利害をば．よくも考へず．たゞ漢字かき散し．漢文讀みのゝしるを．たけく才ある様に思ひとりて．吾も人も．其の方の學にのみ心をいれて．先《ツ》漢字つかひならひ．漢文よみ習ふほどに．許多の年月を過して．やゝ筆とるばかりになれば．はや齢たけ氣衰へて．はか〴〵しき物の用にもたゝず．かくしつゝ．若き壯の程をば徒に過し．老て後には．世間一般には不通の漢文をかき．人には煩多き漢字を教ふる事にのみ力を費して．世の爲國の爲には．させる益をも得せで．あたら生涯を盡すは．なべての學者の弊にて．いとも〳〵口惜しき事の限なりかし．縦《ヒ》いかばかり漢字をばよく識り．漢文をば巧にかくとも．世に之を讀む人解《サト》る人少くば．何にかはせん．よしよむ人解る人多くとも．御國の人悉く唐土人ならねば．なほ常に．口には．御國ぶりの語を使ひ．御國ぶりの音を出さずば得有るべからず．もし口には御國の語音を用ゐて．文には唐土の文を書かずては得あらずとならば．彼の楚人して齊語をしへさするよりも拙き事にて．なか〳〵に唐土人にも笑はれぬべきは．いふも更にて．いつも文と語とは．似もつかぬものになりて．たゞ便あしきのみならず．物學の方の甚じき害にさへなりて．すべて御國人の．物學のはか〴〵しからず．さとりのたど〳〵しきは．多くはこれによる事にて．心ある者は．深く慨ふべき事なるに．なほこゝに心づく學者なかりしを．此の二百年ばかり以來。歌文の學漸く開けてより．漢字漢文の不便なる事をさとりて．私の著述には．假字文をのみ用ゐる人も多く出來にけれど．なほ公ざまの文書には．假字をば用ゐさせ給はざりければ．心にはあらず思ひながら．せん方なくて．時としては漢めきたる文をもかゝでは得あらざりしを．今の大御代となりてより．上はかしこきや
天皇が詔旨の御書にも．假字を交へさせ給ひ．下は天ざかる鄙の蝦夷の賤の子をまでも．まづいろは．五十音．假字單語．などいふものより教へ導かせ給ひて．専《ラ》御國語御國文を用ゐさせ給ふ事となりにたるは．いとも〳〵尊く忝き大御惠にて．御代の名にほふ明に治る時に生れあひたる人民の．上なき幸にて．今よりして後は．えうなき字學の煩もなく．語と文とは似てもつかぬやうなる違もなく．吾もさとりよく．人にも教へよくなりて．容易く實學實驗をもなし得つべければ．世の爲人の爲に甚じくて．おのづから大御國の御光も添ふわざなれば．心ある學者の千歳の憾も．全く此の大御代にぞなくなるべき．但《シ》かくありとて．今俄に漢字をな用ゐそ．漢文をな讀みそといふにはあらず．其の心して．徒に年月を過して．實事實學をだに妨ぐる事なくば、心のまゝに．漢文をも誦しね．漢詩をも歌ひねとぞよ．

○眞字してかける和文あり．祝詞 宣命 古事記等 假字してかける漢文あり．二十一代集の序等 然るに世の學者等。其體を分別することを知らずして．平假字なるをし見れば．卽和文ぞと心得て．近世の儒者等のかけるをさへに．誰がしの

文．くれがしの和文などいひて．ほめのゝしる者の多きは．いと〳〵傍いたき事にて．詮ずるに和文をばかつて知らぬなり．近世御國學の博士と世にゆるされたるきはの書るだに．なほ漢文の癖の清くさりたるは．いと〳〵稀にて．僅に一人二人なるを．明暮漢字漢籍をのみさだしあへる人等の．いかでかうまくは書得べき．されば此の書．今の世の極めて初學の誦讀の爲にとて物したるにて．なか〳〵にめでたくうるはしき雅文は．容易くさとり難き方もあれば．或は軍記．或は俗物語などよりさへとりて．多き中には．御國文の體ならぬも．又詞のあやしくさとびたるもあれど．むげに後世のならねば．さすがにおのづから雅びたる處ありて．其の方に罪ゆるさるゝこゝちせらるゝなり．なほ文體の論．はた文の解しやうなどの細やかなる事共は．本朝文範の總論にいへれば．今は僅に一二を下にいふべし．

『本朝文範』と同様に、漢文を否定し、目指すべき文体を「めでたくうるはしき雅文」としている。しかし、中古文は通用しがたいので（「容易くさとり難き方もあれば」）、初学の段階の教材として中世文を採ったとしている。中世文は、文章としては漢文訓読体の言葉遣いが優美さに欠けるという難点があるものの（「御國文の體ならぬも．詞のあやしくさとびたるもあれど」）、雅文に劣るものとは言え、それでも後世のものよりは雅文に近く（「むげに後世のならねば．さすがにおのづから雅びたる處ありて」）、通じる（「不通の漢文」）、解る（「漢文をば巧にかくとも．世に之を讀む人解《サト》る人少く」）、同時代の話し言葉に近い（「常に．口には．御國ぶりの語を使ひ．御國ぶりの音を出さずば得有るべからず」）文章という点で、許容される（「其の方に罪ゆるさるゝこゝちせらるゝなり」）ものとしている。ここには、初学者向けの便宜上の処置とはいえ、中世文を基にする方が普く通じやすいという気付きが前提にある。漢文訓読体の混入は、これを声高に否定する言辞とは裏腹に、実際に教科書として生徒に示す実用的な文書としては、容認せざるを得ない現実の言語状況であったのである。読みやすい文体として中世文を採るところに、「普通文」としての文体上の要件への隠れた気付きを見ることができよう。

近世文一六編中九編が文種別編集の巻四に配置されている。近世文は、全体の一四・三％であるが、巻四においては二一・四％を占めている。近世文は中世文に比して、書くための教材としての役割を担う傾向が強いと言える。近世文の中心は、本居宣長『玉勝間』一四編で、そのうち半数が巻四に配置されている。本居宣長の文章は、『本朝文範』において最も多い二二編が採録されており、『和文読本』でも採録数の多いことから、文章の範として高く評価されていることがうかがえる。

教材内容（別紙資料の教材題目を参照）は、興味深く読みながら話題である日本の歴史、地理、生物、習俗・文化に関する知識教養を獲得できるもの、また教訓的内容のものが撰ばれている。読むための教材集としての性格が前面に出ていると言える。『和文読本』教材の出典は、次の通り。

中古教材　『今昔物語』2、『大鏡』2、

中世教材　『徒然草』19、『古今著聞集』16、『源平盛衰記』12、『太平記』12、『十訓抄』10、『平家物語』5、『東鑑』3、『宇治拾遺物語』3、『保元物語』2、『公事根原』2、『建武年中行事』2、『神皇正統記』2、『吉野拾遺』1、『體源抄』1、『水鏡』1、『増鏡』1

近世教材　『玉勝間』14、『つれづれ草拾遺』1、『扶桑拾葉集』1

『本朝文範』と『和文読本』の各教材の出典を、『国書総目録』（補訂版）[7]における「類」表記に従って分類集計したものが表3及び表4である。

【表3　『本朝文範』出典の『国書総目録』「類」別教材数】

※教科書に出典の記載が無いため、所収の原著で分類。物語中の消息は「物語」に、近世の消息は「書簡」に分類。

※教材「青木美行ぬしの越前にかへるをおくる　鵜殿よの子」及び教材「常に友がきにをしへさとしける　岡部真淵」

は出典未確認のため、「歌文」に分類。

類	物語	説話	歴史物語	鎌倉物語	日記	紀行	随筆	歌集	歌文	和文	和文漢詩文	書簡	計
教材数	29	1	3	1	3	3	18	12	20	5	1	11	107

【表4　『和文読本』出典の『国書総目録』「類」別教材数】

※教科書に出典の記載が無いものは所収の原著で分類。

類	説話	歴史物語	軍記物語	通史	史論	雅楽	有職故実	随筆	和文	計
教材数	32	4	31	3	2	1	4	34	1	112

両書の個々の教材を概観してみると、それぞれ書名を忠実に反映したものとなっている。『本朝文範』は、「物語」を出典とするものでも、その採録範囲に説話的要素はなく、情景や消息の模範文として集められたものである。また、「歌文」「和文」「和文漢詩文」はすべて『本朝文範』緒言においてその文章を高く評価された近世国学者たちの和文である。それに対して、『和文読本』は、「説話」「歴史物語」「軍記物語」に加えて、「通史」「史論」「雅楽」「和文」の各教材も歴史的なエピソードを伝えるものである。その他、「有職故実」は季節の行事を伝えるもの、「随筆」は教訓として読めるものである。『和文読本』は、読み物としての要素が強い教材文を集めていると言える。

『本朝文範』は『今昔物語』一教材を除いて[8]すべて和文教材で構成されていたが、『和文読本』では中世教材の採録によって文体の範囲が和漢混淆文へ拡大した。採録一〇教材の『十訓抄』はその序で「その詞、和字をさきとして」とあるもので、また『徒然草』や『古今著聞集』などは、平仮名文を基盤とした仮名漢字交じり文が中心である。近世教材については、『玉勝間』は雅文体、和文集である『扶桑拾遺集』の「名和長年に賜はせし御書　後醍醐天皇」は和歌を含むもので、『つれづれ草拾遺』「世の中の語りつたへに虚言多きこと　鈴木倫庸」（巻四）も以下のような和文である。（傍線筆者）

げにときく中に．よく思へば．ことわりをかしく．空言なるあり—　何國とやらん．友だち集りて．船遊びすることの侍りけり．酒飲み．連歌し．謡ひ舞ふほどに．覚えず遙の沖に漕出でしに．大《キ》なる魚いで來て．その舩を呑みけり．舩の人ども驚きて．こはいかに．俄に日くれたるぞや．いたう暗きに．火ともしてよ．などいひしろひけるに．かの魚．よしと舩をのみて．海の底にいりければ．人ども皆歸らずなりぬとぞ」この事．げにときくうちに．魚の呑みたる．海の底に入りたる．いたう暗きに火ともしてよ．などいひしこと．誰かきゝて傳へけん．人ども皆歸らずといふ．ことわりいとをかし．世に傳ふるものがたり．この類おほし

右傍線部のように、和語の使用、切れずに長く続く文構成、漢文訓読では一般的に使用されない助詞・助動詞の使用等、和文の特徴が顕著に見られる。近世教材は、すべて仮名文字中心の和文であるところに特徴がある。

2　『読本』の教材選定

『読本』は、巻一から巻六までが明治一五年三月に出版、明治二〇年三月に巻七と巻八を追加して訂正再版として出版した。巻六までの教材は、『読本』と『訂正　読本』とに違いはない。ここでは、『訂正　読本』（以下『読本』）を取り上げる。

『読本』は、緒言にある通り、『本朝文範』が「其の書較高尚にして固より兒童の輒く解し得べきに非る」ものであったとの認識に加え、小学校高等科用ということで編まれた教科書である。[9] つまり、この教科書には、先の二教科書に比してさらに平易な文章が要請されていたという事情がある。その編集方針は、凡例に次のように述べられている。（傍線筆者）

○此の書慶長元和より以來近時に至るまでの諸名家の著作及筆記書牘等普通文の中に就きて今日に行ひて弊なく以て模範とするに足る可き者を撰擇して童蒙讀方の科書の用に供す其の巻の次第ハ多く難易に依り其の文の順序は故《ラ》に諸體を混收して類別を要せず以て受業者をして倦む事なからしむ

ここでの「普通文」語彙は、「諸名家の著作」とは別の「筆記書牘等」の内、「今日に行ひて弊なく以て模範とするに足る可き者」である。[10]

『読本』の教材は、「慶長元和より以来近時に至るまでの」とあるように、すべて近世文である。

教材選定については、「普及舎主」の序にも記述がある。（傍線筆者）

稲垣氏ニ請ヒ博ク古人ノ遺集中其ノ文法ノ正確ニシテ文字ノ解シ易ク文體ノ近易ニシテ言語ノ優美ナル者ヲ擇ビ梓ニ鐫テ以テ小学科ノ讀本ニ供セントス其ノ蒐集スル所或ハ修身ノ條アリ或ハ經濟ノ課アリ曰地理曰博物曰歴史曰古事曰傳記曰書牘而シテ其ノ文ニ論説アリ記事アリ正アリ変アリ其ノ体ニ比興頌贊等アリ其ノ字體ニ階行草アリ以テ文章ヲ習練シ實用ニ適切ナラシムルヲ本旨トス

「文章ヲ習練シ實用ニ適切ナラシムルヲ本旨トス」とあり、実用の文章を学ぶことが狙いとされている。

「諸名家の著作」及び「筆記書牘」の出典がいかなるジャンルのものであるかをとらえるために、『国書総目録』（補訂版）における「類」表記に従って分類集計したものが表5である。

【表5 『読本』の『国書総目録』「類」別教材数】

※教科書に出典の記載が無いものは所収の原著で分類。

類	辞書	本草	植物	農業	紀行	地誌	雑史	史論	武家故実	系譜	伝記	政治	制度	書目	教訓	随筆	国学	儒学	漢学	書簡	漢文訓読	計
	15	20	5	10	5	1	20	2	12	8	7	6	3	1	51	55	4	2	3	18	37	285

教材を概観すると、「普及舎主」序にあるように、植物、地理、歴史等の博物学的知識を内容とするものと教訓的内容のもので構成されている。文章は、『本朝文範』に掲載されたような修辞的文体のものはなく、実用的な文体の文章で構成されている。

『訂正　読本』から加わった巻七、巻八には、「原漢文」と注が付された漢文書き下し文教材が掲載されている。このことに関して巻七の例言に、次のように述べられている。

一　此ノ巻及第八巻ハ高等小學科末年ノ課書ニ充ツル者ニシテ兒童ノ脳力稍發達スル時ナリ故ニ巻中多ク用書ヲ原漢文ノ者ヨリ取リ所謂漢文書下シ體ニ改メテ之ヲ交ヘ収ム是一ハ和漢文ノ體自異ナル所有ルハ其ノ文字ニ在ラズシテ其ノ結構ニ在ルコトヲ知ラシメ一ハ他日漢文ヲ學ブ階梯ヲ得セシメンガ爲ナリ

漢文の訓読文の掲載については、和漢文の文体の違いを教え、また後の漢文学習につなげるためと言う。

教材の配列については、「普及舎主」序に言及がある。（傍線筆者）

編首ノ三巻ニハ多ク博物、地理、等ニ屬スル文詞ヲ採録シ第四以下ノ三巻ニハ間歴史經濟等ニ渉ルノ章句ヲ登載ス則各其ノ本科ヲ授クルノ期ニ応ジテ旁其ノ字句物名ヲ習熟セシメ又専児童学力ノ度ニ適セシメンガ爲ナリ而シテ其ノ古事傳記書牘ノ類ニ至テハ行文ノ難易長短に従テ之ヲ前後ニ分載セリ学習の段階に応じて文章の難易も考慮されているとある。凡例に言う「難易に依り」「諸體を混収して」の実際を詳らかにするために、どのような文章をどのように配置したのかを概観しておきたい。先の『国書総目録』（補訂版）の「類」による分類集計を巻別にしたのが表6である。

【表6　『読本』巻別の『国書総目録』「類」別教材数】

※巻ごとに、掲載の多い順に類を並べた。

巻一	教訓 15	本草 11	随筆 7	武家故実 5	辞書 4	書簡 4	農業 4	植物 3	紀行 1				
巻二	教訓 11	随筆 7	本草 7	武家故実 4	書簡 3	紀行 3	植物 2	辞書 2	制度 1	農業 1	伝記 1	系譜 1	
巻三	教訓 11	随筆 8	雑史 4	書簡 4	農業 3	辞書 2	国学 2	政治 1	地誌 1	系譜 1	本草 1	武家故実 1	
巻四	随筆 8	教訓 6	辞書 4	書簡 3	雑史 3	史論 2	農業 2	系譜 2	儒学 1	本草 1	武家故実 1	伝記 1	漢学 1
巻五	随筆 10	雑史 8	辞書 3	書簡 2	政治 2	教訓 2	伝記 2	武家故実 1	制度 1	儒学 1	紀行 1	漢学 1	
巻六	随筆 5	雑史 4	教訓 3	伝記 3	政治 3	書簡 2	漢学 1	国学 1	制度 1	系譜 1	書目 1		

巻七	漢文訓読 17	随筆 9	教訓 2	系譜 1		
巻八	漢文訓読 20	系譜 2	随筆 1	雑史 1	教訓 1	国学 1

配列上の特徴を抽出すると、次のようになる。

・「教訓」類は、貝原篤信（益軒）『大和俗訓』『養生訓』『家道訓』『童子訓』等の教訓書で、五一教材と二番目に多い。全巻で採られているが、巻一から巻三にかけて多く採られ、巻四以後次第に減っていく。全体構成における前半、つまり早い時期での学習で使用されている。

・「本草」類は、貝原篤信『大和本草』で、動植物の説明文。巻一及び巻二で多く採られ、巻三及び巻四では各一教材に減じ、以降の巻での使用はない。「植物」類は、貝原篤信『花譜』で、内容は「本草」類と同様。「農業」類は、宮崎安貞『農業全書』で、栽培法の説明文。これも巻四までの使用。こうした博物学的知識を説明する文章は、全体構成における前半、早い時期での学習で使用されている。

・「武家故実」類は、伊勢貞丈の『秋草』『春草』『貞丈雑記』で、古来の習俗等についての説明文。巻一に五教材・巻二に四教材使用され、巻四及び巻五では各一教材に減じ、以降の巻での使用はない。全体構成における前半、早い時期での学習で使用されている。

・「随筆」類は、室直清（鳩巣）『駿臺雑話』、本居宣長『玉勝間』、太田元禎（錦城）『梧窓漫筆』等、五五教材と最も多い。全巻で採られているが、巻五から巻七にかけて増えてゆき、巻八では一教材に減ずる。

・「政治」類は、太宰純（春台）『經濟録』で、政治・経済についての論。巻五・巻六で使用される、学習が進んだ段階での教材。

・「雑史」類は、湯浅元禎（常山）『常山紀談』で、名将の言行を伝えた史談で、二〇教材採られている。巻三四教材、巻四　三教材、巻五　八教材、巻六　四教材、巻八　一教材と、巻五を中心に、全体構成における後半、学習の進んだ時期に使用されている。「史論」類は、新井君美（白石）『讀史餘論』で、内容は歴史論、巻四で二教材使用されている。

・「書簡」類は、本居宣長他全一八名の手紙文を、すべて山内香雪編『名家手簡』から引いている。巻一から巻六まで、「漢文訓読」が入るまでのすべての巻で取り上げられている。この類の本文だけ、草書体を用いる工夫を施している。

・「漢文訓読」は、巻七及び巻八に中心的な位置を占めている。すべて安井衡（息軒）や頼襄（山陽）等の日本漢文である。

総じて、『読本』の教材は、実用的な文章であり、文体も修辞を廃したものである。文体については、「諸體を混収して」とあるが、平易なものからより難度の高いものへ移行している。内容面でも、博物学的知識から地理・歴史・修身に関わる内容へと、難易を考慮して配列されている。実用的な文体の教材選定、学習段階を考慮した配列は、共に『本朝文範』と性格を異にするものである。

『読本』で採用された近世の著作者は、表7の通り。国学系譜に留まらず、諸学問にわたる。博物学的知識を教えることを狙った結果であると考えられる。本居宣長の文章は、『本朝文範』一〇七教材中二二（一位）、『和文読本』一一二教材中一四（三位）であったが、『読本』では二八五教材中一〇（七位）と全体に占める割合を下げている。このことは、修辞的な文が採られなくなった結果でもある。

【表7 『読本』教材の著作者】（生年順）

著作者名	生年	没年	教材数
山崎嘉（闇斎）	一六一九	一六八二	2
熊澤伯継（蕃山）	一六一九	一六九一	1
宮崎安貞	一六二三	一六九七	10
中村之欽（惕斎）	一六二九	一七〇二	2
貝原篤信（益軒）	一六三〇	一七一四	79
新井君美（白石）	一六五七	一七二五	14
室直清（鳩巣）	一六五八	一七三四	16
安藤為章	一六五九	一七一六	1
貝原好古	一六六四	一七〇〇	12
荻生雙松（徂徠）	一六六六	一七二八	1
松岡玄達（恕庵）	一六六八	一七四六	1
伊藤長胤（東涯）	一六七〇	一七三六	8
栗山愿（潜鋒）	一六七一	一七〇六	1
三宅緝明（観瀾）	一六七四	一七一八	1
桂山義樹	一六七九	一七四九	1
太宰純（春台）	一六八〇	一七四七	6

著作者名	生年	没年	教材数
鷹見正長（爽鳩）	一六九〇	一七三五	1
土肥元成（霞州）	一六九三	一七五七	1
柳澤里恭（淇園）	一七〇三	一七五八	2
湯浅元禎（常山）	一七〇八	一七八一	20
長久保玄珠（赤水）	一七一七	一八〇一	1
野村公臺（東皐）	一七一七	一七八四	1
伊勢貞丈	一七一八	一七八四	15
宮田明	一七一八	一七八三	1
稲生（楫取）魚彦	一七二三	一七八二	1
伴（山岡）浚明	一七二六	一七八〇	1
本居宣長	一七三〇	一八〇一	10
三熊思孝（花顛）	一七三〇	一七九四	4
中井積善（竹山）	一七三〇	一八〇四	1
南川維遷	一七三二	一七八一	4
藤井（藤）貞幹	一七三二	一七九七	1
伴蒿蹊	一七三三	一八〇六	3

僧茲周	一七三四	一八〇一	1
皆川愿（淇園）	一七三五	一八〇七	1
柴野邦彦（栗山）	一七三六	一八〇七	3
村田春海	一七四六	一八一一	3
大田覃（南畝）	一七四九	一八二三	2
橘春暉（南谿）	一七五三	一八〇五	2
多紀元簡	一七五五	一八一〇	1
本居太平	一七五六	一八三三	1
石原正明	一七六〇	一八二一	4
太田元禎（錦城）	一七六五	一八二五	6
瀧澤解（馬琴）	一七六七	一八四八	1
齊藤彦麿	一七六八	一八五四	1
佐藤坦（一斎）	一七七二	一八五九	1
青山延于	一七七六	一八四三	2
賴襄（山陽）	一七八〇	一八三二	6
山縣禎（太華）	一七八一	一八六六	1
篠崎弼（小竹）	一七八一	一八五一	1
長野豊確（豊山）	一七八三	一八三七	2
安積信（艮斎）	一七九一	一八六一	4
川北重憙（温山）	一七九四	一八五三	4
山崎美成	一七九六	一八五六	4
齊藤謙（拙堂）	一七九七	一八六五	2
安井衡（息軒）	一七九九	一八七六	5
藤森大雅（弘庵）	一七九九	一八六二	2
藤田彪（東湖）	一八〇六	一八五五	1
森田節益（節斎）	一八一一	一八六八	1

『読本』では、漢文書き下し教材以外にも、漢文脈の漢字仮名交じり文が多く採られている。次の教材「メダカ　大和本草　貝原篤信」（巻二）などは、漢文書き下しとほとんど変わらない片仮名文である。

長《サ》五六分ヨリ一寸ニ至ル。首大ニ目高ク出デタリ。池塘小溝ニオホシ。水上ニ浮游ス。食フニ堪ヘズ。漢名詳ナラズ。或曰ク。「後苦鮒《シブナ》トナル」ト。未《ダ》審ナラズ。

同じ貝原篤信（益軒）「養生　養生訓」（巻三）などは、漢文脈の文体（波傍線　で示した）に、和文表現の係り結び（傍線　で示した）を加えた漢字仮名交じり文である。

（前略）…簑をつくり笠をはるは。至りて易く賤しき小なるわざ也と雖。其の術を習はざれば作り難し。況や人の身は天地と並びて三才とす。かく貴き身を養ひ命を保ちて長生するは。至りて大事なり。其の術無くば有る可らず。其の術を學ばず、其の事を習はずしては。などか成し得んや…（中略）…豈その道を得て。生れ付きたる天年をよく保たんや。故に生を養ひ命を保たんと思はゞ。其の術を習はずば有る可らず。夫養生の術。…（中略）…其の上。病無く命長くしてこそ。人となれる樂多かるべけれ。…（以下略）

これに対して、新井君美（白石）「先考の教訓　折たく柴の記」（巻一）は、和文脈の仮名漢字交じり文である。

父にておはせし人の。八十餘りて終り給ひし迄。何事も我が幼より見参らせたりしに。變り給ふ所のおはしまさぬは。天性稟け得給ふ所の。人に超え勝れ給ひしによりしなる可けれど。亦常の行によりて。其の徳の衰へ給はぬが故とぞ覚ゆる…（以下略）

敬語使用の他、文が切れずに続いていく点に和文の文体を見ることができる。ただし、『和文読本』と同じく、句読点「。」が多く、教科書としての編集によって和文の読み難さへの配慮がなされている。『和文読本』の近世教材はすべて仮名文字中心の和文であったが、『読本』では和文脈の仮名漢字交じり文も漢文脈の漢字仮名交じり文も両方採られている。

矢野龍渓は、『日本文体文字新論』（明治一九年）の中で「日本普通ノ文体」として「両文体」なるものを提唱しているが、その「基礎」となる「雑文体」として新井白石、伊藤東涯、太宰春台、貝原益軒の著書を挙げている。特にその中で、新井白石と貝原益軒の文章は、手本として名指されている。[11]

最モ今日ニ適當ナルハ夫ノ雑文体ノ盛ニ行ハルヽノ時世ヲ始メタル新井白石、貝原益軒諸氏ノ雑文体ニ勝ル者ナカル可シ其ノ体ノ上品ナルハ新井氏ノ著書中ニ之レアラサルハ無ク又平易ニシテ人ニ入リ易キハ貝原氏ノ著書中ニ之レアラサルハ無シ然レハ上品ナル文体ハ新井氏ヲ手本トシ平易ナル文体ハ貝原氏ヲ手本トセハ決シテ不足ヲ訴フルノ人ナカル可シト思ハル、ナリ

矢野が「平易ナル文体」の手本とした貝原益軒の文章は、『読本』教材二八五編中七九編と群を抜いて多い。矢野の主張に照らせば、平易な普通文を示そうとした『読本』に相応しい教材選定であったと言える。稲垣と矢野に、共通の文章観がうかがえるとも言えよう。

『読本』編集の際に踏まえられた制度上の規定は、明治一四年五月制定の「小学校教則綱領」(文部省達第十二号)である。(傍線筆者、以下同)

第三章　小學各等科程度　第十一條　讀書　讀書ヲ分テ讀方及作文トス

…(中略)…高等科ニ至テハ漢文ノ讀本若クハ高尚ノ假名交リ文ノ讀本ヲ授クヘシ凡讀本ハ文體雅馴ニシテ學術上ノ益アル記事或ハ生徒ノ心意ヲ愉ハシムヘキ文詞ヲ包有スルモノヲ撰用スヘク之ヲ授クルニ當テハ讀法、字義、句意、章意、句ノ變化等ヲ理會セシムルコトヲ旨トスヘシ

『読本』の教材はこの規定に従い、「高尚ノ假名交リ文」として諸名家の文章から、「文體雅致ニシテ學術上ノ益アル記事或ハ生徒ノ心意ヲ愉ハシムヘキ文詞ヲ包有スル」内容のものを選定しようとしたと言える。

『読本』出版(明治一七年一二月)の後、明治一九年五月制定の「小学校ノ学科及其程度」(文部省令第八号)では、読書科が地理、歴史、理科的事項を内容とすることが規定された(第十条)。

讀書　尋常小學科ニ於テハ假名假名ノ單語短句簡易ナル漢字交リノ短句及地理歴史理科ノ事項ヲ交ヘタル漢字交リ文高等小學科ニ於テハ稍之ヨリ高キ漢字交リ文

『読本』は、既にこの規定にも合致したものとなっている。「小学校教則綱領」では「高尚ノ假名交リ文」つ

まり仮名交じり漢字文であるが、「小学校ノ学科及其程度」では「稍之ヨリ高キ漢字交リ文」と漢字交じり仮名文になっていることに注目しておきたい。

二　教材化の工夫

1　『和文読本』の教材化の工夫

『本朝文範』では標や注が工夫されていたが、『和文読本』では、その一部が使われている。緒言には、次のようにある。

○御國の語には．てにをはの係《カヽリ》結《ムスビ》といふものありて．詞をしらべ調ふるなり．今見やすからんために．其のかゝりの詞には⊓をしるし．むすびには⊔をつく．

○└のしるししたるは．いはゆる大段落．━は小段落なり．

○凡べて文には．意の急なる時は．おのづから語の省かれ約《つゞ》まること常にありて．初學の輩．その省かれたる語をしらでは．詞づかひのいかにぞや．かたぶき思ふこと多し．今かゝる處には．悉く傍に片假字して．―云云と補ひ加へて示せり．されど中には．古と今と詞のつかひざま異にて．今の世の俗語より思へば．てにをは足はずして．てづゝなるやうに思はるゝも．古には常にて．なか〳〵に雅《ミヤビ》なることあり．かゝる類は．今そのてにをはを．傍に補ひ加へたるもまゝあれど．多くは漏しつ．

○軍記《ノ》物語等に見えたる消息文は．上下を省きて．用ある處のみを出したるが多くて．全文はいと〳〵まれにて但し東鑑よりとれるは皆全文なり前後の地の詞なくては．意のさとり難き事多し．かゝる類は．その地の詞をも少しづゝのせしるして．「　」のしるしして別てり。

○軍記類．其の他．原は片假字してかけるも．今は皆平假字に書きかへて引きたり．さるは．片假字は何となくこちなくかたくなしきを．平假字はこよなくなだらかにて．なつかしきさましたればなり．又原は眞字がちにかきなど．初學の輩の．ともすればよみ誤るべく見ゆる處は．多く假字を書き加へたり．見ん人．原書と字様の異なるをないぶかしみそ．

実際には凡例に示していないものも使用されているが、標の種類は少なくなっている。次は『本朝文範』の標を挙げて、『和文読本』でも使用されたものに 和 印を施したもの。

a．内容のまとまりを示す標

和 句読点の標　・

和 引用部の標　「」『』

和 段落の標　「L」は大段落、「一」は小段落の後端

b．表現の構造を示す標

文節相互の関係を示す標　［］［］

主述の関係の標　△▽△▽　主語が同一で離れて句が続く場合、先の句末に△、後の句頭に▽。

対になる表現の標　◠◖◡◗◠◖◡◗

語順・句順の倒置を示す標　一――二――三――

和 係り結びの構造を示す標　‖　‖

修辞の提示

c．省略語句を補う標

和 語句を補う標　—、、、、、

d. 表現の要となる語句を示す標

◎◎◎◎◎「一篇の旨趣とあるところに此標をつく」

●●●●●「一篇の旨趣を助けなす種子《クサハヒ》．或は旨趣につぎて要ある詞に此標をつく」

、、、、、（※この標は凡例に説明がない）

e. 和歌の修辞を教える標

本歌取りの標と枕詞・序詞の標

f. 音読上の読み方の標

発声・語助の標　○○○○○

音の濁る標　〃

g. 和 傍注漢字

h. 和 注

句読点「・」が多く使用されており、[12] 和文の読み難さへの配慮がなされている。これは、和文の冗長性批判への対処の一つであると考えられる。

大段落、「┗」、小段落「━」の標は、『本朝文範』以来使われており、段落構成を教えている。

『本朝文範』が「b. 表現の構造を示す標」・「d. 表現の要となる語句を示す標」・「e. 和歌の修辞を教える標」で表現を教えるのに対して、『和文読本』に係り結び以外の表現を教える標がない。『本朝文範』は作文のための文範として、教材を提示しながら同時にそれが読むための教材でもあり得たのであるが、『和文読本』は読むための教材集としての性格が前面に出たものであることを示している。

「傍注漢字」は、『本朝文範』では、A「漢字仮名交じり文を作る際の慣例的漢字傍記」、B「漢字で意義を示した傍記」、C「特定の漢詩文など典拠に結びついた漢字傍記」の三種に分類された。[13]『和文読本』の次の使用例は、A「漢字仮名交じり文を作る際の慣例的漢字傍記」と同様である。

　みかど（帝）、ちちみかど（父帝）、ふたり（二人）、いまだ（未）、むまご（曾孫）、うしろみ（後見）、おはし（在）、いはゝ（祀）れ、おさへ（抑）、心ばへ（意）さかしく（賢）、すぐれ（優）、かつ（且）〴〵、こうじ（困）、

次のようなB「漢字で意義を示した傍記」の使用も見られるが、使用例は少ない。

　「延喜天暦よりこなた（以降）」、「おり（禅意）させ」、「ひがしざま（方）」

他に「この（兄）かみ」、「みかど（順徳）」、「両流（朱雀　三條）の内（父方）外（母方）」などの例が見られるが、これは文脈上の意味を説明した注にあたるもので、漢字を使用した別様の表現を示すものではない。『和文読本』の傍注漢字は、主に読んで理解するための補助であり、漢文表現への置き換えは減っている。

2　『読本』の教材化の工夫

凡例には、教材化にあたり、次のような作業を行ったとある。（傍線筆者。適宜空白を入れた）

○文中脱字及言辭の足らずして意の聞え難き處は新に補ひ加へて左傍に┃を施し　衍なる者は削り去りて頭に本には云々の字有りと記し　誤れる者は改めて頭に本には云々と有りと記して必其の本を知らしむ

○原文言語の活用てにをはの繋結の格を誤り及假字を濫用せる者頗多く全く此の誤無き者は引用書中一二部に過ぎず是後生を誤る可き者にして最用意すべき事なれば今悉くこれを改め書して煩しく其の本を示さず

○上文或は下文を略して録したるには略上又は略下と記し中間の數句數段を略したるには略中と記し小段落即一事の小結せる處には┃を附し大段落即一事の大結せる處には┗を附し彼是自他を分別する處即人の言語を挿み或は他書を引用せる處には「　」を附す
○原文平假字なる者は平假字を以て記し片假字なる者は片假字を以て記す其の多く假字を以て書して却て讀難き者は或は眞字に改め其の改め難き者は本のまゝに記し左傍に眞字を小書して其の意を知らしむ
○近時の書簡文はもと中世の記録往來文等より轉じ來て終に一の體をなしたる者にして其の文文字を倒置すれども然れども眞の漢文に非ず和漢雜糅し雅俗相混じて定格無く以て法則とするに足らざるのみならず不便も亦極めて多し故に此の書原文は文字を倒置して通常書簡の體なるも悉く假字を交へ加へ改めて直に書下せり現今或は其の世俗の通例と異にするの咎を免るゝこと能はずと雖是大に將來に望む所なり見者其の原書と異なるを怪むことなかれ

ここに述べられている編集行為の中心をなすのは本文校訂である。すなわち、衍字を削除し、誤字を改め、脱字を補い、助詞・助動詞・活用語尾・接辞の誤用を改めるなど、「正しい文」に改めて教材文を提示することである。さらに、意味の通りにくい箇所に語句を補充したり、平仮名の使用が多く読みにくい箇所を漢字表記に改めるなど、積極的に「良い文」にするための改訂を行っていることが特徴である。この点、できるだけ原文表記を使用しようとした『本朝文範』とは編集姿勢が異なる。

『読本』には、『本朝文範』や『和文読本』で使用されたもののうち、大段落の後端「┗」、小段落の後端「┃」、引用の「「　」」が使用されている。また、凡例には言及がないが、『本朝文範』で「・」であった句読点は「。」に変わっている。

仮名の左傍に漢字を注記する「傍注漢字」は、「物いま（忌）ひ」「あだ（徒）に」のような、漢字表記によって意味を取りやすくする場合のみで、使用例は非常に少ない。

標の使用が少ないのは、平易な文を基に、出典の文章の誤りを正し、適切な漢字表記にして改訂した『読本』教材本文が、標や傍注漢字の助けなくそのままで「今日に行ひて弊なく以て模範とするに足る可き者」となり得たことを示している。

書簡文において、漢文訓読体でありながら「其の文文字を倒置すれども然れども眞の漢文に非ず和漢雜糅し雅俗相混じて定格無く」とされる漢文交じりの文体を「法則とするに足らざるのみならず不便も亦極めて多し」と否定して、語順を改め仮名を加えて書き下し文にしている。例えば、皆川愿（淇園）「島崎岩城二人に寄する書」冒頭部は、次のように書き換えられている。

爾来絶音問（『名家手簡』）

尓来音問を絶し（『読本』）

漢文訓読にも正格を求め、「現今或ハ其の世俗の通例と異にするの咎を免る丶こと能はずと雖是大に将來に望む所なり」と述べて現状を改めていこうとしている。

原漢文と記した漢文書き下し教材を採用したことは、『本朝文範』及び『読本』からの大きな変容である。漢文書き下し教材では、和文教材とは異なる表記が見られる。送り仮名は片仮名で記しているが、片仮名文は『本朝文範』においても『今昔物語』から採った教材で行われており、漢文訓読体を和文と区別している。訓読のし方については、巻七の例言で方針を述べている。（（　）内は筆者注、以下同じ）

近世漢文ノ訓點妄ニ言ヲ省シ語ヲ略シテ意ヲ成サズ侏離鴂舌他邦ノ語ヲ聽クガ如キ者一般皆然ラザルハナク其ノ甚シキニ至リテハ焉矣乎也等ノ助辭ニ至ルマデ悉ク讀誦スル者アリ畢竟訓點ヲ附スルハ此ノ邦ノ語ヲ以テ彼ノ邦ノ文ヲ譯スル者ナリ既ニ譯ナリ當ニ努メテ其ノ意ヲ譯シテ通ジ易カラシムベシ今ノ訓點ノ如キハ是

豈譯文ノ主意ナランヤ故ニ此ノ書ニ収ムル所ノ漢文ハ之ヲ訓スルニ一モ言語ヲ省セズ焉矣ノ類ノ助辭ハ多クハ顯ニ其ノ字ヲ出サズシテ陰ニ其ノ意ヲ訓中ニ存セシム

漢文を近世の漢文風の読み方ではなく、当世の読みやすい読み方にしていこうと言う。「焉矣ノ類ノ助辭ハ多クハ顯ニ其ノ字ヲ出サズシテ陰ニ其ノ意ヲ訓中ニ存セシム」とあるのも、漢文の助字を日本の助詞・助動詞に換えていくということである。この時期、漢文は特に公用文において通用していたのであり、ここには漢文を日本語としての漢文に改革していこうという意識が表明されていると見ることができる。

送り仮名を本文ではなく右傍に小さく訓点として記した次のような事例がある。

「便《チ》」・「乃《チ》」・「即《チ》」・「輙《チ》」（※「乃」「則」とあって送り仮名の付けない例もある）、「忽《チ》」・「欻《チ》」（※「忽」とあって送り仮名の付けない例もある）、「尚《ホ》」、「蓋《シ》」、「夫《レ》」、「彼《レ》」、「是《レ》」・「之《レ》」・「此《レ》」、「其《レ》」、「若《シ》」、「令《ヒ》」、「復《タ》」、「再《ヒ》」、「初《メ》」、「向《キ》ニ」、「如《シ》」、「最《モ》」、「尤《モ》」、「専《ラ》」、「獨《リ》」、「盡《ク》」、「未《タ》死セズ」、「猶《ホ》百里ヲ行クガゴトシ」、「率《ネ》」・「類《ネ》」

これらは、漢文訓読における慣用的な読み方を注記したものであり、和文においても「即《チ》今の翁が身の上にて候ふ」（巻八「勧学話」駿台雑話）のように使用されていることからも、書き下しにしても送り仮名を表記しない使用が想定されていると考えられる。

次の例は、訓読上、自然な文になるよう送り仮名を補ったものである。

「高《サ》數十仞」・「廣《サ》五尺。長《サ》二十五丈」

次の例は、和文でも表記する必要がない字を、読みを助ける注として付けたものである。

「海《ノ》津城」・「生《ノ》田社」・「曳《ノ》布瀑」・「宮《ノ》津」・「関《ケ》原」、「源《ノ》實実」・「池《ノ》無名」、「自《オ》」、「雀《ノ》則之ニ下ル」、「幾《ト》三百」（ほとんど）

次の例は、和文の畳語表現が、漢文では一字で表すという、和文と漢文との差異を顕在化させるものである。

「會〻」、「年〻」、「數〻」・「屢〻」、「愈〻」、「益〻」、「世〻」、「稍〻」、「各〻」

以上の用例からして、漢文訓読文の採用は、「普通文」の資源として使用するということよりも、現に通用しているが特殊な知識を要する「漢文」学習への接続が意識された結果と考えられる。

漢文訓読文（片仮字文）を教材とした先行教科書である亀谷行『育英文範』（明治一〇年九月、亀谷行）では、用例は少ないものの、次のようなものがある。

『育英文範』における、漢文訓読における慣用的な読み

「可《カ》ラザラシム」、「其《レ》」、「許《リ》」、「獨《リ》」、「殆《ン》ト」、「盡《ク》」、「再《ヒ》」、「自《ラ》」、「頗《ル》」、「輙《チ》」、「況《ンヤ》」、「夫《レ》」、「此《ク》」、「未《タ》能セザル也」、「世〱」、「愈〱」、「屢〱」、「交〱」、「益〱」

『育英文範』における、訓読上自然な文になるよう補った読み

「立《トコロ》ニ五百餘人」

『讀本』の用例には『育英文範』と同様のものが見られるが、同じ字でも、送り仮名が本文に組み入れられたり右傍に小さく記されたりの差異がある。和文でも表記する必要がない字に読みを助ける注をするのは、『読本』で新たに取り入れられたものである。『讀本』は、漢文訓読文の先行教科書の方法を取り入れながら、拡張使用していると言える。

漢文書き下し教材においても、句読点や引用符、段落末の標などは、和文と同じように使われている。

なお、和文教材において漢文の引用がある場合、次のような訓点の付されたものとなっている。

及《テ》レ時《ニ》當《ニ》二勉強《ス》一。歳月《ハ》不レ待《タ》レ人《ヲ》。（巻八「勧学話」駿台雑話）

訓読そのものにも、漢文教科書との文体の差異が見られる。以下、石川鴻斎『日本文章軌範』（明治一二年、稲

田佐吉）と『読本』の同一教材を比較して、読み方の差異を取り出す。
※『日本文章軌範』『読本』共に、「。」は句点読点の別がない。『日本文章軌範』は『軌範』と表記。
『軌範』「飫肥之南五里。曰二垂松一。」（巻四　垂松鷲　安井息軒。以下同）

『読本』「飫肥ノ南五里ヲ垂松ト曰フ。」（巻八　垂松ノ鷲　安井衡。以下同）

『軌範』の「五里。」は「五里、」と解するべきところであろうが、『読本』は「五里ヲ」と格助詞を付けた上で和文のような語順で読んでいる。

『軌範』「有二鵰鳩一。毎二日出一扇レ海攫《ム》二浮魚一。冲レ空悲鳴。」

『読本』「鵰鳩有リ。毎日出デ、海ニ扇シ。浮魚ヲ攫シ。空ニ冲シテ悲鳴ス。」

『軌範』が「日出毎」と読むのに対し、『読本』は「毎日出デ、」と読む。大槻文彦『言海』（明治二二年～同二四年）に「毎（マイ）」は和漢通用字として「毎日」の用例が示されており、前島密らの『まいにちひらがなしんぶんし』（明治六年～明治七年五月、啓蒙社）の名称にも見られるように、「毎日」は明治に通用する熟語として読まれている。『軌範』が「経月」（巻三　池無名傳）を音読みするのに対して、『読本』が「月ヲ経テ」（巻八　池無名ノ傳）と訓読みする例もあるが、『言海』には「経―」の熟語の掲載なく、「毎日」と違って、通用する熟語ではなかったためと考えられる。また、「浮魚攫ム。」で文を終始する『軌範』に対し、『読本』は「浮魚ヲ攫シ。」と文を続けているが、このことは、次の用例にも見られるように文体と関わっている。

『軌範』「鷲或不レ能レ承。誤墜《テス》二之海一。鵰鳩直下撃レ之。鷲不二敢抗一。甘受二一撃一。歘然而往矣。」

『読本』「鷲或ハ承クルコト能ハズ。誤リテ之ヲ海ニ墜セバ。鵰鳩直ニ下リテ之ヲ撃ツニ。鷲敢ヘテ校セズ。甘ジテ一撃ヲ受ケ。鴥然トシテ往ク。」

『軌範』「墜《ス》」に対して『読本』は「墜セバ。」と接続助詞を付すことで文を切らずに続けている。『読本』が

「ズ」と送る箇所は連用形とも終止形とも定めがたいが、この箇所全てを一続きに一文と解すことも可能である。『読本』の「層巒複嶺。飛履上下シ。其ノ高峻ヲ窮メザレバ止マズ。最《モ》富士山ヲ愛シテ屢之ニ登リ。毎ニ其ノ路ヲ異ニシ。榛莽ヲ披キ。狐兎ノ蹊ニ攀ヂ。人迹ノ未《ダ》到ラザル所ヲ究ム。」（巻八　池無名ノ傳　安積信）なども長く文を続ける例である。以上のように、『読本』の「訓読」の仕方の中には、明治に通用する読みや和文的に長く文を続ける文体が入り込んでいる。

大段落、小段落の標は、『軌範』、『読本』共にある。『軌範』「垂松鷲」の枝節「」」の箇所と、『読本』「垂松ノ鷲」の「┗」の箇所が一致している。『読本』「池無名ノ傳」との同範囲の比較では、『軌範』「池無名ノ傳」に枝節「」」一箇所が使用されており、この箇所は『読本』でも大段落「┗」が付されている。『読本』は、他に二箇所の大段落「┗」、五箇所の小段落「━」が付されている。『読本』の方がより厳密に文章の構成をとらえていると言える。

なお、『読本』は『本朝文範』に見られた〝旨趣の標〟を使用しないが、『軌範』には「、、、、、、　佳境」、「○○○○◎◎◎◎　妙境」、「○◎　字母字眼或主意」が使用されている。[14]表現を教えることについては、『読本』は『軌範』からも『本朝文範』からも後退している。

以上、第一節では、稲垣編集教科書における変遷を見てきた。『和文読本』緒言では、『本朝文範』教材の半数を占めていた中古文を採らないことについて「なかなかにめでたくうるはしき雅文は．容易くさとり難き方もあれば」とし、中世文採用について「多き中には．御國文の體ならぬも．又詞のあやしくさとびたるもあれど．むげに後世のならねば．さすがにおのづから雅びたる處ありて．其の方に罪ゆるさる、こ、ちせらる、なり．」と弁明している。平易化の必要に迫られてのやむを得ぬ変容であったことがうかがえる。同様に、『読本』凡例にも、『本朝文範』で中古文を教材としたことを「其の書較高尚にして固より兒童の輒く解し得べきに非る」と述べている。『本朝文範』出版後、稲垣が明治の文章の基盤としようとした雅文は難し過ぎるという認識が漸次生起したことが分かる。

『本朝文範』では中古文と近世文が各々半数であった所から、『和文読本』では全教材の八割強となる中世文を中心に近世文を交え、『読本』では近世の実用文のみにと、選材方針を大きく変えていく。『和文読本』は「此の書、今の世の極めて初學の誦讀の爲にとて物したる」とされ、『読本』は小学校高等科用に編集されたものである。従って、教材の出典時代が変容した要因の一つは、対象学年の違いが考慮されたことにあるとすべきであろう。しかし、『本朝文範』が採用した高度な表現技法の雅文よりも、『和文読本』さらには『読本』が示す教材の文体のほうが初学者には学びやすかったということは、明治の人々に分かり易い文体の教材へ移行していったということでもある。菊野（前掲）の指摘する中世文の採用という画期も、こうした平易化の中での現象と考えられる。『本朝文範』から『和文読本』『読本』への教材の変容は、結果として、明治の言語文化の動向に即したものとなった。稲垣自身が理想とする文章を中古文に置いたままであったとしても、平易化という時代の流れに沿った展開をしたことになる。

「普通文」の創出ということに関して、『読本』凡例では、自ら選定した教材文を現今通用する資源と見ている。「第一章第一節　明治初期の「普通文」をめぐる言語文化状況」でも述べたが、「諸名家の著作」と「筆記書牘等普通文」の区分は矢野龍渓の「文学書」と「普通書」の別に対応する。[15] つまり、ここでの「普通文」は、近世の実用文ということになる。『読本』「普及舎主」の序にも同様の認識が見られる。

思フニ小學讀書科ニ用ヰルモノハ務テ轉倒語ト難解ノ文字章句トヲ避ケ以テ民間ノ日用ニ適切ナラシメザルベカラズ何トナレバ早晩漢文ヲ一掃シテ一種平易普通ノ本邦文ヲ興隆セシムルノ基礎ヲ開クハ教育上今日ノ

急務ニシテ…（以下略）

この「平易普通ノ本邦文」という表現も、平易で普く通じる実用文の意であると解される。こうした実用文としての「普通文」という認識が明確になったことが、『本朝文範』から『読本』へと大きく変容した部分である。

『本朝文範』では「皆漢文の法にならひてかゝれたるにて．こゝの詞づかひのさまならねば．すべてとらず．」（「會二千足ノ真言ノ家一歌ノ序　岡部真淵」）「漢めきなつかしからぬさましたれど」（緒言）など、漢文体の混入には否定的であった。『和文読本』でも「近世御國學の博士と世にゆるされたるきはの書るだに．なほ漢文の癖の清くさりたるは．いと〱稀にて」（緒言）とあるように、漢文脈の混入した和文を批判していた。ところが、『読本』では、和漢文の文体の違いを教えると同時に後の漢文学習につなげるためとの理由で、漢文書き下しも教材に採られている。『読本』編集時、漢文学習は制度として既定のものであり、漢文学習との脈絡を付けるということの中に漢字仮名交じり文への脈絡が潜む。漢文訓読体という文体を自らの教科書に取り入れたことは、和文だけを本邦で通用させる文の基盤とすることは難しいとの認識もあったことの証左ではないかと考えられる。

なお、『本朝文範』は明治二〇年に、『和文読本』は明治二一年に、それぞれ中学校師範学校用教科書として文部省検定に合格している。甲斐雄一郎（前掲）は、明治一九年の「小学校ノ学科及其程度」及び「尋常中学校ノ学科及其程度」において小学校の「読書作文科」と中学校の「国語及漢文科」という教科名称の差異が意味するところに関して、次のように述べている。

> 目的のレベルにおいては「国文ノ模範」としての近世以前の文章に関する理解・関連教科表現の習熟を求める中学校と、読書における智徳の啓発、作文における認識力の開発を求める小学校との差異である。(16)

また、甲斐は、中学校における和漢文科から国語及漢文科への名称変更に関しては、教科の目的、内容に関する変化はほとんどなかったとし、和漢文科の教科書『本朝文範』と『和文読本』が国語及漢文科で継続して採用されたことも、その証左と見ている。

「第四章第一節　文章理解のための「標」の工夫」で述べたように、中古文の通じ難さについては、ここで初めてなされたのではなく、『源氏物語評釈』ですでに認知されていた。しかし、教科書としての『本朝文範』においては、通じ難さへの対処の意味は異なる意味を持つ。教材として選定するからには学ぶ主体の実態に応じる必要が生じ、ここに一部の知識人を対象とした近世注釈と近代公教育の教科書との決定的な目標の差が生じる。そこに、稲垣が平易化へ進まざるを得ない根源的な要因があったと言える。

『本朝文範』で様々な標の工夫がなされる際、それは通じ難さ（理解しにくさ）を克服する手立てであった。これは、中古文が最も優れたものとする稲垣本人の文章観は変わらずとも、通じやすくするための回路が出来ていく過程にあったと考えることができる。『本朝文範』が標等の工夫で示した通じ易さへの配慮は、「普通文」形成への動きが内包されていたと言えるだろう。『本朝文範』の工夫は、多くが教材本文はそのままに、その難しさに対処して理解しやすくするためのものだった。『読本』では、本文自体を通じやすいものに換えることにした。『本朝文範』から『和文読本』へ、また『読本』へと、教材選定方針が平易化に向かうことで、当初行われた学習を助ける種々の工夫の必要性が低下することになったのである。『本朝文範』の標は書くための技法を教える工夫でもあった。『本朝文範』から『和文読本』、『読本』へと、教材そのものが普通文として通用するものを選ぶようになっていった結果、標が不要となり、結果として書くための技法を教える機能も後退することになった。

稲垣編集教科書の変遷は、後述するように他の教科書で実践されたことと重なるところがあり、稲垣自身が意識せずとも、「普通文」形成の試行錯誤が、そこにあったと考えられる。

第二節　『本朝文範』の位相――後の中学校教科書へ

本節では、『本朝文範』及び『和文読本』教材について、後の中学校読本教科書及び作文教科書への継承使用を確認し、「普通文」の資源としての活用状況を探った。また、同時期の読本教科書の教材文の出典成立時代から、『本朝文範』の位相を確認する。

一　読本教科書における『本朝文範』からの継承と変容

1　稲垣教科書教材の読本教科書への継承と変容

『本朝文範』で採られた教材が後の教科書で使われているということにも、『本朝文範』における教科書編集の営みが継承されていった様子がうかがえる。明治二一年以降大正元年以前中学校読本六一教科書を対象に調査を行った。『本朝文範』採録教材の継承再利用は三九種の教科書で延べ一一六回。中古教材は一五種の教科書で延べ二五回、中世教材は七種の教科書で延べ七回、近世教材は三七種の教科書で延べ八四回使用。教材別には、『本朝文範』の「和歌小序」を除く全九五教材中三九教材が使用され、そのうち中古の文章は八教材、近世の文章は三一教材。使用数が多いものから挙げると、次のようになる。

教材63「花のさだめ　本居宣長」…一五教科書。

教材38「土佐日記　紀貫之」…一一教科書。

教材3「述懐といふことを題にてかける　本居宣長」…八教科書。

教材40「十六夜の日記　阿佛尼」、教材62「四季の評　枕草子　清少納言」…各七教科書。

教材34「知足庵の記　村田春海」、教材88「月あかき夜、友のもとへ　清水濱臣」…各五教科書。

教材70「手かくこと　本居宣長」…四教科書。

教材8「橘常樹をかなしむ詞　岡部真淵」、教材61「一向に偏ることの論　本居宣長」、教材68「傍いたきもの　枕草子　清少納言」、教材69「古よりも、後《ノ》世のまされる事　本居宣長」、教材71「松虫、鈴虫、蛬　富士谷成章」、教材79「弟子にいましめをく詞　本居宣長」、教材91「雪の朝、友だちのもとへいひやる書になずらへてかける　本居宣長」…各三教科書。

教材6「稲掛《ノ》太平が家の業のみかべの詞、又その長うた　本居宣長」、教材7「山路孝正が父の七十賀《ノ》の、まとゐの詞　本居宣長」、教材15「青木美行が、越前へゆくをおくる歌の序　岡部真淵」、教材16「み田の尼君の、肥前にゆきたまふをおくるうたの序　岡部真淵」、教材41「岡部日記　岡部真淵」、教材76「常に友がきにをしへさとしける　岡部真淵」、教材77「物學は、その道をよくえらびて、入りそむべきこと　本居宣長」、教材80「新なる説を出すこと　本居宣長」、教材87「久米子にこたふる書　加藤千蔭」…各二教科書。

教材1「八月十五夜、稲掛《ノ》棟隆《ガ》家の會に、そこにてかける　本居宣長」、教材4「せみのは　富士谷成章」、教材9「弔㆓立因喪㆒㆑子詞　僧契沖」、教材13「會㆓千足《ノ》真言《ノ》家㆒《ノ》歌序　岡部真淵」、教材30「荷田在《ノ》満家《ノ》の歌合の跋　岡部真淵」、教材35「佛足《ノ》石記　岡部真淵」、教材42「菅笠日記　本居宣長」、教材65「淵は　枕草子　清少納言」、教材66「歌のさだ　僧契沖」、教材72「われから　濱ゆふ　本居宣長」、教材

84「正月ばかり．やまざとにすむ人の許へ　村田春海」、教材93「侍従より．住吉の尼君のもとへ　住吉物語　不知作者」、教材101「中納言殿．出雲にうつろひたまふをり．丹波のさかひより．宮の御もとへ　栄花物語　赤染衛門」、教材103「松平周防守殿のもとに．江戸にまゐらせける　本居宣長」、教材107「桐壺の更衣うせたまひて後．帝より．更衣の母の御もとへ　源氏物語　紫式部」…各一教科書。

『土佐日記』一教材・『枕草子』二教材・『源氏物語』一教材の計五教材が中古の文章、『十六夜日記』一教材が中世の文章である。他三一教材は近世の特に国学者の文章である。『本朝文範』では「和歌小序」を除く中古作品は全部で四三教材、近世作品は全部で五二教材であることからすれば、近世作品の方が後の教科書での使用頻度は高い。

藤岡作太郎編『新體國語教本』（明治四一年・同年一二月訂正再版、開成館）十には、『本朝文範』緒言中の近世の文章を批評した部分が教材として使われている。教材文は「二四　國學者の文章」と題され、「近き世の人にては、契沖阿闍梨の文こまやかにてめでたし。」に始まって「此人々のほかにも、見る人々の心々に、いひはやしもて騒ぐめる文者《かきて》いと多かれど、あるは姿宜しきやうなるも詞づかひ正しからぬ、あるは始終ゆきとほりたらぬ、あるは一つ二つは書き得たるがあるも、多く見もてゆくまゝに、えもいはぬ非《ひがごと》などいできて、むげに拙く、品なく思はるゝなどにて、これはしもと難つくまじきは、いと少くなんありける。（本朝文範序）」までが引用されている。鵜殿よの子についての行、本居宣長について若い頃の文章しか収録できなかったという行、本居太平及び萩原広道の文章が「めでたき」ながらも紙面の都合で収録できなかったという行が省略されている。書体は、変体仮名から楷書に改められている（ただし「た」の字は旧字体）[17]。句読点の「．」は、「、」や「。」に書き換えられ位置も変更されている。漢字・ひらかな表記の変更、ルビの有無、「用ゐ」を「用ひ」にするなどの仮名遣いの変更もなされている。『本朝文範』の緒言の文体は、稲垣千穎が今文として書いたものであるが、教材化にあたっての表記の変更箇所からは、明治の時代の中で普通文概念の変容が行われていることが分かる。他にも啓成社編輯所『新編國文讀本』（明治四四年、啓成社）十が『本朝文範』の同箇所を教材に使用している。これらは、後の読本教科書が編集される際に『本朝文範』が直接に参考にされた証左である。

以上は、『本朝文範』教材が、後の読本教科書に、継承使用された様態である。

『和文読本』教材の再録についても、明治二一年以降大正元年以前中学校読本六一教科書を対象に調査を行った。『和文読本』採録教材の継承再利用は、五七種の教科書で延べ三五一回。そのうち中古教材は五種の教科書で延べ六回、中世教材は五七種の教科書で延べ三二六回、近世教材は一九種の教科書で延べ一九回使用。教材別には、全一一二教材中五五教材、そのうち中古の文章は二教材、中世の文章は四八教材、近世の文章は五教材の使用が確認された。延べ使用回数で『本朝文範』教材の採録状況の約三倍強であり、『和文読本』が提示した教材の方が、後の読本教科書に受け入れられていった実態が分かる。時代別には、中世の文章の再録使用が圧倒的に多い。以下、時代別に再録の多い教材から挙げる。

中古　教材21「狗大なる蛇を咋殺す話　今昔物語　源隆國卿」、教材60「をこ者己が影を怖る、語　今昔物語　源隆國卿」…各三教科書。

中世　教材75「四時をり〳〵の評　徒然草　卜部兼好」…三八教科書。

教材63「左少辨俊基朝臣．二たび關東へ下向路次の條　太平記　北小路玄慧等作」…三〇教科書。

教材66「四条畷戰の時．楠木正行兄弟参内御暇申の條　太平記　北小路玄慧等作」…二七教科書。

教材４「承久三年の條　増鏡　一條冬良公」…二六教科書。

教材91「楠正成兵庫下向のをり櫻井澤にて子正行に遺訓の詞　太平記　北小路玄慧等作」…一七教科書。

教材88「心を一方にむくべきこと　徒然草　卜部兼好」、教材89「頼むまじきこと　徒然草　卜部兼好」、教材97「酒のいましめ　徒然草　卜部兼好」…各一三教科書。

教材36「日野資朝卿のこと　徒然草　卜部兼好」…一二教科書。

教材38「松下禅尼障子を繕ふこと　徒然草　卜部兼好」…一〇教科書。

教材12「陸奥國十二年の合戰の時．義家貞任の連歌　古今著聞集　橘成季」、教材15「粟津原の戰．源義仲最後の條　源平盛衰記　不知作者或云葉室時長卿作」、教材40「後醍醐天皇の九宮の御歌　太平記　北小路玄慧等作」、教材47「袴垂．保昌にあふこと　宇治拾遺物語　源隆國卿」、教材53「道風朝臣の朗詠集のこと　徒然草　卜部兼好」…各八教科書。

教材54「鳥羽僧正の繪のこと　古今著聞集　橘成季」、教材61「治承四年．福原の新都に供奉の人々．所々遊覧の條　源平盛衰記　不知作者或云葉室時長卿作」…七教科書。

教材18「延元元年五月．湊川合戰の條　太平記　北小路玄慧等作」…五教科書。

教材17「延元元年正月．官軍都攻の條　太平記　北小路玄慧等作」、教材34「公助父にうたるゝこと　古今著聞集　橘成季」、教材56「良學僧正のよび名のこと　徒然草　卜部兼好」、教材58「鹿を射損じたる人のこと　古今著聞集　橘成季」、教材59「猫また怖る、連歌師の事　徒然草　卜部兼好」、教材95「楠正成の妻子正行に教誡の詞　太平記　北小路玄慧等作」…四教科書。

教材25「無益の生類を殺すまじきこと　徒然草　卜部兼好」、教材41「源義家朝臣の江帥に物學びしこと　古今著聞集　橘成季」、教材105「有王が硫黄島へ渡るにつけて奈良なる女より父俊寛僧都の許へ　源平盛衰記」、教材106「参河守範頼が筑紫より彼の國にてのありさまをしらするついでに乗馬望のよしをもいひおこせたる返事　東鑑　文治元年正月六日の條　源頼朝卿」…各三教科書。

教材5「元弘二年隠岐の皇居の條　太平記　北小路玄慧等作」、教材14「治承四年五月平等院の戰に．足利忠綱宇治川先陣のこと　源平盛衰記　不知作者或云葉室時長卿作」、教材30「家にあらまほしき木草　徒然草　卜部兼好」、教材31「高倉院天皇女童に御衣賜はせし御事　平家物語　不知作者或云信濃前司行長作」、教材35「小松内大臣殿賀茂祭見の事　十訓抄　不知作者」、教材43「頼政《ノ》三位の才藝のこと　十訓抄　不知作者」、教材55「學生定茂がこと　古今著聞集　橘成季」、教材65「俊寛僧都硫黄《カ》島にて．成經・康頼に離別の條　平家物語　作者不知或云信濃前司行長作」、教材78「文かくこと　徒然草　卜部兼好」、教材96「自満の誡　徒然草　卜部兼好」…各二教科書。

教材1「景行天皇の御世の段　中山忠親公」、教材2「後三条院《ノ》天皇の御世の段　神皇正統記　北畠親房公」、教材7「朝賀　公事根原　正月元日　一條兼良公」、教材11「源頼信《ノ》平忠恒をせむること　宇治拾遺物語　源高國卿」、教材22「猿の烏を使ふこと　古今著聞集　橘成季」、教材32「行長卿實方《ノ》中将に冠おとされ給ひしこと　十訓抄　不知作者」、教材46「經家馬術のこと　古今著聞集　橘成季」、教材85「白拍子　徒然草　卜部兼好」、教材94「知り顔に物いふまじきこと　徒然草　卜部兼好」、教材98「人を諌めること　十訓抄　不知作者」…各一教科書。

近世

教材86「新にいひいでたる説は頓に人のうけひかぬ事　本居宣長」、教材100「名和長年に賜はせし御書　扶桑拾遺集　後醍醐天皇」…各六教科書。

教材79「富貴をねがはざるをよき事にする論　本居宣長」、教材87「師の説になづまざる事　本居宣長」…各三教科書。

教材74「縣居《ノ》大人　本居宣長」…一教科書。

後の教科書への再録については、歴史上の逸話や教訓的な説話や随筆といった文章の内容が教材選定の要素として大きかったと考えられる。

稲垣は、『和文読本』緒言で、中古の雅文を目指しながら悟りやすさのために中世の文章を使用したと述べたが、「普通文」への史的展開の実際において、中世の文章の方がより資源となりやすかったと言える。

2　稲垣教科書と同時期の読本教科書の教材選定

「検定済教科用図書表」(18)に記載された明治一〇年代の雑纂型の教科書には、稲垣『本朝文範』（中学校用・師範学校用に合格）及び『和文読本』（中学校用・師範学校用に合格）の他、里見義『和文軌範』、小中村清矩・中村秋香『日用文鑑』、藤田維正・高橋富兄『訂正國文軌範』がある。以下、これらの教科書の編集の概略を記す。

・里見義『和文軌範』（明治一六年一月、一巻～四巻四冊、阪上半七、師範学校用合格）

凡例に「本邦文章の純粋なるものは、祝詞宣命あれど、詞高尚なり、又中古の物語等は意想を縦横に述たる者なれど尚《ホ》耳遠し、當今學校用に供せんには、又一際下りたる世の者に非ざれば適せず、故に此書は近古の文章を多く掲ぐ、但し古今の別なく解し易き文は、中古のものといへども編入す」とあり、時代を問わず選定しながら、近世文を多く採っている。中古文の「解し易き」ものとしては、『源氏物語』の一節や『枕草子』ものずくし章段等を採っている。『源氏物語』初音巻から採った「初春」と題した教材や乙女巻から採った「学問」と題した教材など、『本朝文範』と同教材も見られる。

教材配列については、「遍中紀事序跋戰記日記、慶賀哀傷等、悉く編集すれども、初學の厭倦を恐れ、區別を建てず、或は紀事序跋、或は雑體と混じて出す」とあって類を分けない。実際、文類のみならず、出典の時代、著作者、内容テーマ、文章の難易度等において、規則性が見出し難い。

「文章は自然のものにて、抑揚頓挫、首尾照應等の諸法は、各國同一なれば、大凡は文章軌範の例に倣ひ、圈点○○○批点、、、或は字眼には●●●等を用ゐ、且又文中小段落には『大段落には』等を附し初學の便に供す、」とあり、他に、難語や故事への注、引歌がある箇所への釣線、枕詞への二重傍線なども施されている。「圏点」は注意すべき表現箇所、「批点」は優れた表現、「字眼」は表現上の要語ということになろうが、その使い分けは明示されていない。こうした標を使用して学習を助けるという工夫自体は、『本朝文範』でも行われたものである。

・**小中村清矩・中村秋香『日用文鑑』**（明治一七年二月、上下二冊、福田仙蔵、中学校用合格）

この教科書は、「第一章第二節三　中学校読本教科書における「普通文」」で見たように、現時に普く通用させる「通行文、又は日用文」の学習をねらいとしたものである。[19]教材選定は、中古文や擬古文を避け、「模範となるべき近世の文」を「通行文」として、伊藤東涯や本居宣長、新井白石等の近世文のみを教材としている。

教材配列は、「記事類　志傳　雑記　紀行　日記」、「解釈類　考証」、「論説類　訓戒」、「書簡類」に類別。

また、引用の「　」『　』、小段落┃大段落┗、引歌・典故を注記する標の他、「○○○○○　主旨又は要旨とする處の標」「、、、、、　主旨要旨を助けなす處、又は照應する處の標」が使用されており、『本朝文範』と教科書としての工夫において共通するものがある。ただし、この教科書の「主旨要旨」の標は、「第五章第二節二　和文教科書における〝旨趣の標〟」で明らかにしたように、文章理解のための補助であり、書くための要語を教えた『本朝文範』とは異なっている。

・**藤田維正・高橋富兄『訂正國文軌範』**（明治一六年一一月発行・明治二〇年六月訂正再版、上下二冊、倉知新吾・近田太三郎、師範学校用合格）

教材選定については、例言に「此書は初学の國文を学ぶもの、爲に編輯せり故に多く平易雅馴なるものをとれり」とあり、本居宣長や藤井高尚、村田春海等の近世文のみが採られている。

教材配列は、「序、記、記事、論、説、書牘、賛銘、傳、碑、書後題跋、祭文、雜」の文類別編成で、例言に「支那の文體に擬して類を分てり」とある。傍注と評語を施し、また「文中緊要及ひ精采の所には、、、を附し小段落には┃大段落には┗を付す」とある。簡略ながら文類や要語や段落に標を付すところは、『本朝文範』と同様である。

右のいずれの教科書も、稲垣教科書が試みたのと同様の方法を引き継いでいるが、標の使用などは簡素なもので、『本朝文範』から新たに加えられた試みは見られない。

この後、今文が掲載されるようになる頃[20]までを仮に一つの節目として、中学校用読本教科書の主立ったものについて、教材文の出典を成立時代別に表にすると次のようになる。

【表8　中学読本教科書教材文の成立時代（抜粋）】

※（　）内は全教材数に対する割合（％）

※『新撰國文』については、作者不詳や出典不詳で配置や本文の記述からも成立が確定できない8教材は、数値に含んでいない。

初巻出版年	教科書	上古文	中古文	中世文	近世文	今文
明治一四年	稲垣千穎『本朝文範』（松岡太愿）	0（0）	54（50）	1（1）	52（49）	0（0）
明治一五年	稲垣千穎『和文読本』（普及舎・奎文堂）	0（0）	4（4）	92（82）	16（14）	0（0）
明治一七年	稲垣千穎『読本』（普及舎）	0（0）	0（0）	0（0）	285（100）	0（0）

明治一七年	小中村清矩・中村秋香『日用文鑑』（福田仙蔵）	0（0）	0（0）	0（0）	70（100）	0（0）
明治二六年	中村秋香『中等國語讀本』（金港堂）	6（3）	50（25）	60（30）	86（43）	0（0）
明治二七年	石田道三郎『新撰國文』（教育書房）	0（0）	0（0）	44（10）	260（61）	124（29）
明治二八年	新保磐次『中學國文讀本』（金港堂）	0（0）	16（6）	72（26）	159（56）	35（12）

稲垣千穎は、『本朝文範』で中古文を目指すべき文体としながら近世文をそれに準ずるものとして扱ったが、『和文読本』では中古文を「めでたくうるはしき雅文」としながらも「容易くさとり難き方もあれば」つまり平易化の要請に迫られて中世文を中心に取り上げた。さらに『読本』では、さらに初学者（小学校高等科）用として近世文のみを扱った。『読本』と同じ明治一七年発行の小中村清矩・中村秋香『日用文鑑』も近世文のみの構成。明治二六年発行の中村秋香『中等國語讀本』になると、近世文から始まって中世文へ、さらに中古文へと易から難へ配置され、それぞれの教材数もバランス良く選んでいる。これは、稲垣教科書の変遷を一つの教科書にまとめたということもできよう。翌二七年発行の石田道三郎『新撰國文』は、中古文を掲載せず、特に今文を多く採用した所に画期がある。翌二八年発行の新保磐次『中學國文讀本』では、中古文を残したまま今文を掲載し、特に編者の自作を教材として掲載した所に創意がある。ただし、石田『新撰國文』にせよ新保『中學國文讀本』にせよ、今文を掲載したとは言え、「普通文」資源の初学用としての位置付けである。このように、教材選定は、各教科書において様々に試みられた。

二　作文教科書における『本朝文範』からの継承と変容

『本朝文範』は、「文範」であるから、文章作成のためのテキストとして作られている。本項では、『本朝文範』採録教材の後の中学校作文教科書[21]における継承とその改変の様相を確認し、「普通文」観念の変化の一端をうかがう。

1　文類

『本朝文範』は文類による章立てとなっていたが、これと同様の編集の作文教科書がある。

近藤元粋編『中等教育作文教科書』（明治二二年、日生館）は、「時候簡牘門」・「日用尺牘門」・「游記門」・「序門」・「論門」・「説門」・「祝文門」・「傳門」・「紀事門」・「紀戰門」・「銘門」・「賛門」・「書後題題門」、「祭文」という章立てである。このうち「序門」、「論門」、「説門」はそれぞれ『本朝文範』では「序類」・「論類」・「説類」にあたり、「時候簡牘門」及び「日用尺牘門」は「消息類」に、「游記門」及び「紀事門」は「記類」に、「書後題題門」は「序類」に含まれる内容である。

下森來治編『記事論説中等作文教科書』（明治二八年、松榮堂）は、「論類」・「説類」・「議類」・「辨類」・「序類」・「引類」・「題類」・「跋類」・「書後類」・「讀類」・「書類」・「銘類」・「賛類」・「碑文類」・「記類」・「紀類」・「墓碑志銘類」・「傳類」・「祭文類」という章立てである。どのような文種を扱うかというスコープに編集者が想定している普く通じるべき文章の範囲が表れている。その凡例には、

一本書ハ題スル如ク中等教育ヲ受クルモノ、爲ニ記事論説ヨリ以テ序傳祭文ニ迄ルマテ普通用ル所ノ文体ヲ

示スモノナレハ文ヲ作ラントスルモノハ事ニ觸レ題ニ應シテ其作例トナセハ則チ可ナリ

とあり、文類毎に「文体」が違うことを提示しようとしている。

2　文例

作文教科書では、文例として示された文章は近代のものが中心となっているが、近世の文章も文章の趣向や修辞技法など高度なスキルを教える際の教材として用いられている。

友田冝剛編『中等教育作文教範』（明治三四年、光融館）は、『本朝文範』教材8「橘常樹をかなしむ詞　岡部真淵」、同教材7「山路孝正が父の七十賀の、まとゐの詞　本居宣長」、同教材15「青木美行が、越前へゆくをおくる歌の序　岡部真淵」、同教材32「臨瀛閣の記　富士谷成章」、教材34「知足庵の記　村田春海」が文例として使われている。

同教科書「文格」の章では、「橘常樹をかなしむ詞」を文例として、『本朝文範』で「一篇の旨趣とあるところ」に付くとされた「◎」の標が付されたのとほぼ同じ箇所の「なく」「なし」の語に「●」の記号が付されている。「文格」とは「漢文ニ文格トイフコトヲ説キテ、文ノ結構ヲ明スコトアリ」とあり、「なし」を繰り返し使用するところに「文ノ結構」つまり表現の組み立てを見出している。『本朝文範』と異なるのは「悩めることもなくて魂さへなん無くなりにける」の「なく」「無く」の標がない点だけである。この標の使われ方については、次項「3　要語への着目」であらためて触れる。

橘常樹をかなしむ詞　岡部真淵

姓は橘、名は常樹といふ人ありき。此人、物知れど知るともなく、酒飲めど飲むともなく、樂しめど樂しむともなく、親しめど親しむともなく、憂ふれど憂ふともなく、貧しけれど貧しともなく、又、詠める歌、作れる文らも盗人にかとはされて無し」。斯くばかり世にあやしければ、むなしの翁とこそ名づけつべけれ」。かくて、去年の霜月の中の九日といふに、悩める事もなくて、魂さへなん、無くなりにける」。かかれば、今、慕びいでつつ人人哀みあへるを。饗享くともなくてむなしのよや。

世の事は、みながらなしとみし人を
ありのすさびにとふがかなしさ。

「文ノ修飾」の章では、『本朝文範』教材7「山路孝正が父の七十賀の まとゐの詞　本居宣長」の同文が文例として使われており、頭注に「此文中ヨリ、修飾ノ語句ヲ悉ク省キテ見ヨ。主意オノヅカラ明カナラン。然ル後、最モ切要ナル修飾語ヨリ始メテ漸次ニツケ加へ、以テ、再ビ原文ノ如クニセヨ」と学習の手引きが付されている。文章の主意と文の修飾とを分けてとらえているところが、新たに付け加えられた「普通文」を書くための観点である。その本文は次の通り。仮名を漢字に直して表記した箇所が多くなっている。

山路孝正が父の七十賀のまとゐの詞　本居宣長

安永二年、きさらぎの七日の夜、山路氏の家に人人集へて、歌詠みの會合《マトキ》をなん物せられける。さるは、何となく鳥をあわれみ霞を愛づる、折柄のすさみわざにしもあらず。父ぬしの、今年、七十の齢にならせ給へるを、ただに已むべきかはとて、行くさき祈る心ばへを、自らも詠み、人にも詠ませてことぶきせんとにぞありける」。抑、松が枝の常磐の言の葉も、世にふるめかしく、千尋の竹のためし、はた、珍しきふしもなければとて、「時につけたる木草の中に、のこる齢の遠山櫻、風しづかなる花の盛に似たる、浅からぬあるじの心の、色香を添へて、四方の木の芽も春の夜の杯めぐる月日の限なく、千代に八千代に栄えいませ」と、老も若きも、もろごゑに、うちあげつつ、明くるも知らで遊ぶ會合の樂しさを、かたはし、書きつづくるも、酔ひのまぎれは、いかにひがこと多からん。

「四方の木の芽も」からの傍線箇所は、『本朝文範』においても全く同じように一重線・二重線・三重線を使用して引かれている。これらの傍線は、『本朝文範』において「冠詞・序詞の処に此標をつく．二重《ツ》りたるところには‖をつけ．三重《ツ》りたる処には‖‖を附けたり」とされているものである。『中等教育作文教範』の教材文の後には、次のような説明が付されている。

（注意）四方の木の芽もハ春ノ序トナリ、春の夜の杯ハめぐる月ノ序トナリ、めぐる月日ハ限なくノ序トナル。今、之ヲ、四方の水の芽も張るといふ語の如き春、その春の夜の杯のめぐる如き月、その月日の隈なきが如く隈なく千代に……トイフヤウニ如クトイフ語ヲ添フレバ、全ク比喩ノ形トナル。サレバ序詞モ亦一首ノ比喩法トイフベシ。

序詞の説明に加えて、新たに序詞が比喩ととらえられることを示しており、修飾の例としたものである。序詞を多用した雅文の特徴を活かした教材化である。ここには、『本朝文範』を資源としながら、修飾部の有る無しによる違いを教える新しい創意がある。

「離別ノ情ヲ表ハス文」の章では、『本朝文範』教材15「青木美行が．越前へゆくをおくる歌の序　岡部真淵」と同文が文例として使われている。この章では、注意すべき条項として次の三点が挙げられている。

一、離別悲シムベキ情ヲ十分ニ褸出スベシ。

褸出ノ方法ハ、或ハ往時ヲ追懐シ、或ハ將來ヲ想像シ、或ハ比喩ヲ用ヒ或ハ例ヲ引クナド種類アルベシ。

二、其行ヲ盛ニシ、勇往邁進ノ氣象ヲ起サシムベキ事項ヲ叙述スベシ。

右二條ハ此種ノ文ノ二大要素トモイフベキカ。而シテ、之ヲ表出スル方法ハ多様アルベシ

三、之ヲ励マシ、之ヲ戒ムルニ諷喩對比等ヲ以テスルヲ良シトスルコトアリ。

（以下略）

文例「青木美行が越前に行くを送る歌の序　岡部眞淵」は、先の一の「或ハ將來ヲ想像シ、或ハ比喩ヲ用ヒ或ハ例ヲ引ク」、二の「其行ヲ盛ニシ、勇往邁進ノ氣象ヲ起サシムベキ事項ヲ叙述ス」、三「之ヲ励マシ」を備えたものとして示されていると言える。『本朝文範』と『中等教育作文教範』の同教材を比較して、継承発展させたものと変容したものを析出する。

【表9　『本朝文範』と『中等教育作文教範』】

※『中等教育作文教範』の本文は、『本朝文範』の改行位置に合わせて改行を施した。

『本朝文範』上巻卌八丁	『中等教育作文教範』巻四　百九十六頁
美行が家は．越前にあり．その君に江戸にて事へたるが．しばらく本國へかへるなり． 富士山	文中、枕詞・序詞ヲ指セ後ニ復文スベシ
青木美行が．越前へゆくをおくる歌の序　岡部真淵 よくゆきてよくかへりますよしゆきのぬし なん．もとより．其君によくいそしみ《勤》．そのおや によくしたがひ．〔一マタ書をもよくよみて．よく友にま じらひ．「藥をとりてよく人をやしなひ」ける	青木美行が越前に行くを送る歌の序　岡部眞淵 よく行きてよく歸ります美行のぬし なん、固より其君によくいそしみ、其親 によく順ひ、書をもよく讀みて、よく友に交 らひ、藥をとりてよく人をやしなひける。」

駿河
万葉 あまの原．ふじのしば山．このくれの．ときゆつりなば．あはずかもあらん．
白山 加賀
有度濱 駿河
伊吹山 近江
愛發関 越前
歸山 越前

こゝに．ことしみな月ばかり．天の原《ナル》ふじのねの
東より．しなざかる《コシノ》しら山の南まで．ふじの峯の
雪の．ゆきのまに〱ゆきて．しら山のしらが《白髪》
かきたる《掻垂》らん父母のみことを[も]《衍カ》．かへり見ん《省》と
なりけり」海つ道のうど濱は．船にこたふる波
もたゝず．山のみちのいぶき山は．神のいぶき《息吹》の
霧もあらせず．三越ぢのたむけよくして．あらち
の関とゞこほる．つゝみ《恙》なく．よくゆきてよくか
へり見ん日は．おいにしなず《不老 不死》［ずカ］のくすりもて．よく
やしなひ《養》．よくしたがは《順》ゞ．白山のしらがも．
かへる山わかゞへらざらめや」しかれこそ．

ここに今茲水無月ばかり、天の原なる富士のねの
東より、しなざかる越の白山の南まで、富士の峰
の雪の、ゆきのまにまに行きて、しら山の、白髪《シラガ》
かき垂るらん父母のみことを省みんと
なりけり。」海つ道のうど濱は、船にこたふる波
も立たず、山の道の膽吹山は、息吹《イブキ》の
霧もあらせず、み越ぢのたむけよくして、あらち
の關とどこほる恙みなく、よく行きてよく
省みん日は、老いず死なずの藥もて、よく
養ひ、よく順はば、白山の白髪も、
歸山わかがへらざらめや。」かくてこそ、

万葉集 君がため．かみしまち酒．やすの野に．ひとりやのまん．友なしにして．	こん年の此月は．よくこゝ《此処》まできたまひなんものと —ナラメ‖ けふのわかれの盃に．やがてまちざけ《待酒》をのまんことをちぎる《約》はや└ 此つぎに長哥あれど．今は．はぶきつ．
	來ん年の此月は、よくここまで來たまひなんものをと、今日の別れの盃に、やがて待ち酒を飲まんことをちぎるはや」

句読点の記号「．」と「、」「。」の違いや漢字・平仮名表記の違い、『本朝文範』の「しかれこそ」が『中等教育作文教範』では「かくてこそ」となっているなどの違いはあるが、ほぼ本文は同一である。『本朝文範』が本文の校注を加えた「父母のみことをも」のもの字に「衍カ」と付したこと、「おいにしなず」の「に」の字に「ずカ」と附したことについては、『中等教育作文教範』では本文が修正された形で掲載している。『本朝文範』における「事の全く竟たる処」の標「┗」及び「一事の暫《ク》竟たる処」の標「━」が付けられた同じ箇所に、『中等教育作文教範』においても「└」「┗」の標が付けられている。共に段落の切れ目を意識させるというねらいが共通している。『中等教育作文教範』の前後の他の文例には「└」が使われていないことからも『本朝文範』の影響が考えられる。『中等教育作文教範』頭注の「文中、枕詞・序詞ヲ指セ」とあるが、『本朝文範』では枕詞・序詞に傍線が引かれており、この学習者への注意喚起の点も共通である。『本朝文範』が「天の原」の傍注に「ナル」を付したのが、『中等教育作文教範』では本文が「天の原なる」になっている。同様に『本朝文範』が「しなざかるしら山」の傍注に「コシノ」と附したものが、『中等教育作文教範』では「しなざかる越の白

山」となるなど補う語句を入れた形で本文を記している。『本朝文範』が教材化の際に注として補った省略語句が本文に取り入れられていることは、「普通文」の表現として必要だという判断の表れであると言え、これは『本朝文範』から発展させたことと、とらえられる。また、『本朝文範』が「よくここまできたまひなんもの」に「ナラメ」を補うよう傍注を付けた箇所は、『中等教育作文教範』では「よくここまできたまひなんものを」と「を」を補う形で処理しており、独自の判断も見受けられる。「ナラメ」は和文的表現で、「を」の方がこの時期の普通文としてふさわしかったということであろう。

この文例には、頭注に「文中、枕詞・序詞ヲ指セ」、「後ニ復文スベシ」という二つの手引きが示されている。「復文」とは「口語ヲ文章ニ復スルヨリ始メテ、漢文・英文の飜譯ノ一斑ハ、既ニ前諸巻ニ於テ、略、學ビタリ。而シテ、古文ヲ今文ニ書キ改ムルコトモ、亦復文ノ一種トイフベシ」（同教科書巻四「第八　復文、及、飜譯文一束」）とあり、真淵の文章の「離別ノ情ヲ表ハス」という条項に合致する点をふまえつつ、「今文」文体に書き換えよという課題である。『本朝文範』が標の工夫によって教えた文章の書きぶりへの注視は引き継ぎつつ、文体自体を今文に替えていくということが行われている。

「第四章　心理學上ノ注意」の「智ノ文」節では、文例として『本朝文範』教材32「臨瀛閣の記　富士谷成章」・教材34「知足庵の記　村田春海」が使われている。この章は、「文ハ心ノ表彰ナレバ、心理ノ上ヨリ文章ヲ観察スルコト亦必要ナリ。心理學ハ一科ノ科學ニシテ、」と「科学」の観点を導入して文章を書くことを学ばせようとしたものである。「智ノ文」とは「通常、心理學者ハ、心ノ力ヲ別チテ、知・情・意ノ三ツトス。」と三種にとらえられた文章の一つである。

智ノ文ハ思慮ヲ本トシテ解明辨論ヲ為シ、讀者ノ知解ヲ目的トス。智力ハ認識ヨリ起リ、之ヲ記憶シ、再現シ、進ンデ、既知ヨリ未知ヲ推論シ構想スルモノナレバ、文モ亦、之ニ従ハザルベカラズ。記事・叙事ノ文ノ如キハ主トシテ認識・記憶・再現ノ力ヲ要シ、解釋・議論ノ文ニ於テハ、主トシテ推論・構想ノ力ヲ要ス。…（中略）…作者ノ智力ハ如何ニ力キシカ。讀者ニ如何ナル智力ノ力キヲ起サシムルカ。又、如何ナル事項ニハ如何ニ智力ヲ力カセ、如何ニ之ヲ表出スベキカ。コノ表出ニヨリテ讀者ニ如何ナル感情ヲ起サシムルカ。左ノ諸文ニツキテ此等ノ諸點ヲ觀察セヨ。

とされている。『本朝文範』所収の近世国学者の文章も、西洋の「科学」である「心理学」の観点が導入されて、この時期の普通文のために活用されている点が新しい言語状況である。「智足庵の記」の「智力」がいかなるものと考えられていたかについては、その頭注にうかがえる。

足ルコトヲ知ルト、知ラザルト、兩者ノ異同ヲ巧ニ比較辨別シテ、庵主ノ氣品ヲ高カラシメタリ。

ここではこの文章の「比較辨別」して述べるという論理性が「智力」として評価されている。

なお、文學社編輯所『中學作文教科書』（文学社、明治三六年）は、「文體の要素」の章の文例として「山里の月を見る記　加藤千蔭」を使っているが、これについての検定意見に「文例トシテハコノ文中古風ニカタムク」（東書文庫蔵本の付箋）とある。近世の文章が雅な文章の例として使われる場合も、あくまで「中古風」ではなく明治の「普通文」として通用するかどうかが期待されている。

3　要語への着目

中学校作文教科書には、『本朝文範』で行われた旨趣の標の類が使用されている例が見られる。古谷知新『中等作文教科書』（明治三九年、實文館）では、「◎」「●」の傍点が、機能的な意味において注目させたい語句に付されている。次の引用は、同教科書巻三「第六課　記事文」に掲載された比喩法を説明する文例からの抜粋である。

この法、多くは「如し」「似たり」「恰も」「たとへば」「さながら」等の、説明語を用ひて、比喩と本義とを、明瞭に區別す。即、左の如し。

人の道は、たとへば、水車の如し。

ここでは、直喩を作る「説明語」に「●」、たとえとして引かれたものを◎で区別している。語句の働きによって標を付している。

次は、同課の文例「赤道直下の光景」からの抜粋である。

見渡せば、水天、相交はる東の方には、…（中略）…さるほどに、雲はいよ〳〵ゆらめきて、…（中略）…やがて太陽は燦爛として輝き出でたり。…（以下略）

「見渡せば」は視覚的に事を書き起こす言葉、「さるほどに」及び「やがて……」も引き続く事を書き起こす言葉である。この「◎」の部分は、文章の内容的な主旨を表したものではなく、記す出来事の展開を表す表現に付いており、記事文の書き方を例示している。『中等作文教科書』のこれらの標は、『本朝文範』〝旨趣の標〟が文種に応じた書き方へ着目させるものであったことと、機能として通底している。

4　文体変換における継承と変容

先に文例の項で取り上げた友田宜剛編『中等教育作文教範』は、「文格」の章の文例として『本朝文範』教材8「橘常樹をかなしむ詞　岡部真淵」を使用し、●の標が繰り返される「なく」「なし」の語に附されていたが、同じ編者の手になる芳賀矢一校閲・友田宜剛編述『中等作文教本』（明治四一年、晩成處）後編巻二第七課「文體ノ變換」では、同じ教材を使って文体を二通りに改作する実例が載せられている。ここでは、近世の文章が明治の改作によってどのように加工・変形されたのかというところに、この時点での新しい「普通文」観念の変化の様相を見て取りたい。

【表10『中等作文教本』の改作】

※別の文体表現に置き換えた箇所は波傍線を施した。
※新たに表現内容が加えられた箇所は［　］囲みを施した。

橘常樹を哀む詞	改作第一	改作第二
姓は橘、名は常樹といふ人ありけり。この人、物知れれど知れりともなく、酒飲めれど飲めりともなく、樂しめれど樂しめりともなく、親しめれど親しめりともなく、憂へれど憂へりともなく、	［今は逝く水の歸らぬ人となりけるかな。］［世にもあやしかりし翁よ。］姓は橘、名を常樹となん呼べる。この人、物知ることは［能く］知れども、［さして］知るらん［さま］もなく、酒飲むことは［能く］飲めども、［さして］飲むらん［さま］もなく、樂しむことは［能く］樂しめども、［さして］楽しむ［さま］もなく、又、親しむことは［能く］親しめども、［さして］親しき［さまにもてなすこと］もなく、憂ふることもなきにはあらねど、［さして］又憂はしとも［姿に見すること］なし、	［世に奇人ありき、］姓は橘、名は常樹といふ。物知って而も知れる［色］なく酒飲んで而も飲める色なし。親しんで而も親しむ［色］なく、樂しんで而も楽しむ［色］なく、憂へて而も憂ふる［色］なし。

又、詠める歌、作れる文らも、ぬすびとにかどはされて無し。

かくばかり世にあやしければ、むなしの翁とこそ名づけつべけれ。

かくて、こぞの霜月の中の九日といふに、悩めることもなくて魂さへなん無くなりにける。

かれ、今慕《しの》び出でつつ人人哀みあへるを、饗《あるじ》てふこともなくてむなしの世や。（賀茂真淵）

［珍らしき歌詠みなるが、］その詠める歌も失せ散りぼひ、［うるはしき文の書きてなるが、］その書ける文も人にぬすまれて無し。

かくばかり世にあやしき［人］なりければ、むなしの翁と名づけつらんも、［げに宜なることなりけり。］

かくて、こぞの霜月の中の九日といふに、［人は、え堪へず苦しむべきを、この翁ばかり、］さして脳めるふしもなくて、［眠るが如く憩ふが如く、やがて玉の緒さへ絶えはてて］この世の人にあらずぞなりぬる。

今しも［忌の日がらの周り來ぬるを、］［昔のおもかげ］慕ふ友垣、かく集ひ合ひつつ饗設けすともなく、［只み靈招きて吊ひ哀むとはすれども、］［さばかりあやしかりし翁の御靈の、天降り來て享けさせ給ふらんよしもなし。］［あはれ］むなしのうつせみの世や。

その詠歌文章、亦散逸して一も有ることなし。

嗚呼奇なるかな。宜なり、號して六無翁といへること。

客歳應鐘十九日、病なくして歿す。

今［その小祥忌に遭ひ、］［故舊、舊を慕うて祭祀し、］聊か翁の魂を慰む。［翁の靈それ知ることあらば、尚はくは來り享けんか、］そもそも亦饗くる所なきか。

改作前の本文は『本朝文範』から、修正が加えられている。『本朝文範』教材は、次のような作りになっている。

【『本朝文範』の同教材】

常樹は、土佐國の人にて、妻も子もなくて、としごろ江戸に來てすみけり、古今集仰古解といふを廿巻作り、また哥文などもあまたありしを、皆盗にとられてあらずなりぬ、寶歴十二年十一月十九日、酒のみてふしたるが、其まゝ死にたり、

橘常樹をかなしむ詞　　岡部真淵

姓は橘名は常樹てふ人ありき、此人、物しれ《知在》ゝどしれりともなく、酒のめ《飲在》どのめ《めり脱カ》りともなく、たのしめ《樂在》れどたのしともなく、したしめ《親在》れどしたしとも《めり脱カ》　なく、うれへれ《憂在》どうれ《へりカ》ふともなく、まづしけれ《貧在》《かカ》どまづしと《かり脱カ》もなく、《上六無》　またよめるうた《詠有》、つくれる文《作有》らも、ぬすびとにかどはされてなし《盗》

六帖　ある時は、ありのすさびに、かたらはで、恋しきものと、わかれてぞしる

かくばかり世にあやし《奇》ければ、むなしの《六空无》をぢ《翁》とこそなづけつべけれ」かくて、去年の霜月の中の九日といふに《一日》、なやめる《悩有》こともなくて、魂さへなんなくなりにける」かれ《故》、今しのび《思慕》いでつゝ、人にあはれみあへるを、あるじ《饗》てふこともなくて、むなしのよや、よのことは、みながらなしと、みし《観》人を、あり《在》のすさびに、とふがかなしさ」

標については、『本朝文範』で「一篇の旨趣とあるところに此標をつく」とされた「◎」の標が「●」の記号になって、ほぼそのまま付けられている。『中等作文教本』では、「悩めることもなくて魂さへなん無くなりにける」（傍線部筆者）の「なく」「無く」に標が付かない点のみが相違点であるが、これは、『中等作文教本』では、これを「むなし」つまり六つの「なし」ということの内に入らないと見なしたと考えられる。対して『本朝文範』は、この文章の趣向としての「なし」「なく」の繰り返しという点に注目したと考えられる。なお、『中等作文教本』では和歌の部分は採られていないが、文章の手本としては不要と判断されたと考えられる。

さらに注目したいのは、二編の改作でも「●」標を付して「なし」が繰り返し使用されていることである。この教科書の「文體ノ變換」ということの説明には、「主想ハ決シテ増損スベカラズ、變換スベカラズ」とあり、『本朝文範』で標の付けられた語句は、こうして文体が変換されても、まさに文章の「主想」に関わるものとして認識されている。

なお、『本朝文範』における「●」の標は、「一篇の旨趣を助けなす種子《クサハヒ》、或は旨趣につぎて要ある詞に此標をつく」とされているものであるが、この標が付された「かくばかり世にあやしければ」の「あやしければ」は、『中等作文教本』の改作一でも「かくばかり世にあやしき人なりければ」「さばかりあやしかりし翁」と使われている。改作二では、「あやし」という語は使われていないが、冒頭の「世に奇人ありき」の「奇人」という語に訳し出されていると考えられる。

『本朝文範』では、「たのしともなくに」の「たのし」の後に「めり脱カ」、「うれふともなく」の「ふ」に「へりカ」と傍注を付けているが、『中等作文教本』ではこれらが補われている。「まづしけれどまづしともなく」について、『賀茂翁家集』巻四にはこの部分があるが（国文学研究資料館蔵本及び国文学研究資料館蔵石野家本）、『中等作文教本』では欠いている。『本朝文範』が本文を原文にできるだけ忠実に掲載した上で普通文を目指して修正するための注を加えるのに対して、『中等作文教本』では本文自体の書き換えを行っており、本文の扱い方の方針が大きく異なる。これは、元のテキストを尊重して文化的な模範として扱うのか、文章を書く技術の訓練用文例として扱うのかという教材文の意味付けの変容である。

改作前の文章の後には、「古雅ニシテ簡潔ナル體ナリ。稍〻優麗ナル體ニモ、又簡潔雄健ナル體ニモ改作スルコトヲ得ベシ」とある。改作前の文章は「古雅ニシテ簡潔ナル體」と評されているが、「簡潔」故に言外のことが多く、二つの改作では共に言外の内容（表10［　］囲み箇所）を補いながら読み手に分かりやすい文章となっている。改作一は、「優麗ナル體」とされているものとおぼしいが、文体は和文体のまま「今は逝く水の歸らぬ人」や「眠るが如く憩ふが如く、やがて玉の緒さへ絶えはてて」などの修辞の多い雅文の表現（表10波線箇所）が加えられている。改作二は、「簡潔雄健ナル體」と認められるもので、漢語で簡潔に表現し、「……て而も」の接続の仕方に見られるような漢文訓読体、書き加えられた表現内容も「その詠歌文章、亦散逸して一も有ることなし」「嗚呼奇なるかな」などの漢文表現（表10波線箇所）である。

改作された文体自体は和文体・漢文体という旧来のものを使っている。しかし、新たに加えられた表現が多く、言葉豊富に詳細に情報を補って表現しようとしている。元の文章は、「簡潔」な分、言外の意味を補いながら読むことになるが、改作では、情報量が多い分、解釈の労力が少なくて済む。読み手の高い読解力を要求していないという意味で、改作の方が誰にでも分かりやすいものである。こうした点に、普く通じるための発展的な展開が見てとれる。

また、『中等作文教本』は、文体の変換がなされても、文章を面白く巧みなものにしている要語を意識させることで「主想」は変えないということを教えている。ここには『本朝文範』〝旨趣の標〟の工夫が受け継がれていると言える。

『本朝文範』の各種工夫を「普通文」を作っていくための基盤として見るならば、〝旨趣の標〟による要語への注目は、普く通用するということを効果的たらしめるためのものであると言える。これは、後の作文教科書における文体の書き換えに見られるように、文体が変わっていっても通用するものであったと言える。また、後の教科書の文体変換の文例には、『本朝文範』教材の通じ難さを改良する試みがなされており、ここに「普通文」への歩みの跡を見て取ることができる。

『本朝文範』緒言中の近世文批評部分の教材化の事例や『本朝文範』採録教材の再録事例から、『本朝文範』及び『和文読本』教材の中学校読本教科書への継承が確認できた。ただし、こうした継承はそれぞれに変容を伴って行われており、そこに明治期「普通文」概念の変容が見られた。

次に、『本朝文範』採録教材の中学校作文教科書における使用においては、「文類」編成を継承したものや、『本朝文範』教材を文章の趣向や修辞技法など高度なスキルを教える際の資源として再録したものが確認できた。その中には『本朝文範』からの直接の影響関係が指摘できるものもあった。『本朝文範』が注として補った省略語句を本文に取り入れた事例や『本朝文範』教材を二通りの文体に改作する事例からは、解釈を要するような略した記述をせず、明示する情報を豊富にすることで普く通じやすくするという「普通文」の表現としての発展が見られた。

第三節　「普通文」論と『本朝文範』

本節では、「普通文」論の展開を中心に、「普通文」をめぐる言語文化状況の中で、『本朝文範』の試みがいかなる位相をあるのかを確認する。

稲垣の教科書が出版された頃から、「普通文」論が盛んに行われる。明治一六年七月に「かなのくわい」が、明治一七年一二月には「羅馬字会」が結成されている。末松謙澄『日本文章論』[22]は、綴字の主張が中心であるが、「普通文」に関わる当時の言語文化状況をよく伝えている。[23]

然れども、我國語を綴字にするハ、獨り文字の形のみを、簡易にするが爲めならず、成るべく多数の人民に、了解し易からしめ、遂にハ言文一致を、目的とするに在るが故に、諸体を折衷するにも、成るべく流暢圓滑の文勢を得るを力め、言語を選ぶにも、成るべく世間に通用廣きものに、注目すべし、近く譬へて云ハゞ、（一）其真理を識別せさるもの、（二）其真理を知らさる者、（三）其ことわりをわきまへしらぬやからの三語ハ、皆同一の場合に、適用すへき語なれども、其流暢圓滑にして、最も世間通用の廣きハ、第二にあり、綴字文にハ、第二の体裁を用ふべし、然るに方今の實際に付きて見れバ、羅馬字會の傾向ハ、第一の体裁にして、假名會の傾向ハ、第三の体裁に在り、吾人が見て、最も適當とする第二の体裁ハ、兩會の爲めに、共に却けらるゝに似たり、是れを概言すれば、羅馬字會ハ、片假名交の漢文体を、直寫するに過るの傾向あり、假名會ハ、之に反し、偏屈至極の古言に拘泥するの形跡あり、是れ予が兩會の爲め取らさる所なり、「羅馬字会」が「漢文体」に、「かなのくわい」が「古言」に傾きがちであった様子を批判して、平易な文語を主張している。（「第五編　文章の体裁」）

本節では特に、「普通文」文体を具体的に提案した、矢野龍渓、新保磐次、荻野由之・関根正直の各意見を取り上げ、それらと『本朝文範』の位相を確認する。

1　矢野文雄（龍渓）『日本文体文字新論』（明治一八年、報知社）

この論は、『本朝文範』出版の三年後に出たもので、「第一章第一節　明治初期の「普通文」をめぐる言語文化状況」でも触れた。矢野は、「目ニテ讀ム書物ノ世界ニ於テハ常語ヨリモ文語ヲ以テ便トシ其ノ組立モ亦タ常語体ヨリ文語体ヲ便ナリトス」（第二章）として、言と文とを区別し、文語体で書くことを主張する。さらに、「目ニテ讀ム書物」を、「普通書」と「文学書」とに区別する必要を以下のように説く。

左レハ文學書ニハ諸体ノ長所ヲ自由ニ用フルコソ文章ノ妙ヲ極ムル者ナルヘシ但シ普通書ニ於テハ縦令ヒ其ノ文ハ妙ナリトモ人ニ解シ難キヲ用フルヲ慎ム可キノミ（第六章）

「普通書」と「文学書」との別については、次のように解説されている。[24]

其ノ状ハ恰モ猶ホ英國抔ニ於テ文學書（リテラリイ、ウォルク）ト普通書（ポピウル、ウォルク）トヲ區別スルカ如クス可キナリ普通書ノ方ハ凡テ常用ノ文字ノミヲ用ヒ何人ニモ之ヲ讀ミ易カラシメ廣ク世間ニ通用スルヲ以テ主トス可シ又文學書ノ方ハ教育ヲ充分ニ受ケタル世界ニ向テ之ヲ讀マシムルヲ主トシテ漢文ニテモ如何ナル文字ニテモ如何ナル文体ニテモ之ヲ作ルヿ勝手タラシムヘシ（西洋ニテモ文學書ノ部類ニハ羅甸或ハ希臘ノ珍語或ハ古例ヲ頻リニ引用スル者アルヿナリ）（第三章）

「普通書ノ部類」には以下の例が挙げられている。

一　政府ノ布告及ヒ布令、布達、訓状ノ類
二　公私學校ニ用フル教育書ノ類
三　廣ク人ニ讀マシムルヲ主トスル新聞誌ノ類（但シ専門ノ雜誌類ヲ除ク）
四　日用ノ手紙類（是ノ事ニ就テハ別ニ論アレトモ先ツ一般ノ部類上ヨリ此處ニ入レタリ）（第三章）

そして、二者を総括する「文章」観を以下のように開陳する。(25)

總テ文章ハ通例平易ナル文字ヲ以テ如何ナル極精極微ノ事迄モ説キ盡シ覺リ難キ事柄ヲモ覺リ易カラシメ倦ミ易キ事柄ヲモ倦マシメズ讀者ヲ哀マシメント欲スレハ之ヲ哀マシメ怒ラシメント欲スレハ之ヲ怒ラシムルヲ以テ眞ニ文章ノ巧妙ナル者トス之ヲ言ヒ換フレバ六ヶ敷文字ヲ用ヒズシテ事柄ノ組立ヲ巧ミニシ其ノ全部カ意匠ニ富ミタル者ヲ以テ巧妙ノ文章ト為スヿナリ（第六章）

文体については、「日本ノ文体」を漢文体・漢文変体・雜文体・両文体・仮名体の五種とする矢野は、(26)このうち「雜文体ノ漢字ニ假名ヲ附ケタル」両文体(27)を「日本普通ノ文体」（第三章）としている。さらにこの「両文体ノ基礎」たる「雜文体(28)」について、漢訳体・洋訳体・土語体の三種を例示した上で、「而テ余カ普通書ニ用フ可シト云フハ則チ土語体ノ方ニテ漢譯体ハ極メテ平易ナル者ニアラサレハ之ヲ普通書ニ用ヒサルコソ願ハシケレ」（第六章）と述べている。ここにいう「土語体(29)」とは「日常ノ談話ノ動詞、副詞抔ノ語尾ヲ少シク變シテ古体ノ土語ニ改メタルマデノ者」「語尾ヲ古語体ニ變スレハ何人ノ談話モ大抵ハ直ニ文章ト爲シ得可キ者」（第六章）のことをいう。事例は次の通り。(30)

【漢訳体】　昔シ荘周夢ニ胡蝶ト爲ル
【土語体】　昔シ荘周ガ夢中ニ胡蝶ト爲リシヿ有リシニ

この土語体は、

【今語体】 昔シ荘周ガ夢中ニ胡蝶ト為ツタヿガ有リ升タガ

を改めたものとして示されている。

矢野が「最上便利ノ者ナレバ是ヲ以テ日本普通ノ文体ト爲サハ何處ニモ決シテ不都合ナカル可シト信スルナリ」（第三章）と提唱する「両文体」は、漢文訓読体を基にしながらも難しい漢語を使用せず日常的な和語で表現し漢字にルビを付けたもので、次のように述べられている。

両文体ナルモノハ學ビ易キ假名体ト見ルニ便ナル雜文体トヲ兼ネタルモノニテ其ノ學ビ易キハ假名体ニ劣ラズシテ其ノ見易キヿハ之ニ勝ルノ便アリ又雜文体ニ比較スレバ其ノ見易キヿハ同様ニシテ其ノ學ビ易キヿハ之ニ超エタリ（第三章）

「雜文体」にルビを振ることで、意味の取りやすい漢字と読みやすい仮名との両方の利点が得られるとしている。「両文体ノ基礎」となる「雜文体」の具体については、次のように述べられている。[37]

而テ普通書ニ用フル雜文体ハ其ノ手本ヲ何レノ處ニ之ヲ求ムヘキヤ愚考ヲ以テスレハ古今トモニ世上ノ人情現世ノモノヲ兎角ニ非難シテ舊時ノモノヲ好ムノ有様アリ左レハ今代ノ學者ノ雜文体ヲ手本ト爲サシメント欲スルトモ或ハ是ニ承服スルヲ甘ンセサル者多カルヘシ左レハ其ノ手本ハ少シク舊ルビテ古色ヲ帯ヒタルモノヲ用フルコソ穏カナラン依テ是ノ手本ト爲スヘキ者ヲ考フルニ最モ今日ニ適當ナルハ夫ノ雜文体ノ盛ニ行ハルヽノ時世ヲ始メタル新井白石、貝原益軒諸氏ノ雜文体ニ勝ル者ナカル可シ其ノ体ノ上品ナルハ新井氏ノ著書中ニ之レアラサルハ無ク又平易ニシテ人ニ入リ易キハ貝原氏ノ著書中ニ之レアラサルハ無シ然レハ上品ナル文体ハ新井氏ヲ手本トシ平易ナル文体ハ貝原氏ヲ手本トセハ決シテ不足ヲ訟フルノ人ナカル可シト思ハルヽナリ（第三章）

今文は未だ評価が定まっていないということで、近世文を資源にしようとしている。因みに、読本教科書で今文を多く採用したのは、明治二七年発行の石田道三郎『新撰國文』であった。「上品」であることと「平易」であることが、矢野の「普通文」規範となっている。矢野が「雑文体ハ其ノ手本」として挙げている文章のうち、稲垣『読本』は、教材二八五編中、新井白石は一四編、貝原益軒は七九編が採られており、矢野が「平易ニシテ人ニ入リ易キ」文章の手本としたものが多い。

「本章第一節　稲垣千頴編集教科書の変遷——『本朝文範』から『和文読本』、『読本』へ」で見たように、稲垣の教科書編纂は、『本朝文範』で修辞的な中古文や近世擬古文を採ったが、『和文読本』では中古文に換えて中世文を採り、『読本』では初学者向けに平明で実用的な近世文のみを採るという平易化の変遷を辿った。『読本』緒言に、『本朝文範』を指して「高尚にして固より児童の輙く解し得べきに非るを以て」とあるように、平易化は必要に迫られてのことであった。矢野は、日本における文体の変遷の本質を「其ノ變遷ノ性質ハ難ヲ避テ易ニ傾クニ外ナラス」（第三章）と見ており、文体平易化の必要性を認識していた。矢野は、「文学書」と「普通書」というそれぞれの用途にあった文体があるとし、そのうち「普通書」を広く一般に流通させることを想定した実用的な文章とした。ここで言う「普通書」については、矢野が手本として挙げた新井白石、伊藤東涯、太宰春台、貝原益軒の著作が稲垣『読本』に多く採られているように、二人の想定する文章は合致する。なお、以後の教科書は、概ね、矢野の言う「普通書」を初学で学び、次第に高尚な「文学書」に展開する配列になっている。

矢野「両文体」の見て理解しやすい漢字と学びやすい仮名を併用するという方法は、和文に傍注漢字を施した『本朝文範』とは主と副が逆であるが、漢字と仮名とを併用するのが分かりやすいという気付きがあったことについては共通している。ただし使用語彙に関わって、矢野は、仮名のみを使うと「土語ノ平タク長キヲ用ヒ度キ心地スル𠂉多シ」[31]（第三章）と述べ、自ずと擬古的な和語の使用を導いてしまい冗長な表現となる点を批判している。擬古的な和語の使用によって冗長な表現となるというのは、『本朝文範』が採用したような和文が実用性に欠けるという指摘である。

『本朝文範』における、各種〝標〟、傍注漢字、仮名遣いなど教材化の諸工夫は、中古文や近世文の当時における通じ難さが何であるかの気付きがあってのものである。近世までの文を資源として、こうした通じ難さを改めていくならば、それは、矢野が模索した「普通文」の形に近づいていく。

2 新保磐次『日本普通文如何』（明治二〇年六月、金港堂）

新保磐次は、「第一章第二節一　明治期における中学校国語教材の範囲」及び「本章第二節一　読本教科書における『本朝文範』からの継承と変容」でも取り上げた『中学国文読本』（明治二八年、金港堂）の編集者である。山本正秀（一九六五）によれば、『日本普通文如何』は「いらつめ」同人の言文一致運動の一環として書かれたものである。[32] 新保は、言と文を近づけていくことを目指す。

文ハ言ノ記載ナリ。言文一致スル時ハ、言ハ文ニ牽カレテソノ純正ヲ失ハズ、文ハ言ニ牽カレテソノ實用ヲ保ツ。言文ハ一致ノ必要アルガ故ニ常ニ一致ノ引力ヲ有ス、（「（一）言文一致ノ方針如何」）

言文一致の手立てとして、「普通文」を改良していく必要性[33]を次のように説く（傍線筆者）。

ワガ日本文古來幾多ノ鎔合亂打ヲ經テ、曾テ鍛錬ノ効ヲ見ズ、剰ヘ漢字ノ抵抗ニ由リ、今日ノ普通文トシテ以テ文明ノ導體トナルヲ得ザルニ至レリ。ココ於テ羅馬字會興リ、假名ノ會始マリ、文字文章ノ論アリ、言文一致ノ説アリ、或ハ公ニ漢字ノ數ヲ限ラント云ヒ、或ハ賞ヲ懸ケテ男女同文ノ策ヲ索メ、或ハ望ミテ日本文ニ絶シテ英文ニ属スル者アリ。…（中略）…而シテ漢字ヲ放逐スルノ論及ビ今ノ俗語ヲ普通文トスルノ論ハ皆日本文改良ノ正點ヨリ發シタル者ナレドモ、ソノ方法ハ果シテ自然ニ逆フ所無キカ、…（中略）…既ニ時文ヲ改良セント云フカラハ余ハ今漢字交リノ文ニ就テ論スベキコト無論ナリ。而シテ如何ナル點ヲ改良センカ、（「コノ書ノ趣意」）

右は、明治二〇年頃、日本の文字文体を巡る様々な議論が葛藤している状況を伝えている。そういった状況の中で、「文明ノ導体」[34]としての「普通文」、その創出が喫緊の課題と認識されている。「普通文」文体の現状に関わって、次のように言う。

カクテモ言文一致ノ傾キハ止メ難キ者ナリケレバ漢文ハ漢文變體トナリテ遂ニ今日ノ往復文トナリ、和文ハ軍記體、小説體、漢支（ママ）譯讀體及ビ女子日用文體トナリヌ。右漢文ヨリ來レル往復文ハ最普通ニ用ヒラレシガ故ニ、亦最日常ノ言語ニ近カリシガ、運用ノ範圍極メテ狹ク、常ニ俗吏、村老ノ手ニ在リテ到頭腐敗ニ陥リヌ。コレニ反シテ和文ノ種類殊ニ漢文譯讀體ハ多ク文人學者ニ使ハレシ故、或ハ記載ニ、或ハ議論ニ、ソノ能力日用文ニ比スレバ遙ニ優等ナリキ。…（中略）…カクノ如ク昔ノ普通文ハ官府ノ漢文ヨリ出デテ民間ノ日用文ニ終リヲ告ゲントシ、漢文譯讀體ハ和文ヨリ出デテ今日普通文ノ地ヲ占メタリ。然ルニ、奈何センコノ文ノ十分發達セザル時ニ早ク和文家ノ懐ヲ離レテ屢亂世ニ流浪シ、適人士ノ爲ニ取リ上ゲラレタルモ、頗漢學者ニ濫用セラレ、今俄ニ文明ノ世ニ出デテハ東西兩大陸ノ新事物、有形無形ノ新思想ニ應接スル能ハサルコト誠ニ然ルベク、憐ムベキノ事ナリ。（「（一）言文一致ノ方針如何」）

「漢文譯讀體ハ和文ヨリ出デテ今日普通文ノ地ヲ占メ」ているが、漢学者によって漢文表現が濫用されたために、新しい時代の事物や思想を表すのに適さないものになったという。そこで、現時の漢文訳読体の改良すべき点として、次のような具体的な方策を説いている。

・「語ヲ撰ブコト」

余ガコノ頃ニ於テ望ミタルコトハ、第一、已ムヲ得ザルニ非ザレバ努メテ普通ノ字ヲ使フベキコト（タダシ馬方語ハ修辭ノ嫌フ所ナリ)。第二、洋語ヲバ成ルタケ漢譯セザルコト。第三、字義ノ穿鑿ヲ節儉スベキコト、第四、自今學士文者ノ著書ニハ常ニココニ注意シテ、有用ナル普通文ヲ多ク世ニ出シ。随テ善良ナル作文學ノ基トナスコトナリ。(「(二) 語ヲ撰ブコト」)

平易な用語を使用することを求めている。漢語を使用するのは「一時ノ急ヲ救フコトハ實ニ已ムヲ得ザル事」とする一方、「開明事物ノ名」を訳すとくだくだしい場合に漢訳せず洋語のまま仮名表記をするとしている。

・「文法ヲ正シクスルコト」

瞬間の現在「鳥啼ク」・永続の現在「鳥啼ケリ」・真の過去「鳥啼キキ」等を区別する時限を表す語を使用すること、「ガ」・「ノ」・「ニ」・「ヲ」の格助詞を使用したり必要な主語を省略しないことで文意を明確にすること、受け身の助動詞「ル」・「ラル」を使用して被動の文を非生物主語の文にも活用することを掲げている。

・「句読ヲ正シクスルコト」

句読点を施すこと、頭字を施すことを掲げている。

興味深いのは、『古事記』・『祝詞』・『伊勢物語』・『竹取物語』・『古今集序』・『源氏物語』・長歌短歌等の上古文・中古文に句読点を施した例を示して、「日本文間歇ナカルベシ」という和文の冗長性批判に反駁していることである。句読点を適切に施せば、和文もまた、読み易い簡潔な文になることを示している。基にする文体が現時の「漢文訳読体」であることと平易な用語の使用という点を除けば、ここで示された改良点の多くは、『本朝文範』が教材化に際して行った文構造を示す標、句読点の付加、語の補充、漢字表記等の工夫と、何が分かりにくさなのかという問題発見においては同様である。『本朝文範』が和文の通じにくさへの気付きによって行った種々の工夫は、こうした言文一致に向かおうとする「普通文」論における工夫と通底している。

3　萩野由之『和文ヲ論ズ』（明治二〇年一二月二〇日、「東洋学会雑誌」第二編第二号）・関根正直『國語ノ本體幷ヒニ其價直』（明治二一年一月二〇日、「東洋学会雑誌」第二編第三号）

萩野・関根の両論について、山本正秀（一九六五）は、日本文章会による言文一致のための新和文体普通文運動の始めに位置付けている。[35] 萩野は、『和文ヲ論ズ』において、「普通文」の改良によって、文を言に近づけることを提案する。

　蓋文ハ言語ノ影ナリ、言語世代ト移リ變ルトキハ、文モ亦従テ推移ル、コレ當然ノ理、何レノ國トテモ異ナルマシキナリ、西洋言語ノ國ハ勿論、文字ノ國トイヘル志那モ、周ノ頃マテハ、言文一致ノ姿ナリキ、

その具体案として、和文を基とするが、古語を使わないことを提案している。

　和文ハ勢ニ逆フテ古言ニ拘ハル故ニ、文ハ時勢ト背馳シテ用ヲナサス、徒弄花嘲目ノ具トナルノミナリ、然ドモ僅ニ古言ノ藩籬ヲ出ツルトキハ、藩翰譜、折焚柴ノ記、駿臺雜話、政談、獨語、草茅危言等ノ好文章、世用ヲナスモノ多シ、殊ニ藩翰譜ノ如キハ、史記ト優ヲ争フトノ評アリ、和文ノ中ニモ古言少キモノハ、サスカニ精深ナルヿ、記傳玉勝間ノ類ト、其家集トヲ比ヘ見テ知ルヘシ、

和文を改良するに当たって、先ず擬古文と日用文に区別することを述べる。

　今日ハ百事改新シ、弊ヲ去リテ利ニ就ク時ナリ、和文ニ於テモ一新ノ心得ナクテカナフ可ラス、一新センニハ、先擬古文ト今文トノ用ヲ判然區別スルヿ必用ナルヘシ、擬古即從來ノ和文ハ、古書ヲ讀ミ、文法ヲ研究スル助ニ作ルカ、又ハ或部分ノ序跋ナトニ込メ、今文ヲ以テ凡百ノ記事論説ニ通用セシムルヿトナサハ宜シカラン、前年大學ノ古典科ニ於テモ、既ニ此區別ヲ立テヽ、今文ヲハ日用文ト稱シタルヿナリ、但ソノ名ハ國文ニテモ、今文ニテモ、日用文ニテモ、孰レソノ好キニ從フヘシ、

矢野が「普通書」と「文学書」との区別を唱えたのが明治一八年。右の記述には、明治一九年に大学の古典科

において擬古文と日用文の区別が立てられたとある。現今の和文を改良し、日用文を作る方法については、次のように言う。

然ラハ如何セン、即口語ヲ文語ニ改メテ寫サンノミ、例ヘハ行きますノ口語ヲ、行かん行くへしノ文語ニ改メ、花ハ咲いたノ口語ヲ、花ハ咲けり花ハ咲きぬノ文語ニ改ムルカ如キヲ云フ、改ムルトハイヘ、漢語ニ翻スルニモアラス、洋語ニ譯スルニモアラス、名詞形容詞皆改メテ綴ルニアラス、只語尾ノ一部ノミ、其名詞ノ類漢語洋語ニテ通用スルモノハ、悉ク其儘ニ従フヘシ、源氏伊勢ノ物語ノ類ハ、當時ノ語ノマヽトハイヘ、悉一致ニハアラテ、幾分カ文語ニ換用シタルモノニシテ、藩翰譜折焚柴記ノ類亦然リトス、即大体ハ藩翰譜折焚柴記等ヲ准トシ、取捨折衷今ニ適用スルトキハ、ホヽ言文一致ニ近クシテ、文ノ精深簡浄ハ大ニ之ニ過クルヿアラン、（日用文鑑ノ書コノ作例ヲ見ルニ便利ナルモノナリ）余カ文語ノ説ホヽ右ノ如シ、

口語の活用語尾を文語にしたり文語の助動詞を使うという簡潔な手順を唱えている。用語は、漢語や洋語でも、通用しているものは取り入れるとしており、実現しやすい方策を提案している。

「作例ヲ見ルニ便利ナルモノナリ」と挙げられた小中村清矩・中村秋香『日用文鑑』は、「第一章第二節三　中学校読本教科書における「普通文」」、「第五章第二節二　和文教科書における〝旨趣の標〟」、「本章第二節一　2　稲垣教科書と同時期の読本教科書の教材選定」で取り上げたものである。『日用文鑑』は、稲垣『読本』と範とする文体が重なっており同一教材も二五教材、また、標の使用では稲垣『本朝文範』との共通点も多く見られた。また、荻野が古語を使わない和文の基盤として挙げた「藩翰譜、折焚柴記、駿臺雑話」等も、稲垣『和文読本』及び『読本』で多数採用され、矢野龍渓も高く評価したものである。こうしたことから、稲垣、矢野、荻野に直接の享受関係が認められるわけではないものの、和文を基にした「普通文」という通底した規範があったことが確認できる。

関根の『國語ノ本體幷ヒニ其價直』も、荻野と同様に、「古言」を使用せず、「今日」の「普通文」を改良することを提案している。

以上論ズル所ヲ一括シテイハヾ、今日ノ普通文ハ不規則亂雜ナレバ、國文ト云ヒ難シ、サレバトテ古語古文ノ穿鑿モ又益ナシ、抑言語ハ時世ニ随ヒテ、變ズル者ナレバ、古語ハ皆雅ニシテ、今言ハ俗ナリト云フ區別アルベキナラズ、唯今日普通言文ノ雅正ナルニ就キテ、俚俗ノ訛誤ヲ匡シ、漢語即音語モ又一種ノ國語ナレバ、強ヒテ除去スルニ及バス、洋語トテモ國語ノ取扱ヒニ移シテ用ヰンヿ、亦不可ナラズ、斯クテコソ、國語ノ規摸誠ニ浩大ナル者ナレト云フニアリ

必竟國語ノ本体ハ、今日普通ノ言文ナリ、此學ノ本義ハ、今日普通ノ語法文格ヲ改新シ、雅正ナル國文ヲ一定スルニアリ

ここでも、『本朝文範』が範としたような文章で使用される「古語古文」は否定されている。その理由は次の通り。

今日緻密ナル人ノ思想ヲ述べ、複雑ナル事物ヲ形容セシニモ、往古ノ單純ナル言語ヲ以テシ、今人ノ耳遠キ文體ヲ用ヰテ、唯何事モ古代ニ擬スルヲ望ム輩ノミ多クテ、眞ニ今日ノ實務ノタメニ、日用ノ國語ニ注意スル者ハ、其數極メテ少ク其力亦微ナリ、

「古語古文」の否定は、「今日ノ緻密ナル人ノ思想ヲ述べ、複雑ナル事物ヲ形容センニ」ということの時代の言語文化状況の要請だったわけである。また、漢語や洋語を使用せざるを得ないというのも、また同じ理由からである。

國語トハ、日本固有ノ語ノミヲ云フヿト心得テ、當今通行ノ字音ノ語、即《チ》世ニイフ漢語ハ國語ニ非ズト思ヘルモ又誤見ナリ…（中略）…此ノ如ク、訓語ト音語トハ、當初ノ性質ハ異ナレドモ、既ニ一度《ノ》彼性ヲ變ジ

テ、我ガ音調語勢ニ協ヘ、數百年來遺傳シツヽ、自然ト訓語ノ間ニ消化シテ、今ハ殆《ト》一體トナレル上ハ、漢語ヲ除去センハ容易ノ業ニ非ズ、若強《シ》ヒテ漢語ヲ言ハジトセバ、忽《チ》文通ノ上ニモ、對話ノ上ニモ、訓語ノ不足ヲ覺エテ、不便ヲコソ感ズラメ、…（中略）…是《レ》ノミナラズ、英獨佛ノ語ニテモ、時トシテハ原語ノマヽ、ニ差置キテ不可ナラズト信ズ、凡《ソ》高尚ナル學術上ノ語ニハ、國語ニ譯シ難キ程ノ意味ヲ含ム者モアルベシ、

漢語や洋語を取り入れながら現今流通している語を使って、和文の正しい語法で書くというのが、荻野や関根の新しい和文基盤の「普通文」であった。古文との決別が、それまでの和文基盤の「普通文」運動（稲垣の教科書編纂の営みもこれに含まれよう）との画期である。

和文の漢語の摂取ということで言えば、稲垣は、『和文読本』緒言では漢文脈の混入を嫌いはしたが、『本朝文範』では既に傍注の方法で和語の漢語への翻訳を行っていた。稲垣教科書における和語と漢語との橋渡しの工夫は、それを必要とする言語文化状況があったからであり、後に和文基盤の「普通文」で漢語を使用することにしたのも同じ理由からであった。

「普通文」論が世に活発に展開されたこと自体が、「普通文」創出を求める言語文化状況、山本正秀の言葉を借りれば「明治の人々が、どんなに熱心で執拗であったか[36]」を表している。右の見たもの以外にも、文福斎『日本普通ノ文ハ仮名ニテ日常談話ノ儘ニ書下スベシ斯クスルトキハ日本人ニ広大ナル益アルヿヲ論ズ』（明治一五年六月一四日、「時事新報」）の「談話体」を仮名書きする論[37]や、森田思軒『日本文章の将来』（明治二一年七月二四日～七月二八日、「報知新聞」）の「欧文直訳体」を基に平易な漢字を使用する論[38]、などが出された。関根の論にあるように、新しい時代の複雑な知識と思考とを表記することが希求された言語文化状況が、「普通文」をめぐる活発な言論を展開させている。稲垣『本朝文範』が「普通文」創出へとつながる端緒を内包していたと見られる

要素が認められる一方、模範とする文体そのものは後の諸論によって否定されていったのは、それがこうした言語文化状況の変化に対応できないものであったからである。

『本朝文範』は、正しい言葉遣いで書かれている格調・情調に優れた文章を模範として示し、それを分かりやすく理解するための工夫を施した。その後、稲垣は、中古文や近世擬古文の難しさゆえに、『和文読本』では中世文を取り入れ、『読本』では初学用に平明で実用的な近世文のみを教材とした。正しい言葉遣いで書かれている格調・情調に優れた文語の文章を目指したのは、後の読本教科書・作文教科書も同じである。そして、稲垣における教材の平易化への展開は、特に初学段階で、普く通じ易い実用的な文体の習得を求めた後の教科書の編集方針に引き継がれた。稲垣は、明治一〇年代時点で参照可能な資源として、近世の文章観や注釈の方法といった言語文化を活用し、明治の時代に必要な言語教育を作ろうとした。この出来事は、教科書による「普通文」創出の萌芽と位置付けることができよう。

右で取り上げた「普通文」論はいずれも、普く通じ易い実用的な文体を求めたもので、教科書教材の史的展開は、その具体例を模索した痕跡である。新保磐次や関根正直もそれぞれ教科書編集を行っており、「普通文」をめぐる言論と国語教科書との関わりも一考に価すると考えるが、この点は稿を改めたい。

（1）本書では、訂正再版を分析対象として取り上げている。
（2）『文部省第十二年報　二冊』「東京師範学校年報　従明治十七年一月至同十七年十二月」に「四月一五日教諭稲垣千穎免本官」とある。

（3）甲斐雄一郎『国語科の成立』東洋刊出版社、二〇〇八年、128～129頁。
（4）「故高嶺先生の事ども」『高嶺秀夫先生伝付録』培風館、10～13頁。
（5）菊野雅之「古典教科書の始まり――稲垣千穎編『本朝文範』『和文読本』『読本』――」『国語科教育』第六十九集、全国大学国語教育学会、二〇一一年、85頁。
（6）菊野（前掲）は、この中世教材の使用という点に画期を見ている。
（7）岩波書店、一九八九年九月～一九九一年一月。
（8）教材59「荘子見《テ》二畜類《ノ》所行《ヲ》一走逃《リル》、語　今昔物語　源隆國」。緒言に「今昔物語は．上の諸物語とは．さまことにて．此處にならべあぐべき類ならねど．初学の人の文かきならふに．依りよきふみなれば．一段取り出でつ．」とある。
（9）訂正再版の表紙には、「訂正　讀本　稲垣千穎撰　高等科」とある。「普及舎主」序にも「小学科ノ讀本ニ供セントス」の記述がある。
（10）菊野前掲論文（二〇一一）は、「諸名家の著作及筆記書牘等」を「普通文」と解しているが、採らない。
（11）矢野龍渓『日本文体文字新論』（明治一九年、報知社）第三章。
（12）「第一節一　教材選定と配列　1『和文読本』の教材選定」で引いた教材81『つれづれ草拾遺』「世の中の語りつたへに虚言多きこと　鈴木倫庸（校）」を参照。
（13）「第四章第二節　漢字を利用した注」参照。
（14）「第五章第二節　書くための要語――同時代教科書との位相」参照。
（15）矢野前掲書、第六章。
（16）甲斐前掲書、137頁。
（17）同教科書の凡例には、「この頃の活字には、に、か、な、え、し等ありて、爾、可、奈、江、之等は稀なり。されど木版及手書には種々の變體を用ふるも尋常のことなれば、巻五以下には間々これらの簡易なるものを交へおきたり」とあり、変体仮名表記を残した教材もある（※原文の「爾、可、奈、江、之」はこの字からできた変体仮名で表記されている）。

(18)『教科書研究資料文献第二集明治13年~明18年』（内閣文庫所蔵復刻）所収。

(19) 第一章19頁引用文参照。

(20) 甲斐前掲書251頁~257頁によれば、大日本教育会国語科研究組合が明治二七年六月に出した「尋常中学校国語科の要領」（以下「要領」）以降、中学校国語科教科書に今文が掲載されるようになったという。「第一章第二節一明治期における中学校読本教科書教材」参照。

(21) 作文教育史研究において『本朝文範』がどのように位置付けられているかについては、「序　本研究の主題――「普通文」と『本朝文範』」で取り上げた。

(22) 山本正秀『近代文体発生の史的研究』（岩波書店、一九六五年）341頁によれば、「東京日日新聞」明治一八年一一月一七日から一九年三月一一日まで二三回にわたって連載された『日本文論』を一冊にまとめて一九年一一月に出版したもの。

(23) 土方定編『明治文学全集79　明治芸術・文学論集』（筑摩書店、一九七七年）所収、76頁。

(24)「普通書（ポピウル、ウォルク）」は「popular work」、「文學書（リテラリイ、ウォルク）」は「literary work」。『新日本古典文学大系《明治編》11　教科書・啓蒙文集』（岩波書店、二〇〇六年）451頁、注六・注七、参照。

(25) なお、同様の事態は、明治一五年一二月の福岡孝弟文部卿による教科書の良否に関する訓示でも、「異常ノ文字卑陋ノ語多ク行文拙クシテ解キ難キモノ」といった形で指摘されている。甲斐前掲書第二章、参照。

(26) 第三章に、漢文体は「純粋ノ漢文ヲ其儘ニ用ヒタルモノ」、漢文変体は「漢文体ノ如ク轉倒シテ文字ヲ上ニ讀ミ登リ又下ニ讀ミ下リ往キツ返リツスル有様ハ漢文ニ似タレドモ其ノ異ナル所ハ文字ヲ用フル場合ト文字ノ意味ト總テ俗ニ従ヒ大ニ漢文ニ異ナルモノヲ用ヒタルコト是ナリ」、雑文体は「口ニテ讀ム語法ノ順序ヲ其ノ儘ニ書キ下タシ其ノ間處々ニ假名ヲ夾ミタルモノナリ」、両文体は「雑文体ノ漢字ニ仮名ヲ付ケタルモノ」、仮名体は

「假名ノミヲ用フル一体」と説明されている。

(27) 第三章、第六章。第三章には「始メヨリ両文体ヲ用ヒ語源ノ漢字ヲ附加ヘ假名ヲ以テモ讀ミ得ヘク漢字ヲ以テモ讀ミ得ヘキ者ヲ用フルノ便ナルニ如カサルヘシ」との記事が見える。

(28) 第三章では、雑文体の先蹤として、平家物語、太平記を挙げ、近世においては新井白石、伊藤東涯、太宰春台、貝原益軒の著作を規矩とするに足るとして、その特徴を「正格ノ漢文ヲ作リ得ヘキ充分ノ學力ヲ有シ乍ラ猶ホ多ク此文体ヲ用ヒタルハ其ノ知ル所ノ事柄ヲ廣ク衆人ニ傳ヘント心掛ケタル」というところに指摘している。

(29) 第六章に、「漢譯体」の「土語体」との違いについて、「假名ヲ省キ文字ヲ轉倒スレハ直ニ正格ノ漢文ト爲シ得可キ者ハ則チ漢譯体ノ文章ナリ」とある。

(30) 矢野前掲書第六章の用例をそのまま使いレイアウトを再構成した。

(31) 第三章に、「余ノ關セザル所ナリ」と漢語を用いて書くべき所を土語を使うと「ワレノカ、ハリヤヒナキコトナリ」と長くなることを例として挙げている。

(32) 山本前掲書第七章。中川小十郎「「いらつめ」と言文一致（下）」（『立命館文学』昭和九年七月）に「新保磐次氏の「日本普通文如何」は明治二十年六月の出版であるから、物集先生の言文一致の発行が十九年五月であつたのに比して、一年遅れてゐるが、それは雑誌「いらつめ」発行の資金が缺乏してゐたので、その資金を得る手段として新保氏が一気呵成的に執筆されて出来たのがこの一書であつた。而もその記述してある事項は当時「いらつめ」同人の間で話し会《ママ》つてゐた所のものであるから、山田美妙氏の後に在つて窃に言文一致運動に参加しつゝあつた所の私ども同人の意見に外ならぬのである。」とある。

(33) このことに関して、山田美妙は『言文一致論概略』（明治二一）で「今日言文一致を主唱する学者には二種類が有つて、一方は言を文に近づける事、又一方は文を言に近づける事を主唱します。言を文に近づけやうと思ふ人の過半は所謂普通文論者で、文を言に近づけやうと思ふ人の過半は所謂言文一致論者です。」と述べている。

(34) 新保磐次「故高峰先生の事ども」（注（12））にも「文明ノ良導体」の表現が使われている。

(35) 山本前掲書第十七章第二節。
(36) 山本前掲書序章、6頁。
(37) 山本前掲書第五章六。
(38) 山本前掲書第十六章第二節一。

結　言語文化教育史としての教科書研究

明治期に入って階級や地方の相違による言語の不通が問題となり、またそれまで公的な文体の位置を占めていた漢文や漢文訓読体への嫌悪感が加わって、向後日本で通用させる書記言語（後の「普通文」）が希求された。新しく始まった「近代公教育」は、そのような書記言語の教育を担うことが求められた。『本朝文範』成立は、この問題をめぐる諸言論が活発に行われるようになる前夜の出来事であった。この時、『本朝文範』を始めとする最初期の国語教科書編集において可能であったことは、前近代の言語文化を資源として、これを組み替え、変形、加工することであった。『本朝文範』がその基盤として選んだ教材文の傾向については、滑川道夫（一九七七）が「国学系譜」と言うように[1]、編者稲垣の学問的出自が一つの要因となっていることは疑いない。しかし、本研究の問題は、編者の出自や教材の出典傾向を以て、単一の教科書の特色を説明することではなく、言語文化の創出に教科書がどのように関わっていったのかということの動的な把握にある。

教科書の生成は、動的な創出システムと観るならば、近代化という状況の変化を外乱（刺激）にして出来した、既存の言語文化を基に新しい言語文化を創出する運動の一局面と言える。そのような観点から、本研究では、教科書編集のされ方を精査して、そこに言語文化の継承と変容の相を見た。言語文化の継承と変容は、現在を到達点とした単線的な展開として描くのでは、言い当てられない。「普通文」創出の運動は、近代言語文化教育史において、折々に試みられた様々な様態として立ち現れたものと考えられる。それは、競合的な動きが共時的に存在した、複合的な状況のものとして見るべきであろう。『本朝文範』を始めとする教科書作成の営みは、「普通文」をめぐる「共時的調和」[2]としての「規範」追求の中で行われた言語文化実践の一つ一つとしてとらえることが必要である。本書では、媒介項として『本朝文範』を置き、これと他の事象間の継承と変容といった関連性や共時的な競合の動きを取り立て、明治日本の言語文化教育の歴史に「可能性の体系」としての言語をめぐる行為が多声的に存在した様相を取り出した。

『本朝文範』で想定されている向後日本で通用させたい書記言語については、文章の規範として、「① 和文の正しい言葉遣いで書かれていること」、「② 趣向があること」、「③ 和文としての格調・情調に優れること」、「④ 書き様に真情が表れていること」の四点（「第五章第五節二　規範の要素」）の要素が抽出された。これは、「可能性の体系」として、正しく優れた理想的な文章のイメージが想定されているということである。「正しい言葉遣い」という観点は、後の教科書や「普通文」論でも共通した規範となっていった（「第一章第二節　明治期中学校国語教科書における「普通文」」及び「第六章　『本朝文範』の位相」）。『本朝文範』の場合は、さらに趣向、格調、情調、心情といった高度なスキルを要求する要素を求めたのであるが、そのことによって「其の書較高尚にして固より児童の輒く解し得べきに非る」（『読本』凡例）という問題点を残したと言える。

明治教育制度の草創期にあって制度による規定が明確でなく「普通文」の形も見えていない萌芽期において、『本朝文範』編集で行われたのは、前近代の言語文化を基盤としながら文章学的な試みを加えることであった。この文章学的試みについて、先行研究では漢文系統の教科書における「文章軌範式漢文修辞法」を基にしているとの指摘がなされている。[3] しかし、すでに近世において漢文の文章学を取り入れた和文の文章学が現象しており、『本朝文範』も漢文系統の教科書に示唆を受けたというばかりでなく、近世和文の言語文化の脈絡を継承発展させたと言える（「第二章第三節　教材の文章ジャンルと配列」）。「文章学」という語彙については、明治一三年一一月「文部省日誌」に島根県伺への文部省の指令中「和漢文ハ文章学ヲ指シ汎ク和漢学ヲ指スモノニアラザル儀ト可心得事」の記述が見られる。ここでの「文章学」は、文章についての考究ほどの意味である。『本朝文範』における文章学的試みの一つは、近世の「文類」意識を基に明治の文章に必要なものとして選択・追加した文章ジャンル別編集であった（「第五章第三節　文章ジャンルに即した要語」）。「文類」は〝旨趣の標〟と関わって、ジャンルと話題に即した表現上の要語に〝旨趣の標〟を付けることで、用向きに応じた文章の作りがあることを教えている。文章学的試みの二つ目は、「第四章第一節　文章理解のための「標」の工夫」で取り上げた各種標によって文章の仕組みを教えていることである。「1　内容のまとまりを示す標」は段落の構成を、「2　表現の構造を示す標」は文構造を、「3　省略語句を補う標」は文脈を、「4　表現の要となる語句を示す標」は表現の仕方を教えている。文章学的試みの三つ目は、「第五章第四節　文章の方法――『本朝文範』と『源氏物語評釈』の文章法」で示したように、近世の「文話」、直接的には『源氏物語評釈』に掲載された文章法を基盤として、明治の文章に必要なものとして選択・追加した文章法解説を掲載したことである。『本朝文範』における文章学は近世のものを基盤としたが、後の展開では、欧米から移入した文章学が取り入れられていく。それは、友田宜剛編『中等教育作文教範』（光融館、明治三四年）の「心理学上ノ注意」などに顕著に表れている（「第六章第二節二　作文教科書における『本朝文範』からの継承と変容」）。また、矢野龍渓が、「文学書（リテラリイ、ウォルク）」と「普通書（ポピウル、ウォルク）」と区別し、「常用ノ文字ヲ節減シ文体ヲ定メ文書ノ部類ヲ分チ」と具体的指針策定の必要性を説いた[4]のもその一例である（「第六章第三節「普通文」論と『本朝文範』」）。

『本朝文範』は既存の近世の言語文化を使って近代教科書としての組み替えや加工を行ったのであるが、その組み替えや加工は、後の「普通文」論のように新しい文体を直接に生み出そうとしたものではなかった。しかし、教科書編集にあたって学習のために必要となった既存の和文の通じ難さへの対処は、新しく通用させる文体を作る際の気付き・発見に通じている。「普通文」という新しい言語文化創造のための兆しは、近代教科書の生成と同時に内包されていたと考えられるのである。

本研究が拓く展望は、言語文化教育史とリテラシー形成史の領域にある。

言語文化教育史とここで呼んでいるのは、時代状況の中で言語文化の形成に教育がどのように関わろうとしてきたのかという問題を動的に把握することである。本研究では、近代国家形成の時代状況の中で「普通文」の形成に国語教科書がどのように関わろうとしてきたのかを、『本朝文範』の教材化の営為を通して検討した。「普通文」という言語文化の形成と明治期国語教科書の関わりについては、さらに、小学校や高等女学校の教科書における取り組みも視野に入れなくてはならないだろう。また、教育と「普通文」との関わりは、教育雑誌における「普通文」への言及や学習者をとりまく「普通文」使用の実例を検討することも必要になろう。こうした探求を積み重ねることによって、教育の営為が「普通文」をめぐる言語文化の形成にどのように関わっているのかという言語文化教育史の動態が明らかになってくると考えている。本研究から指摘できるのは、『本朝文範』がそうであったように、教科書は既存の言語文化を継承しながら同時に次の言語文化形成のための資源を提供するものだということである。近年国語科で取り立てられるようになった「伝統的な言語文化」という概念については、「我が国の言語文化を享受し継承・発展させる態度を育てる」[5]（傍線筆者）と謳われている。『本朝文範』をはじめとする明治初期国語教科書が「普通文」の創出を目指した営為は、古典教材をも向後子どもたちが使っていく言葉の資源として位置付けられることを示唆している。伝統的言語文化の「発展」とは、そのようにしてあるものであろう。

「普通文」形成の問題をさらに大きな枠組みでとらえるならば、「国民国家」の形成に教育がどのように関わってきたのかを検討する材料を提供するはずである。近代資本主義の資源としての人民、その統一を書記言語の統一によってなそうとする動きが「普通文」形成であったと見れば、「普通文」をめぐって教科書作成で働いた力の向きや強度を国民国家形成の問題として検討することが可能である。『本朝文範』は近世の国学を基盤として優れた和文への階梯を教えようとしたが、その後の言語文化状況は本文そのものを分かりやすいものにしていく方向へ動いていく。多くの人民を統一させる言語は多くの人民に理解されやすいものでなくてはならなかったからだと言えよう。また、明治になって登場した新しい知識基盤に、近世の文体や用語が対応しきれなくなったということもある。このことは、時代の知識基盤が次第に変化していく中で言語文化状況も変化しているのであり、言語文化によって形成されようとしている「国民国家」の像も常に変容しつつあることを示唆している。

本研究からの展開としてもう一つ、学習主体の近代リテラシーの形成に教科書がどのように働きかけてきたのかということも考究すべき問題系である。『本朝文範』が行った文類意識や文体意識、古文の通じ難さへの工夫はどこへ向かっていったのか、学習者の分かりやすさはどのようにとらえられたのか、このことに関わって教科書がどのように取り組んできたのかといった問題が浮かび上がる。また、これらの問題の探求からは、過去に生成し消失したリテラシー形成の営為が、現代の伝統的言語文化の学習にどのような意味を持ち得るかを検討することも可能となろう。例えば、『本朝文範』は明治の時代に「耳遠き」文章を読むために傍注形式の諸工夫を施したが、こうした教材作りの工夫は、大村はまが古典教材に施した傍注訳にも通じている。古典の文章が「耳遠き」ものであるという事情は現代人にとっても同様で、『本朝文範』が行ったような工夫には、現代の学習者たちに有効な教材づくりのヒントを含んでいよう。このように、我が国近代教育の開始以来、様々に試みられ途絶えてきた教育の諸実践にも、現代の教育に有効性が認められるものが見出せると考える。

右の諸展望は、研究の結果、新たに焦点が結ばれた課題である。

（1）滑川道夫『日本作文綴方教育史1〈明治編〉』国土社、一九七七年、第二章138～141頁。
（2）E・コセリウ著、田中克彦訳『言語変化という問題――共時態，通時態，歴史――』岩波書店、二〇一四年、第2章3・1・3。

（3）山根安太郎『国語教育史研究――近代国語科教育の形成――』溝本積善館、一九六六年、330頁。
（4）矢野龍渓『日本文体文字新論』（明治一九年、報知社）。明治一七年から一九年八月までの欧米外遊中に口述し出版したもの。
（5）文部科学省（二〇〇八）『中学校学習指導要領解説国語編』（東洋館出版社）9頁。

参考文献

※引用資料は、注に記載。

○甲斐雄一郎『国語科の成立』東洋刊出版社、二〇〇八年
○甲斐雄一郎「国語科成立時における教科書検定の機能」『国語科教育』第五十五集、全国大学国語教育学会、二〇〇四年
○菊野雅之「古典教科書の始まり――稲垣千穎編『本朝文範』『和文読本』『読本』――」『国語科教育』第六十九集、全国大学国語教育学会、二〇一一年
○菊野雅之「文範として把握される古文：明治期教科書編集者新保磐次を通して」『読書科学』55、日本読書学会、二〇一三年
○菊野雅之「中等国語読本における言文一致のはじまりに関する試論――落合直文編『中等国文読本』『中等国語読本』を中心に――」『早稲田大学国語教育研究』34、早稲田大学国語教育学会、二〇一四年
○浜本純逸「中学校教則大綱期（1881～1889）の「国語」教育と「国語」教科書：中等学校国語教育史（三）」『国語教育思想研究』9、国語教育思想研究会、二〇一四年
○浜本純逸「中学校教則綱領と〈国語関連科目〉の教科書――中等学校国語教育史三　補遺――」『国語教育思想研究』10、国語教育思想研究会、二〇一五年
○浜本純逸「「国語及漢文」（いわゆる「国語科」）の成立――中等学校国語教育史四――」10、国語教育思想研究会、二〇一五年
○八木雄一郎「「国語」と「古文」の境界線をめぐる対立――『尋常中学校教科細目調査報告』（1898（明治31）年）

における上田万年と小中村嘉象」『国語科教育』第六十一集、全国大学国語教育学会、二〇〇七年
○武田憲幸「旧制中学と高等女学校国語教科書の差異を探る――教科書間の「差異」はどんな点にあったか――」『国語教育史研究』1、国語教育史学会、二〇〇二年
○浮田真弓「明治後期高等女学校の国語教材に関する一考察」『桜花学園大学紀要』3、桜花学園大学、二〇〇一年
○浮田真弓「明治後期高等女学校の国語教材に関する一考察――女性のライフヒストリー的軌範――」『桜花学園大学紀要』4、桜花学園大学、二〇〇二年
○浮田真弓「明治期中学校の文学教育（1）：落合直文編集教科書に関する一考察」『桜花学園大学紀要』1、桜花学園大学、一九九九年
○四方一㳉『「中学校教則大綱」の基礎的研究』梓出版社、二〇〇四年
○田坂文穂『旧制中等教育国語科教科書内容索引』教科書研究センター、一九八四年
○山根安太郎『国語教育史研究――近代国語科教育の形成――』溝本積善館、一九六六年
○滑川道夫『日本作文綴方教育史1〈明治編〉』国土社、一九七七年
○井上敏夫『国語教育史資料　第2巻　教科書史』東京法令出版、一九八一年
○井上敏夫『教科書を中心に見た　国語教育史研究』溪水社、二〇〇九年
○野地潤家『国語教育通史』共文社、一九八五年
○海後宗臣「国語教育問題史」『海後宗臣著作集　第五巻　教育内容・方法論』東京書籍、一九八〇年
○井上宗男・平山城児・小内一明・松原正子「扶桑拾葉集伝本書目、付異本・続集・八州文藻及び類纂本伝本書目」『立教大学日本文学』12、立教大学日本文学会、一九六四年
○木越治「明治教科書に学ぶ」『日本文学』65、日本文学協会、二〇一六年
○森田雅也「近世後期和文集の越境――『文苑玉露』から『遺文集覧』へ――」『日本文学』45、日本文学協会、一九九六年

○阿部秋生・岡一男・山岸徳平編著『増補　国語国文学研究史大成4　源氏物語下』三省堂、一九七九年、初版一九六一年
○池田亀鑑『源氏物語大成　校異篇』中央公論社、一九五三年
○池田利夫「源氏物語の諸本」・稲賀敬二「源氏物語注釈史」ほか、『源氏物語講座8　源氏物語の本文と受容』勉誠社、一九九二年
○山田孝雄『假名遣の歴史』寳文館蔵版、一九二九年
○和田英信「〈文話〉について――〈文章読本〉源流小考」（「対話と深化」の次世代女性リーダーの育成：「魅力ある大学院教育」イニシアティブ平成18年度活動報告書：海外研修事業編、お茶の水女子大学「魅力ある大学院教育」イニシアティブ人社系事務局、二〇〇七年
○吉森佳奈子「漢字による和語の注の空間と『河海抄』」『國語と國文學』第1092号、東京大学国語国文学会、二〇一四年
○揖斐高「和文体の模索――和漢と雅俗の間で――」『文学』第6巻第3号、岩波書店、一九九五年
○山本正秀『近代文体発生の史的研究』岩波書店、一九六五年
○飛山純子「明治普通文の研究」『日本文學』23、東京女子大学日本文学研究会、一九六四年
○吉村明子「明治の文体――特に欧文体を中心として――」『日本文學』21、東京女子大学日本文学研究会、一九六三年
○岡本勲「明治普通文と漢文訓読語」『中京大学文学部紀要』18、中京大学文学部、一九八三年
○岡本勲「明治普通文の成熟期と新聞」『中京大学文学部紀要』17、中京大学文学部、一九八三年
○岡本勲「明治普通文の語法に関する一考察――国語史的継承面より観たる――」『中京大学文学部紀要』7、中京大学文学部、一九七二年
○林巨樹「明治普通文」『國語と國文學』65、東京大学国語国文学会、一九八八年
○三浦勝也「普通文と時文」『東京都立産業技術高等専門学校研究紀要』東京都立産業技術高等専門学校、二〇〇七年

○日下部重太郎『現代國語精説』中文館書店、一九三二年
○亀井孝・大藤時彦・山田俊雄『日本語の歴史6　新しい国語への歩み』第二版、平凡社、一九七六年（初版一九六三年）
○イ・ヨンスク『「国語」という思想――近代日本の言語認識』岩波書店、二〇一二年
○増田周子「明治期日本と〈国語〉概念の確立――文学者の言説をめぐって」『国際研究集会報告書』44、国際日本文化研究センター、二〇一三年
○町泉寿郎「新資料による前島密の漢字廃止建白書の再検討」『文学・語学』190、全国大学国語国文学会、二〇〇八年
○エウジェニオ・コセリウ著、田中克彦訳『言語変化という問題――共時態、通時態、歴史――』岩波書店、二〇一四年
○西尾実・久松潜一監修『国語国字教育史料総覧』国語教育研究会、一九六九年
○斉藤利彦・倉田喜弘・谷川恵一校注『新日本古典文学大系《明治編》11　教科書・啓蒙文集』岩波書店、二〇〇六年
○明治文化研究会編『明治文化全集』第二四巻、日本評論社、一九二九年
○久松潜一編『明治文学全集44　落合直文・上田万年・芳賀矢一・藤岡作太郎集』、筑摩書店、一九六八年
○土方定編『明治文学全集79　明治芸術・文学論集』筑摩書店、一九七七年
○ハルオ・シラネ、鈴木登美編『創造された古典』新曜社、一九九九年
○ピーター・バーグ著、長谷川貴彦訳『文化史とは何か』法政大学出版会、二〇〇八年
○ピーター・バーグ著、井山弘幸・城戸淳訳『知識の社会史』新曜社、二〇〇四年

資料

『本朝文範』教材一覧

No	巻	文類	文章題	時代
1	上	辭類	八月十五夜．稲掛《ノ》棟隆《ガ》家の會に．そこにてかける　本居宣長	4近世
2	上	辭類	手習に．物にかきつけゝる　岡部真淵	4近世
3	上	辭類	述懐といふことを題にてかける　本居宣長	4近世
4	上	辭類	せみのは　富士谷成章	4近世
5	上	辭類	青木美行ぬしの越前にかへるをおくる　鵜殿よの子	4近世
6	上	辭類	稲掛《ノ》太平が家の業のみかべの詞．又その長うた　本居宣長	4近世
7	上	辭類	山路孝正が父の七十《ノ》賀の．まとゐの詞　本居宣長	4近世
8	上	辭類	橘常樹をかなしむ詞　岡部真淵	4近世
9	上	辭類	弔二立因喪一レ子詞　僧契冲	4近世
10	上	序類	清田絢所蔵源氏物語《ノ》序　富士谷成章	4近世
11	上	序類	和訓栞《ノ》序　本居宣長	4近世
12	上	序類	消息文例《ノ》序　本居宣長	4近世

13	上	序類和歌序	會二千足ノ真言ノ家一歌ノ序　岡部真淵	4近世
14	上	序類和歌序	伴ノ峯行をおくる歌の序　岡部真淵	4近世
15	上	序類和歌序	青木美行が，越前へゆくをおくる歌の序　岡部真淵	4近世
16	上	序類和歌序	み田の尼君の，肥前にゆきたまふをおくるうたの序　岡部真淵	4近世
17	上	序類和歌小序	（勅撰　古今集　紀貫之）	2中古
18	上	序類和歌小序	（勅撰　新古今集　太上天皇）	2中古
19	上	序類和歌小序	（勅撰　古今集　凡河内躬恒）	2中古
20	上	序類和歌小序	（勅撰　古今集　僧正遍昭）	2中古
21	上	序類和歌小序	（勅撰　金葉集　源師信朝臣）	2中古
22	上	序類和歌小序	（勅撰　千載集　民部卿親範）	2中古
23	上	序類和歌小序	（勅撰　詞花集　花山院御製）	2中古
24	上	序類和歌小序	（勅撰　古今集　としゆきの朝臣）	2中古
25	上	序類和歌小序	（家集　中務集）	2中古
26	上	序類和歌小序	（家集　清正集）	2中古
27	上	序類和歌小序	（家集　躬恒集）	2中古
28	上	序類和歌小序	（家集　順集）	2中古
29	上	序類　後序	枕草子の跋　清少納言	2中古
30	上	序類　後序	荷田ノ在満ノ家の歌合の跋　岡部真淵	4近世

31	上	序類　後序	紀の國人長原忠睦がこへる今案名蹟考のしり書　本居宣長	4近世
32	中	記類	臨瀛閣の記　富士谷成章	4近世
33	中	記類	筑後國山門《ノ》郡本郷馬場《ノ》記　富士谷成章	4近世
34	中	記類	知足庵の記　村田春海	4近世
35	中	記類	佛足石《ノ》記　岡部真淵	4近世
36	中	記類日記	蜻蛉《ノ》日記　天禄三年正月の記　右大将道綱母	2中古
37	中	記類日記	日記　上東門院御産の條　紫式部	2中古
38	中	記類紀行	土佐日記　紀貫之	2中古
39	中	記類紀行	更級《ノ》日記　菅原孝標女	2中古
40	中	記類紀行	十六夜の日記　阿佛尼	2中古
41	中	記類紀行	岡部日記　岡部真淵	4近世
42	中	記類紀行	菅笠日記　本居宣長	4近世
43	中	記類雜記	初春　源氏物語　紫式部	2中古
44	中	記類雜記	梅　源氏物語　紫式部	2中古
45	中	記類雜記	暮春　狭衣物語　大貳三位	2中古
46	中	記類雜記	閑中五月雨　藤井高尚	4近世
47	中	記類雜記	納涼　源氏物語　紫式部	2中古
48	中	記類雜記	夕顔　源氏物語　紫式部	2中古

49	中	記類雑記	虫　源氏物語　紫式部	2 中古
50	中	記類雑記	月の宴　榮花物語　赤染衛門	2 中古
51	中	記類雑記	暮秋　小野山のさま　源氏物語　紫式部	2 中古
52	中	記類雑記	冬月　源氏物語　紫式部	2 中古
53	中	記類雑記	雨風　源氏君須磨にて御祓の處　源氏物語　紫式部	2 中古
54	中	記類雑記	文學　源氏物語　紫式部	2 中古
55	中	記類雑記	音樂　住吉浦にての處　源氏物語　紫式部	2 中古
56	中	記類雑記	喪事　桐壺の更衣の葬の處　源氏物語　紫式部	2 中古
57	中	記類雑記	常行ノ大将の山科ノ宮に石奉れる時のこと　伊勢物語　在原業平	2 中古
58	中	記類雑記	亭子帝に・　黒主歌奉りしこと　大和物語　不知作者	2 中古
59	中	記類雑記	荘子見テ二畜類ノ所行ヲ一走逃リル、語　今昔物語　源隆國	2 中古
60	中	論類	道を行ふさだ　本居宣長	4 近世
61	中	論類	一向に偏ることの論　本居宣長	4 近世
62	中	評類	四季の評　枕草子　清少納言	2 中古
63	中	評類	花のさだめ　本居宣長	4 近世
64	中	評類	春秋の夜の評　源氏物語　紫式部	2 中古
65	中	評類	淵は　枕草子　清少納言	2 中古
66	中	評類	歌のさだ　僧契沖	4 近世

資料　『本朝文範』教材一覧

67	中	評類	鎌倉ノ右大臣の家集の評　岡部真淵	4 近世
68	中	評類	傍いたきもの　枕草子　清少納言	2 中古
69	下	説類	古よりも，後ノ世のまされる事　本居宣長	4 近世
70	下	説類	手かくこと　本居宣長	4 近世
71	下	説類	松虫，鈴虫，蕃　富士谷成章	4 近世
72	下	説類	われから　濱ゆふ　本居宣長	4 近世
73	下	説類	ゆかた　かたびら　本居宣長	4 近世
74	下	辯類	今の人の歌文，ひがこと多きこと　本居宣長	4 近世
75	下	辯類	から國聖人の世の祥瑞といふもの　本居宣長	4 近世
76	下	教諭類	常に友がきにをしへさとしける　岡部真淵	4 近世
77	下	教諭類	物學は，その道をよくえらびて，入りそむべきこと　本居宣長	4 近世
78	下	教諭類	紫上に，源氏ノ君の御訓　源氏物語　紫式部	2 中古
79	下	訓誡類	弟子にいましめをく詞　本居宣長	4 近世
80	下	訓誡類	新なる説を出すこと　本居宣長	4 近世
81	下	訓誡類	内大臣殿の，姫君を戒めたまふ詞　源氏物語　紫式部	2 中古
82	下	訓誡類	女二宮に，母御息所の御誡　源氏物語　紫式部	2 中古
83	下	訓誡類	紫の上の思ひとりたまへるやう　源氏物語　紫式部	2 中古
84	下	消息類	正月ばかり，やまざとにすむ人の許へ　村田春海	4 近世

85	下	消息類	阿闍梨より．中の君に　源氏物語　紫式部	2中古
86	下	消息類	いくめ子の御もとへ返し　岡部真淵	4近世
87	下	消息類	久米子にこたふる書　加藤千蔭	4近世
88	下	消息類	月あかき夜．友のもとへ　清水濱臣	4近世
89	下	消息類	匂宮より．宇治の中君へ　源氏物語　紫式部	2中古
90	下	消息類	神無月のころ．山里より．散りたる紅葉の枝につけて　鵜殿よの子	4近世
91	下	消息類	雪の朝．友だちのもとへいひやる書になずらへてかける　本居宣長	4近世
92	下	消息類	大宮より．内大臣殿をむかへたまひに　源氏物語　紫式部	2中古
93	下	消息類	侍従より．住吉の尼君のもとへ　住吉物語　不知作者	2中古
94	下	消息類	春雨ふる日．友の許より．琴弾きて遊ばん．までこよ．といひおこせたるに．さはる事のありければ　村田春海	4近世
95	下	消息類	右大将殿より．孫王のもとへ　空物語　不知作者（※『うつほ物語』）	2中古
96	下	消息類	清瀬子のもとへ．かへし　岡部真淵	4近世
97	下	消息類	越前のかうの殿に侍ふきち子のもとへ　村田春美	4近世
98	下	消息類	あこぎより．姨の宮仕したるが許へ　落窪物語　不知作者	2中古
99	下	消息類	かくや姫天に上らんとする時．竹取翁のもとにかきおける　竹取物語　不知作者	2中古
100	下	消息類	源氏君．須磨にうつろはんとし給ふ時．東宮にさぶらふ王命婦の許へ　源氏物語　紫式部	2中古

No	巻	文類	文章題	時代
101	下	消息類	中納言殿、出雲にうつろひたまふをり、丹波のさかひより、宮の御もとへ 栄花物語 赤染衛門	2 中古
102	下	消息類	太宰《ノ》大貳有國より、伊周公の帥になりて下りたまふ御もとへ 栄花物語 赤染衛門	2 中古
103	下	消息類	松平周防守殿のもとに、江戸にまゐらせける 本居宣長	4 近世
104	下	消息類	賀茂《ノ》季鷹が、江戸に居けるにおこせたる書の返事 富士谷成章	4 近世
105	下	消息類	朱雀院より、女三《ノ》宮へ 源氏物語 紫式部	2 中古
106	下	消息類	伊衡の宰相中将の、風にあひて煩ひける時、故兵部卿《ノ》宮より、兵衛《ノ》命婦を遣りて、とはせ玉ひける時の御返事 大和物語 不知作者	2 中古
107	下	消息類	桐壺の更衣うせたまひて後、帝より、更衣の母の御もとへ 源氏物語 紫式部	2 中古

『和文読本』教材一覧

No	巻	文類	文章題	時代
1	一	歴代	景行天皇の御世の段 中山忠親公	3 中世
2	一	歴代	後三条《ノ》院天皇の御世の段 神皇正統記 北畠親房公	3 中世
3	一	歴代	高倉《ノ》院天皇の御世の段 神皇正統記 北畠親房公	3 中世
4	一	歴代	承久三年の條 増鏡 一條冬良公	3 中世
5	一	歴代	元弘二年隠岐の皇居の條 太平記 北小路玄慧等作	3 中世
6	一	歴代	建武元年大内裏造營の條 太平記 北小路玄慧等作	3 中世

7	一	儀式	朝賀　公事根原　正月元日　一條兼良公	3中世
8	一	儀式	春日祭　建武年中行事　二月の條　後醍醐天皇御製　北畠親房公修撰	3中世
9	一	儀式	更衣　建武年中行事　後醍醐天皇御製　北畠親房公修撰	3中世
10	一	儀式	撰虫　公事根原　九月の條　一條兼良公	3中世
11	一	軍旅	源頼信、平忠恒をせむること　宇治拾遺物語　源高國卿	3中世
12	一	軍旅	陸奥國十二年の合戰の時、義家貞任の連歌　古今著聞集　橘成季	3中世
13	一	軍旅	小松内大臣殿兵を召すこと　源平盛衰記　作者不知或云葉室時長卿作	3中世
14	一	軍旅	治承四年五月平等院の戰に、足利忠綱宇治川先陣のこと　源平盛衰記　不知作者或云葉室時長卿作	3中世
15	一	軍旅	粟津原の戰、源義仲最後の條　源平盛衰記　不知作者或云葉室時長卿作	3中世
16	一	軍旅	嘉永三年二月、生田森の戰に、梶原二度のかけの事　源平盛衰記　不知作者或云葉室時長卿作	3中世
17	一	軍旅	延元元年正月、官軍都攻の條　太平記　北小路玄慧等作	3中世
18	一	軍旅	延元元年五月、湊川合戦の條　太平記　北小路玄慧等作	3中世
19	二	地理	伊勢國　本居宣長	4近世
20	二	地理	紀の國の名所ども　本居宣長	4近世
21	二	動植	狗大なる蛇を咋殺す話　今昔物語　源隆國卿	2中古
22	二	動植	猿の烏を使ふこと　古今著聞集　橘成季	3中世

23	二	動植	鴨の類くさ〴〵　本居宣長	4近世
24	二	動植	牛馬犬　徒然草　卜部兼好	3中世
25	二	動植	無益の生類を殺すまじきこと　徒然草　卜部兼好	3中世
26	二	動植	南殿の櫻のこと　古今著聞集　橘成季	3中世
27	二	動植	くれ竹　かは竹　徒然草　卜部兼好	3中世
28	二	動植	むろの木　本居宣長	4近世
29	二	動植	まるすげといふ草　とねりこの木　本居宣長	4近世
30	二	動植	家にあらまほしき木草　徒然草　卜部兼好	3中世
31	二	言行	高倉《ノ》院《ノ》天皇女童に御衣賜はせし御事　平家物語　不知作者或云信濃前司行長作	3中世
32	二	言行	行長卿實方《ノ》中将に冠おとされ給ひしこと　十訓抄　不知作者	3中世
33	二	言行	三條内大臣殿のこと　十訓抄　不知作者	3中世
34	二	言行	公助父にうたるゝこと　古今著聞集　橘成季	3中世
35	二	言行	小松内大臣殿賀茂祭見の事　十訓抄　不知作者	3中世
36	二	言行	日野資朝卿のこと　徒然草　卜部兼好	3中世
37	二	言行	安養《ノ》尼盗に衣とらせし事　古今著聞集　橘成季	3中世
38	二	言行	松下《ノ》禅尼障子を繕ふこと　徒然草　卜部兼好	3中世
39	二	才藝	堀河《ノ》院《ノ》天皇の神樂を多《ノ》近方に傳させ給ひし事　體源抄　豊原統秋	3中世
40	二	才藝	後醍醐天皇の九《ノ》宮の御歌　太平記　北小路玄慧等作	3中世

41	二	才藝	源義家朝臣の江帥に物學びしこと　古今著聞集　橘成季	3中世
42	二	才藝	経信卿三舟に乗られしこと　十訓抄　不知作者	3中世
43	二	才藝	頼政三位の才藝のこと　十訓抄　不知作者	3中世
44	二	才藝	道風朝臣の書のこと　古今著聞集　橘成季	3中世
45	二	才藝	齊信卿拍子のこと　十訓抄　不知作者	3中世
46	二	才藝	經家馬術のこと　古今著聞集　橘成季	3中世
47	三	武勇	袴垂・保昌にあふこと　宇治拾遺物語　源隆國卿	3中世
48	三	武勇	重忠長居相撲のこと　古今著聞集　橘成季	3中世
49	三	武勇	遣唐使虎を殺すこと　宇治拾遺物語　源隆國卿	3中世
50	三	遊戯	行成卿扇合のこと　古今著聞集　橘成季	3中世
51	三	遊戯	花合　古今著聞集　橘成季	3中世
52	三	遊戯	兼時敦行競馬のこと　古今著聞集　橘成季	3中世
53	三	俳諧	道風朝臣の朗詠集のこと　徒然草　卜部兼好	3中世
54	三	俳諧	鳥羽僧正の繪のこと　古今著聞集　橘成季	3中世
55	三	俳諧	學生定茂がこと　古今著聞集　橘成季	3中世
56	三	俳諧	良學僧正のよび名のこと　徒然草　卜部兼好	3中世
57	三	俳諧	人の田苅る男の言　徒然草　卜部兼好	3中世
58	三	俳諧	鹿を射損じたる人のこと　古今著聞集　橘成季	3中世

59	三	俳諧	猫また怖る、連歌師の事　徒然草　卜部兼好	3 中世
60	三	俳諧	をこ者己が影を怖る、語　今昔物語　源隆國卿	2 中古
61	三	羇旅　離別附	治承四年．福原の新都に供奉の人々．所々遊覧の條　源平盛衰記　不知作者或云葉室時長卿作	3 中世
62	三	羇旅　離別附	壽永三年平家八島の旅の條　平家物語　不知作者或云信濃前司行長作	3 中世
63	三	羇旅　離別附	左少辨俊基《ノ》朝臣．二たび關東へ下向路次の條　太平記　北小路玄慧等作	3 中世
64	三	羇旅　離別附	後醍醐天皇隠岐《ノ》國に御遷幸の御をり．中宮御暇申の條　太平記　北小路玄慧等作	3 中世
65	三	羇旅　離別附	俊寛僧都硫黄島《カ》にて．成經・康頼に離別の條　平家物語　作者不知或云信濃前司行長作	3 中世
66	三	羇旅　離別附	四条畷戰の時．楠木正行兄弟参内御暇申の條　太平記　北小路玄慧等作	3 中世
67	三	哀傷	二条院《ノ》上皇崩御の條　源平盛衰記　不知作者或云葉室時長卿作	3 中世
68	三	哀傷	後醍醐天皇崩御の條　吉野拾遺　松翁或云忠房朝臣号或云吉房朝臣号	3 中世
69	三	哀傷	左府頼長公流矢に中りてうせ給ひけるをり．父大相國殿御嘆の條　保元物語　葉室時長卿	3 中世
70	三	哀傷	源《ノ》為義の子天王丸舩岡にて失はる、時．乳母の夫内記平太歎の條　保元物語　葉室時長卿	3 中世
71	三	傳	九條《ノ》廢帝　本居宣長	4 近世
72	三	傳	冬嗣《ノ》大臣　大鏡　藤原爲業	2 中古
73	三	傳	長良《ノ》中納言　大鏡　藤原爲業	2 中古

74	三	傳	縣居ノ大人　本居宣長	4近世
75	四	評論	四時をり〳〵の評　徒然草　卜部兼好	3中世
76	四	評　論附	人のうまれつき　本居宣長	4近世
77	四	評　論附	人のふるまひ　十訓抄　不知作者	3中世
78	四	評　論附	文かくこと　徒然草　卜部兼行	3中世
79	四	評　論附	富貴をねがはざるをよき事にする論　本居宣長	4近世
80	四	評　論附	もろこしの丙吉といひし人のこと　本居宣長	4近世
81	四	説　解附	世の中の語りつたへに虚言多きこと　鈴木倫庸	4近世
82	四	説　解附	後の世ははづかしき物なること　本居宣長	4近世
83	四	説　解附	苗字　本居宣長	4近世
84	四	説　解附	みなむすび　占部兼好	4近世
85	四	説　解附	白拍子　徒然草　卜部兼好	3中世
86	四	説　解附	新にいひいでたる説は頓に人のうけひかぬ事　本居宣長	4近世
87	四	説　解附	師の説になづまざる事　本居宣長	4近世
88	四	教訓　誡附	心を一方にむくべきこと　徒然草　卜部兼好	3中世
89	四	教訓　誡附	頼むまじきこと　徒然草　卜部兼好	3中世
90	四	教訓　誡附	人をとりあつかふこと　十訓抄　不知作者	3中世

91	四	教訓　誡附	楠正成兵庫下向のをり櫻井澤にて子正行に遺訓の詞　太平記　北小路玄慧等作（「桜中の駅」）	3中世
92	四	教訓　誡附	爲輔中納言の諭　古今著聞集　橘成季	3中世
93	四	教訓　誡附	人の上いふを誡むべきこと　十訓抄　不知作者	3中世
94	四	教訓　誡附	知り顔に物いふまじきこと　徒然草　卜部兼好	3中世
95	四	教訓　誡附	楠正成の妻子正行に教誡の詞　太平記　北小路玄慧等作	3中世
96	四	教訓　誡附	自満の誡　徒然草　卜部兼好	3中世
97	四	教訓　誡附	酒のいましめ　徒然草　卜部兼好	3中世
98	四	諫争	人を諫めること　十訓抄　不知作者	3中世
99	四	諫争	後白河院法皇六波羅へ御幸の後平重盛卿父清盛卿へ諫言　源平盛衰記　不知作者或云葉室時長卿作	3中世
100	四	勅書	名和長年に賜はせし御書　扶桑拾遺集　後醍醐天皇	4近世
101	四	院宣御請文	文治五年四月廿一日院宣の御請文　東鑑　源頼朝卿	3中世
102	四	将軍家御教書	建保元年五月三日和田義盛鎌倉を亂りし時将軍家の御教書　東鑑　波多野朝定	3中世
103	四	消息	新大納言成親卿備前へ流され給ふをり小松内大臣殿より京より　源平盛衰記	3中世
104	四	消息	新大納言成親卿備前の配所より源左衛門尉信俊につけて京なる北の方姫君等へ剃たる髪にそへて　源平盛衰記	3中世
105	四	消息	有王が硫黄島へ渡るにつけて奈良なる女より父俊寛僧都の許へ　源平盛衰記	3中世

106	四	消息	参河守範頼が筑紫より彼の國にてのありさまをしらするついでに乗馬望のよしをもいひおこせたる返事　東鑑　文治元年正月六日の條　源頼朝卿	3中世
107	四	消息	三位中将維盛ノ卿八島より京なる若君姫君たちへ　源平盛衰記	3中世
108	四	消息	若君姫君の返事　平家物語	3中世
109	四	消息	維盛ノ卿の息六代六波羅の囚はれ處より母御前の許へ　源平盛衰記	3中世
110	四	消息	六條攝政の北政所より内大臣宗盛公の御許に八島へ　平家物語	3中世
111	四	消息	左少辨俊基ノ朝臣の鎌倉に拘はれたるが許に京なる北の方より　太平記	3中世
112	四	消息	元弘三年鎌倉攻の時新田義貞朝臣の北の方より御伯父安東左衛門入道聖秀の許へ　太平記	3中世

初出一覧

本書の基となった論文の初出は次の通り。

1．「明治教科書『本朝文範』の生成――近世からの脈絡と明治教科書としての創出――」、全国大学国語教育学会『国語科教育』78巻、60（右1）～53（右8）頁、二〇一五年

2．「明治教科書『本朝文範』の文類」、広島大学国語教育会『国語教育研究』第56号、332～341頁、二〇一五年

3．「明治初期教科書『本朝文範』における「普通文」への歩み――〝旨趣の標〟の近世古典注釈からの継承と近代教科書としての加工――」、信木伸一、日本教科教育学会『日本教科教育学会誌』第39巻、第2号、25～35頁、二〇一六年

4．『明治初期和文教科書の生成――『本朝文範』を中心に――』、信木伸一、博士学位論文、広島大学、二〇一六年

おわりに

筆者は、広島大学教育学研究科在学時、竹村信治先生を始め、吉田裕久先生、山元隆春先生、間瀬茂夫先生から、研究上の重要なご示唆をいただいた。そうしたご示唆を起点として思考が閃き開いていくことを経験し、様々な学知に触れることの意味を理解した。さらに、「気付きを与える」ということは無償の尊い行為であるというふうに感じられた。そのような意味で、先生方に教えをいただくことができたのは、幸甚の至りである。自らもまた教える場にあって、かくありたいと願い、実践しているつもりである。

さて、本書は、「平成二九年度　尾道市立大学　学長裁量教育研究費」の助成を得て出版したものである。筆者の現在所属する尾道市立大学芸術文化学部日本文学科は、日本文学及び日本語学を中心に欧米文学・中国文学・文芸創作・民俗学・国語教育学等の近接領域を含めて言語文化領域における研究活動・教育活動を行っている。本書で提起した「言語文化教育史」とは、このような研究環境の中で想起されたもので、国語教育学研究と文学研究の交差から生まれる知の創出を実践しようとした試みでもある。

なお、筆者は、出版に不慣れで、溪水社の木村逸司氏に的確なご助言をいただいて、どうにか形にすることができた。書籍にするまでの仕事の手間を知るにつけ、溪水社の仕事の迅速さと緻密さには、自らの仕事に大いに学ぶところがあった。

右のように、上梓に至るまでの間に多くの方々の支えがあったことを思い、重ねて感謝の意を捧げたい。

索　引

※教科書は、編者名のみ掲載。教材文の著作者や出典は、
特に第六章にまとめており、掲載せず。

【さ行】

【た行】

【な行】

【は行】

【ま行】

著者

信木　伸一（のぶき　しんいち）

博士（教育学）
尾道市立大学芸術文化学部日本文学科教授
1958年生

広島県立呉三津田高等学校卒業
広島大学教育学部高等学校教員養成課程国語科卒業
広島大学大学院教育学研究科博士課程後期文化教育開発専攻修了
広島県立沼南高等学校国語科教諭、広島大学附属福山中・高等学校教諭を経て、現職。

明治初期和文教科書の生成
――『本朝文範』における「普通文」への歩み――

平成29年12月10日　発　行

著　者　信木　伸一
発行所　株式会社　溪水社
広島市中区小町1－4（〒730-0041）
電話 082-246-7909　FAX 082-246-7876
E-mail：info@keisui.co.jp
URL：www.keisui.co.jp

ISBN978-4-86327-418-1 C3081